PEIZHENGXUE
DE YILU
RENSHENG

田海娟 著

裴正学的医路人生

敦煌文艺出版社

图书在版编目（ＣＩＰ）数据

裴正学的医路人生 / 田海娟著 . -- 兰州 : 敦煌文
艺出版社 , 2022.10（2023.7 重印）
ISBN 978-7-5468-2225-9

Ⅰ . ①裴… Ⅱ . ①田… Ⅲ . ①裴正学—事迹 Ⅳ .
① K826.2

中国版本图书馆 CIP 数据核字 (2022) 第 178401 号

裴正学的医路人生

田海娟　著

责任编辑：尚再宗
装帧设计：孟孜铭

敦煌文艺出版社出版、发行
地址：（730030）兰州市城关区曹家巷 1 号新闻出版大厦
邮箱：dunhuangwenyi1958@163.com
0931-2131536（编辑部）　　0931-8773112　8773235（发行部）

兰州银声印务有限公司印刷
开本 710 毫米 ×1020 毫米　1/16　印张 16　插页 1　字数 250 千
2023 年 2 月第 1 版　　2023 年 7 月第 2 次印刷
印数：1 001~3 050 册

ISBN 978-7-5468-2225-9
定价：48.00 元

序 一

我的莫逆之交

◎ 杨利民

我们常常感慨生活如"一山放过一山拦",感触人生似过河卒子砥砺前行,感叹生命像白驹过隙匆匆流失。蹉跎岁月可以尘封世事沧桑,可以使记忆中的许多东西渐渐消失或模糊,但有一种叫友情的景致却永久地印刻在我们的脑海之中,历久弥新,弥足珍贵。我结识的诸多友人中,裴老师的平实真诚、朴素亲切令人敬重,给人以兄长般的温暖。他宁静淡泊的人生态度、精益求精的治学品格和朴实敦厚的处事风范,令我引以为荣,感到非常自豪。

我与裴老师的交往,始于 20 世纪 90 年代初。当时是慕名就医,我们之间结下了深厚的友谊。近三十年君子之交,互为莫逆知己,他是我一直十分崇敬的老师。裴老师三代中医世家。祖父裴绍俭为著名儒学大家、名医,誉满陇东南。其父裴慎之仁心圣手,医德医术誉满陇原,诗词书画亦造诣颇深,素有"陇上板桥"之美誉。裴老师自幼深受祖辈熏陶,耳濡目染,潜移默化,对中医学术情有独钟,立志献身医学,拯济黎元。六十多年来,裴老师继承和发扬祖国医学,悬壶济世,治病救人,不仅攻克了许多疑难杂症,而且以严谨细致、兼容并蓄的科学态度独辟蹊径。早在 20 世纪 80 年代,就率先在国内提出了"西医诊断,中医辨证,中药为主,西药为辅"的中西医结合十六字方针,为祖国医学事业发展做出了开拓性的贡献。

裴老师 20 世纪 60 年代初毕业于西安医学院,多年来他一直在临床一线,积累了丰富的经验。他潜心治学，一直关注着学术前沿。他学贯中西，知识渊博，先后编著了《〈血证论〉评释》《新编中医方剂学》《乙型肝炎的诊断与治疗》《新编温病学》以及《常见病的中西医结合治疗》等三十多部医学论著。特别是由他主编的当代中国第一部中西医结合内科巨著——《中西医结合实用内科学》，在中国医学界开拓出了一个前景广阔的新领域，有理论、有案例、有验方偏方，既高屋建瓴，又通俗实用，为中西医结合事业发展，为提高人民群众身体健康水平发挥了积极作用。这本书在美国召开的世界第三届传统医学大会上荣获"突出贡献国际金奖"，裴老师本人也荣获"世界百名民族医药之星"的殊荣。正是因为裴老师杰出的学术成就和高尚的医德医风，先后被评聘为中国中医科学院博士生导师、中华中医药学会终身理事、甘肃省中西医结合学会名誉会长、国家级中医师带徒导师和甘肃省首批名老中医。

裴老师几十年如一日，兢兢业业、孜孜不倦地为广大患者服务，为医学事业奋斗，至今仍然工作在临床第一线并从事着繁忙的教学科研工作。2016 年春，裴老师的学生、友人在兰州飞天大厦隆重聚会，恭贺他的六部专著出版。这是他近年临床经验和中西医结合研究的一个集成，是他对医学科学真理执着追求和不断探索的结晶。大厦外寒风料峭，会场里春意盎然。裴老师红光满面，精神矍铄，在他身上我看到了一位真正的专家学者的大格局！他老骥伏枥，念念不忘经验传世，倾囊相授，造福后人。耄耋之年的他，每周出门诊至少六次，每次看病人多达七十多个。特别是边远贫困地区的病人，会得到格外的关照，真是大爱如山，情系苍生！

世人都晓苏轼"忠厚传家久，诗书继世长"的铭词。裴老师家教严格，传承了中华民族优秀的家风。他和夫人赵大姐以身作则，言传身教。父母慈爱，子女孝敬，其乐融融。三个孩子和配偶自幼勤奋，刻苦学习，在名校读书，取得了硕博学位，成为研究员、教授、央视主播，和他们的祖父、父亲一起成为三代陇上名人，在金城兰州传为佳话。如今，孙子辈正在茁壮地成长为国家的栋梁之材！

我于 1999 年 6 月调往内蒙古自治区工作时，裴老师闻讯写诗相赠：“陇上曾留好政声，文章道德两传神；秋风雁过边城远，北望阴南我思君。”莫逆深情跃然纸上。二十年过去了，他的诗始终端挂于我家中。每每想起当年离别之情，我都无限感慨！

2020 年 7 月 6 日

杨利民：裴正学之挚友，曾任甘肃省委常委、组织部部长，内蒙古自治区党委常委、组织部部长，内蒙古自治区党委副书记、中央纪委驻交通部纪检组组长、交通部党组成员。中国共产党第十六届中央候补委员、十七届中央纪委委员。

序 二

裴正学同志印象

◎ 牟本理

今天，甘肃省医学科学研究院、甘肃省肿瘤医院在这里举办裴正学同志从事中西医结合医教研四十周年座谈会，很有意义。一方面，它是我省医学界学习十五大精神，贯彻邓小平同志"尊重知识，尊重人才"思想的一个具体体现；另一方面，既是对裴正学同志六十多年来实现生命追求和人生价值的总结和肯定，也是对那些健在的和故去的，为我省现代化建设做出突出贡献的知识分子的一种敬重和怀念，是对世人的一种风范，对后人的一种教育。通过类似的座谈会或纪念会、庆祝会等，来广泛宣传那些像裴正学同志一样，辛勤耕耘在各条战线上，并取得显著成绩的典型人物和典型事迹，对于团结和凝聚各方面意志和力量，树立社会主义道德风尚，加快我省现代化建设步伐，具有重要意义。

我与裴正学同志相识多年，他的做人做事给我留下了深刻印象。可以说，在他已走过的六十年风雨人生路上的每一个历史阶段，都没有辜负党和人民的培养，没有辜负养育他的这方热土。他几十年如一日，为发展祖国的医学事业，促进中医的现代化，矢志不渝，开拓进取，取得了显著成绩，走出了一条中西医结合的成功之路。

我比较了解裴正学同志的为人。他的品德是高尚的，具有忠厚宽容的气度和甘为人梯的品质。在与他的交流交往中总会看到，在他身上始终洋溢着中华民族那种自强不息、艰苦奋斗、团结友爱的传统美德。

当他身处逆境时，能够自我磨砺，以一种坚定的信念和特有的气度，宽待他人，超越自己。在裴正学同志的人生旅途中，曾有过三次较大的曲折。第一次是在少年时期。19岁那年，裴正学同志的父亲被错划成右派，蒙冤囹圄，他赖以继续学业的经济来源发生了困难。裴正学同志没有因此而灰心，靠着自己的艰苦奋斗，向报刊撰写稿件维持生活，完成了学业。第二次是在1961年，他本有留西北医学院任教的资格，却因家庭出身的问题，被改派到天水地区医院从事内科临床。同样，他也没有因此而消沉。在这里，他勤勤恳恳地工作了十年，积累了大量的临床经验。第三次是"文革"期间，他被免职下放到天水县甘泉公社卫生院。在这里，他刻苦钻研，获得了大量的中医民间验方、验药知识。前前后后，裴正学同志曲曲折折十五年，不为逆境而困惑，不为困难所折服，潜心研读，刻苦实践，为日后的发展打下了坚实的基础，这不能不说是一种信念的驱动，一种精神的支撑。这样的坎坷与曲折，不是我们每个人都有的；这样的意志和毅力，也不是我们每个人都能持之以恒的。这种精神值得提倡，值得学习。

当他有了声誉有了地位时，能够自我约束，以一个共产党员的高标准来严格要求自己，把来自各方面的赞誉和肯定当作一种责任，化为一种动力，戒骄戒躁，克己奉公。裴正学同志是中国著名的中西医结合内科专家，是国家中医药管理局批准认定的全国五百名著名老中医之一，在人民群众中颇有影响。因此，慕名前来求医问药的人络绎不绝，他所面临的来自各方面的挑战也越来越多。在这种情况下，特别是面对当前社会上一些不良风气，保持高洁的道德情操就更为重要，廉洁自律的考验就更加严峻。可敬的是，裴正学同志做到了，在群众中口碑很好，保持了一名共产党员的优良本色。当他有了建树有了成就时，能够严于律己，宽以待人，以一个长者的和善扶掖后人，以一种仁者的风范包容各家。四十年来，裴正学同志在临床、科研、教学等方面，取得了丰硕的成果，获得了很多奖项，成为中国中医队伍中一个颇有建树的人。比如，他组织编写了中国第一部《中西医结合实用内科学》，荣获第三届世界传统医学表彰大会金奖，他本人也获得了"世界百名民族医学之星"的光荣称号。再比如，他所主编的医学专著《〈血证论〉评释》在日本发行后，引起了日本学者的关注。裴正学对于各家学说没有门户之见、学派之分；对于现代医学领域中每一个新的成就，每一项新进展，都能及时借鉴吸收，灵活运用于临床实践；对于同事，他满腔热情，不摆架子，不隐瞒自己的学术思想和成功经验，言传身教，甘为人梯，用心扶持。裴正学同志关于中西医结合的理论构建及临床应用，既反映了他奉行的"古为今用，洋为中用"的学术思想，同时也体现了他一贯的做人原则。

　　裴正学同志作为中华人民共和国成立后培养起来的第一代大学生，作为甘肃这块土地上成长起来的优秀知识分子，具有强烈的爱国之心、报国之志。他所取得的显著成绩，所做出的突出贡献，就是基于这一理念的追求和反映。近些年来，裴正学同志因其在中西医结合事业上的造诣，多次到国内外讲学，他可以留在国外，留在国内一些发达城市，享有各种优厚待遇的机会，但他并不为之所动，始终坚守在甘肃，为甘肃中西医结合事业呕心沥血，主持筹建了甘肃省中西医结合学会，创建了甘肃第一个中西医结合临床科研基地，创办了甘肃省中医药辅导学院……为社会培训培养了一大批医学人才和医务人员，促进了甘肃医疗卫生事业的发展。

　　我们正处在世纪之交的伟大变革时代。伟大的时代，需要我们共同来创造。我们国家还不发达，我们甘肃还是一个穷省，迫切需要一大批像裴正学同志这样的有识之士，为甘肃的发展献计出力；迫切需要在全社会倡导和树立艰苦奋斗、自强不息、团结互助、和平友爱的民族精神，发展社会主义道德风尚；迫切需要团结、联合、凝聚各方面的意志与力量，实现跨世纪的奋斗目标。我相信，我们各级党委和政府、广大党员和干部是不会忘记那些辛勤耕耘、默默奉献在全省各条战线上的人们的。全省各级党委和政府、各部门各单位，要教育我们的党员和干部，牢记为人民服务的宗旨，坚定信念，把握大局，团结一致，艰苦奋斗，无私奉献，不断开拓进取。坚持用崇高的精神激励人才，努力用真挚的感情关心人才，注意用良好的待遇吸引人才，为各类人才创造建功立业的良好环境，让更多像裴正学这样的人才脱颖而出，为陇原大地增光添彩。

最后，谨吟诗一首，赠裴正学同志：

圣贤书读七尺高，严师教诲堪师表。

医冠中西大专家，治病救人医德好。

寒冬历尽天晴晓，翰墨诗画抒情豪。

爱洒人间松柏志，博学才子陇上骄。

1998 年 2 月 23 日

牟本理：裴正学之挚友，曾任甘肃省委常委、统战部长、国家民委党组副书记、副主任。该文是 1998 年 2 月 23 日在裴正学教授从事医教研四十周年座谈会上的讲话，刊于《凝聚》1998 年第 2 期。

目 录

引 言

　　人到了一定的年纪，总喜欢回望过去，就连做梦也经常会纠结在过去的人和事中。我已年届85岁，经历了旧社会，现在到了新时代。往事像一本书一样，有些事还真的让我每每冲动，常有撰写传记的想法，几次动笔，都因各种原因搁置。

　　我是一个在医教研一线摸爬滚打了六十余年的老人，我带出的博士、硕士、进修医生不下数千人，他们分布在中国各大城市，英国、美国、加拿大等地也有我的学生。由于我当年的认真带教，和他们结下了深厚的师生情缘。学生们知道我有写自传的想法，对此表现出极大的兴趣。时间久了没动笔，我竟产生了一种有负他人的感觉，正是这个原因促使我下决心完成这部书。因为大部分时间用在治病带徒上，还有一部分医学著作要完成，所以我决定想到什么就说点儿什么，用最简单直接的文字进行记录。本书作者为了达到语言生动精练，情感真实亲切，讲述自由直接的效果，考虑再三，决定以第一人称的口吻叙事。

　　我生于1938年2月23日，甘肃武山人。我有很多种身份，但我最愿意把自己当做一个读书人。我对读书的看法是："多读书，读好书。"读书不光让人能够增长智慧，明白事理，对于立德修身、精进学业也是大有益处！读书对于一个人有如此多的好处，对于一个家族，更是需要读书。我的父亲就喜欢读书，我们姐弟从幼年起，就受到父亲的严格教导，使我们也有了读书的好习惯。裴家因此辈辈出人，多人成器。有句老话说：富不过三代。我觉得这句话看怎么理解，如果父辈

1

给儿女留下的是金钱，那么这些金钱早晚会被后辈花光，繁荣就会成为过眼云烟；父辈如果给儿女留下的是"爱读书"的好家风，经过一代一代的坚守和传承，这个家族一定会越来越兴旺。

第一章 | 读书改变家族命运

我的家乡武山，位于甘肃省东南部的渭水河畔，这里历史悠久，文化底蕴深厚。武山古称宁远，自古就有"秦陇咽喉，巴蜀锁钥，屯戍要寨"之誉，是丝绸之路、茶马古道上的一个重镇。

我的太爷出生在武山洛门镇裴庄村，大约是清朝的咸丰年间。他从小聪明好学，然而命运多舛，幼年时父母早丧，沦为孤儿。13 岁时，太爷为了生计，背井离乡，四处漂泊，落脚在甘谷县的瓦烧坪村，在一家姓谢的大户人家做了放羊娃。

瓦烧坪村的人很快就发现这个小羊倌与众不同：这是个好学、好问、好读书的小羊倌，他为了读书似乎到了着魔的境地。小羊倌除了放羊，还有一项任务就是陪谢家的小少爷去学堂。每天，他把小少爷送进学堂，就会躲在学堂的墙根下偷听。常常是小少爷还没认会的字他先认会了，小少爷不会背诵的文章他先背会了。

武山自古就有崇文尚义、耕读传家的传统，许多人家的门楣上都刻有"耕读第"三个大字。贴在门上的楹联蕴藏着庄户人家对朴素生活的向往，蕴藏着教化世人、吃苦耐劳、积德行善、读书上进、克勤克俭的警句名言。这些楹联虽然寥寥数字，却是含义隽永，耐人寻味。村里人也互相攀比，谁家的楹联写得好，被人赞美，谁家人脸上就有光。小羊倌常跑到别人家门口盯着楹联看，看了一遍又一遍，不懂的一定要向识字的人讨教。村子里家家户户的楹联早都被小羊倌记住了。村里的读书人看到小羊倌如此好学，便常给他借书看，就这样我的太爷（小羊倌）通过自学慢慢成了村里少数能识文断字的"文化人"。转眼太爷 18 岁了，他虽然一无所有，但长得相貌堂堂，一表人才，也称得上是村里知书达理的好少年。谢家老爷看在眼里，喜在心上，自己的女儿年方十六，他有心把这个小羊倌培养成上门女婿，以后打理谢家事务。

太爷初到谢家时，他与小姐年纪尚小，两个小孩子生活在一个屋檐下，说话做事无拘无束，两小无猜。小姐把太爷当成了大哥哥。随着年龄的增长，谢家老爷看出了这个端倪，便将他的想法直接告诉了我太爷，让太爷和他女儿成婚。太爷乍一听说，心里虽然高兴，但他另有打算。因为不愿意当别人家的倒插门女婿，他表面上答应了谢家老爷，暗地里对小姐说出了自己的主张。终于有一天，两个心爱的人趁家人不备，偷偷离开谢家，私奔了！

两人几经辗转，回到了裴庄村，找了一处别人家废弃的牛棚安身。谢家小姐，也就是我的太奶奶，深明大义，为了帮太爷创业，把自己的一点儿私房钱拿出来让太爷做点小买卖。日子虽然清贫，但两人恩爱有加，倒也十分甜蜜。

那时候，时兴日本洋布，布面较宽，人们习惯称其为"宽货"。"宽货"物美价廉，民间买"宽货"的人逐渐多了起来。太爷看到了其中的商机，开始做"宽货"生意。每天，他天还没亮就起床，吃一碗太奶奶做的热馓饭，背上几十斤的"宽货"，带上一天的干粮就去卖布。他摇着拨浪鼓，走街串巷，半夜才回家。为了让太爷回家吃口热饭，两人约定好，太爷回来走到村口时就摇拨浪鼓，太奶奶听到后赶快烧火做饭，当太爷进门时，热腾腾的浆水面已端上了小饭桌。太爷吃苦耐劳，精明强干。太奶奶知书达理，温柔贤惠。因为有爱，他们在困境中相互扶持，相互鼓励，日子越过越好。只用了二十年的时间，太爷就在渭水河畔购置了百亩良田，成了蓼川一带的大富户。

第二章 | 不为良相，则为良医

太爷一共养育了四个姑娘一个儿子，这个儿子就是我的爷爷裴绍俭。爷爷出生于 1881 年，从小天资聪慧，志存高远。他的志向是通过读书考取功名。学而优则仕。对于当时的读书人来说，科举入仕是他们共同的追求，也是公认的上策。当官可以出人头地，还可以光宗耀祖，几乎普天下的读书人都是为了实现这个人生理想去努力的！

太爷把光耀门楣的希望寄托在儿子身上，尽心培养，专门为爷爷修了书院，请来武山最好的教师。爷爷有了好的学习条件，发奋苦读，学艺猛进。1903 年，爷爷在巩昌府（今陇西）会试中如愿考中了秀才，以甲等第一名位列榜首。事后得知，考官在他的试卷上写有"翰苑之才"的批语。考中秀才第一名的消息不胫而走，整个武山都轰动了，这在当时是不得了的大事。就在爷爷发奋图强准备考举人时，却传来了清政府取消科举制度的消息，这对爷爷来说就像是晴空霹雳，他读书当官的梦碎了。

1905 年，在中国历史上延续了一千多年的科举制度最终被废弃，读书人步入仕途的通道被阻断。爷爷在经历了失落、苦闷、

1903 年，爷爷裴绍俭（右）巩昌府会试中考取秀才第一名，与同乡合照

无奈之后，和其他读书人一样，只能为自己选择另一条出路，就是自学中医。从古到今，读书人真正能当官的少之又少，看到仕途无望后，一部分人会选择当教书先生，还有一部分人选择当医生，把从医作为仅次于仕途的人生选择。范仲淹"不为良相，则为良医"的名句，鼓舞着读书人去学医。"良相"和"良医"都以济世救民、惠泽苍生为目的，那么，既然不能当个好官，当个好医生也是不错的选择。中医药学本身就是传统文化的一部分，所以读书人学习中医相对容易。爷爷很快就成了县里的名医，经常有人骑马驾车、跋山涉水来裴庄村求医看病。

爷爷为人正直，乐善好施，他在救死扶伤、治病救人的同时，总想着为乡亲们做些好事，办点实事。他曾创办"夜分学校"，帮助乡邻弟子学习文化，在百姓中有很高的威望。直到现在老家还流传着他写的《告村中父老书》：

> 庄间父老请听言，现在不是宣统年。
>
> 过去天下皇帝管，而今总统重民权。
>
> 民国事情国民办，自家事情自家干。
>
> 要干必须有本事，要有本事先识字。
>
> 咱们庄上太贫困，地少人多真苦情。
>
> 哪有工夫去上学，哪有财力拜师门。
>
> 现在有个好消息，蓼川夜校筹备成。
>
> 晚间学习二炷香，不误白天工与农。
>
> 油灯墨纸我都管，不要大家花分文。
>
> 读书识字会记账，学习算盘会经商。
>
> 三年就成识字人，眼明心亮本事强。
>
> 大家拾柴火焰高，同心办个好学堂。

爷爷从小胸怀大志，但不幸染上了肺结核病，三十多岁就英年早逝。身后留下两个儿子，大儿子只有三岁，小儿子还不到半岁。大儿子就是我的父亲裴慎。小儿子就是我的叔父裴恪。

第三章 | 从医也是父亲的宿命

我的父亲裴慎，1917年出生，从小是由两个寡妇抚养大的。一个寡妇是我的太奶奶（谢家小姐），另一个寡妇是我的奶奶郭菊鹤。当时太奶奶五十多岁，奶奶二十岁刚出头。两个寡妇抓养着两个孩子，共同理家的时间长达十多年，村里人都说大寡妇带了一个小寡妇。这种情形一直持续到我的父亲和叔父长大成人。

爷爷去世时，我家有良田百亩，水磨两座，果园多处。两个女人把这么大的家业打理得十分妥当，在故乡方圆数十里内成为美谈。因为都有着早年丧夫的相似命运，这让她们情同母女，互相体谅，风雨共担。她们对待乡亲也是极其善良温和，给穷苦人家免收租子的事常有，乡亲们莫不夸赞她们像是菩萨转世。十多年的时间，两个女人居然把裴家偌大的家业完整保留，没有败落。

太奶奶和奶奶按照爷爷生前遗愿，尽心竭力要把父亲和叔父培养成才。值得欣慰的是父亲和叔父从小听话懂事，读书用功，尤其是父亲聪慧过人，对文、史、诗、书、画样样喜爱，悟性很高。转眼到了父亲上中学的年纪，因为武山那时还没有中学，太奶奶和奶奶决定让父亲去兰州读书。那时武山到兰州没有火车，也没有汽车，父亲只能背着干粮翻山越岭步行到兰州，从武山到兰州需要整整走七天的时间。父亲考取甘肃文高等学堂（现为"兰州第一中学"）时，二千多名考生只录取二百名，父亲以第二名的优秀成绩被录取。当时日寇已经开始侵略中国，整个中华民族处于内忧外患、多灾多难的危险时期。国难当头，父亲如饥似渴地学习文化知识，为日后报效国家积蓄力量。他每次考试都名列前茅，最后以全班第一名的成绩毕业于甘肃文高等学堂。这时我的太奶奶已经去世，父亲按照奶奶之命、媒妁之言迎娶了我的母亲郭蝴，婚后先后生下了姐姐裴晓春和哥哥裴正文，一家人过得和睦美满。

1937年夏，国立中央大学、国立北京大学、国立清华大学、国立武汉大学

青年时期的裴慎先生

和国立浙江大学五所当时最高水平的高等学府组织了一次面向全国的统一招生考试。这次考试，被时人称作"五大名校联考"。父亲参加了这次联考，考上了南京国立中央大学文科。国立中央大学在当时是中国最高学府，设置齐全，规模宏大。父亲收到了录取通知书后，收拾好行囊，告别家人踏上求学之路。他从武山先步行到西安，再坐火车到南京。父亲到达南京之时，"八一三"上海抗战爆发。那年，自8月15日至12月13日，日军对南京这座历史名城进行了疯狂轰炸，时间长达三个月。仅在8月份，国立中央大学就遭受了日军的几番猛烈轰炸，人员和财产损失惨重。学校张贴布告：校本部准备西迁重庆，所有录取新生需回家待命。没过多久，滞留在南京的父亲已经是身无分文，他完全成了一个难民。9月23日，南京国立中央大学向全体师生发布迁校通告，要求新生于十月中旬到武汉办理入学手续，领取乘轮证赴重庆上课。当时的南京到处是断壁残垣，满目疮痍，日机频频投弹，防空警报不绝于耳，大量的平民流离失所，南京城危在旦夕。由于受日军频繁空袭、经济窘迫、交通受阻等因素影响，当时有很多师生与学校失联，父亲就是其中之一。他每天都在惊恐和饥饿中度过，最后只好随着大批难民离开南京，随波逐流到了上海。

父亲到达上海时，上海已经沦陷，老百姓的生活十分艰难！街头到处有日本士兵巡逻，不过拉黄包车的、做小生意的还是偶尔可见。父亲在上海流浪了几天，有一天，他在街头看到了一家诊所——余无言诊所。门头上的几个大字笔力雄健，潇洒飘逸。父亲也是酷爱书法之人，不由望着牌匾驻足多时，最后他决定进去看看。父亲走进诊所，只见诊室内靠墙放了一个木制的大书柜，在书柜的正面有一副对联，上联是"好古不求秦汉后"，下联是"知医当在和缓间"。一位医生正在给病人把脉，旁边还有几个病人在候诊。这位医生五十岁左右，显得十分斯文，一派儒医风范。父亲站在一旁多时，医生突然抬起头问话了，问父亲所来为何？他很纳闷父亲又不看病，在诊所已站了半晌时间。父亲忙向他说明，自己是来自大西北的学生，不巧遇上战乱从南京流落到此，又说聆听了一会儿先生的问病说教，觉得先生很有学问，不愿离去。为了证明自己的身份，父亲拿出自己的录取通知书给他看。先生看到父亲虽然蓬头垢面，衣衫褴褛，谈吐却不俗，心中已有帮扶之意，便拿出一块大洋让人带父亲去街间沐浴更衣。等父亲再回诊所时，换上了新装，洗去了尘垢，已经是一个端庄整洁的青年人。

父亲真幸运，遇到的先生可非等闲之辈，他就是国内著名的中医大家余无言。余无言字择明，江苏阜宁人，深研仲景学说，擅长伤寒、杂病及中医外科，在民国时期，他是国内著名的"经方派"医家，学术、经验俱富。父亲在这时能遇上这位大医家，可以说是不幸中之万幸。父亲想拜余无言为师，经余先生同意，父亲当即下跪拜了三拜。因为有余先生的言传身教，父亲也深深喜欢上了岐黄医术。父亲和爷爷有所不同的是，"不为良相，则为良医"对爷爷来说是无奈的选择，对父亲来说却是发自内心的喜欢。他认为身处乱世，学医报效国家更为实际。这之后，父亲在余先生门下白天抄方侍诊，晚上苦读医学典籍。当年12月，南京沦陷，日寇在南京制造了惨绝人寰的大屠杀，凶狠残暴令人发指。父亲认为，这意味着日后中原地区也有被侵犯的可能。父亲挂念家中老小，心急如焚，他在跟随余先生学习了两个半月之后，向余先生告假回乡。

第四章 | 行医办学，造福桑梓

自从父亲去南京求学，奶奶和母亲一直没有父亲的消息，后来又听说南京被屠城，她们的心都要碎了，日日夜夜望眼欲穿，等候着来自南京的消息。就在这时，1938年2月23日，母亲生下了我。

当时兵荒马乱，火车停运，汽车改线。父亲从上海回武山，一路步行，停停走走，大约费了两个多月的时间。父亲进家门时，已经是皮包骨头，憔悴不堪。奶奶和母亲以为家里来了个要饭的乞丐，等父亲开口说话，奶奶和母亲才知道是她们朝思暮想的亲人回来了。一家人流着眼泪倾听父亲讲述这几个月的遭遇，大家都希望父亲从此留在家里，再不分离。

父亲根据奶奶和母亲的意见决定暂不外出，从此在家乡行医。他把爷爷留下的药房整理了一番，开始了行医生涯。父亲做什么事都非常敬业，很快就在家乡打开了局面，慕名前来看病的乡亲络绎不绝。

裴庄村周围共有十八个村子，三四千户人家，子弟上学须到十里外的洛门镇。那里有一座小学校。每逢下雨，南河、渭河水涨，学生们就不能上学。有感于此，父亲决定筹办一所小学。他立即捐出自家的八亩土地作为学校校址，经过上下奔走，争取各方支持，很快就筹到两千大洋建校资金。1939年10月，"蓼川完全小学"正式建成招生。这是一所教室、办公室、讲演厅一应俱全的新型完小，一到六年级各科老师都配备齐了，共招了百余名学生。课余时间，父亲带领教师和学生平整操场，自做体育用品，开展体育运动。还广泛发动社会名士捐献图书，又办起了学校图书馆。开展教学的同时，父亲经常宣传爱国思想，他给学生作时事报告，讲抗日形势，鼓励学生写爱国文章，并在墙报上张贴展示。

父亲见多识广，思想开明，刚到家就把姐姐的裹脚布给拆了，引得奶奶和母亲好一阵唠叨。父亲非常注意对我们姐弟三人的教育和培养，他对母亲说："老大忠厚老实，长大宜守家业。老二活泼好动，长大让他去外面闯荡。"老

建校初期的蓼川完全小学

大就是我哥，老二就是我。我的外公是前清的举人，很有学问，在家乡德高望众。他和父亲感情深厚，经常在一起谈古论今，谈话时外公经常会指着自己的孙子评价一番。外公对我寄予厚望，他对父亲说："这孩子将来会有出息，你要让他把学上够。"外公本来是要被清政府派到东北去当县官的，因为外公的父亲去世，按照大清的守孝制度必须守孝三年才能赴任。守孝期满时，辛亥革命爆发了，县令没有当成。外公以此为憾。他一直怀念着满清时代，直到解放时还固执地留着长辫子。

平静的日子没过多久，蓼川小学来了抓壮丁的国民党士兵，抓走了两个六年级的学生，这件事直接导致父亲流落外乡，有家难回。

第五章 | 充满传奇色彩的避难之路

父亲听说两个学生被抓了壮丁,心急如焚,他立即骑着骡子到三十里外的县城找县长理论。父亲劝说县长邵清淮把学生放回学校,学校可以动员学生参军,披红挂彩地送学生去抗日前线,直接去学校抓人这种做法实不可取。两人话不投机,不欢而散。邵清淮恼羞成怒,记恨起了父亲。因为父亲思想进步,在学校经常举办抗日爱国活动,这也引起了国民党政府的警觉,邵清淮便派人盯梢父亲。

1941年夏,父亲在延安的朋友潘光亚(解放后任天水专区第一任专员)给父亲寄来"八路军抗日宣言"一份,被警察局查获。邵清淮决定对父亲实行逮捕,罪名是"通共"。我的舅父当时任职武山县参议院,他得知这个消息后,马上派人通知父亲逃跑。父亲带了两百块大洋上路,他想去投奔在榆中当县长的表哥潘锡天。当时西兰公路还未通车,父亲只有步行。第七天的傍晚时分,父亲赶到榆中县。潘县长听完父亲的遭遇,面有难色。他招呼父亲喝茶,自己回屋里与夫人商议。过了一会儿,表嫂雷天禄进房。表嫂是广东人,毕业于广东中山大学,她操着广东口音对父亲说:"摊上'通共'的罪名,谁也担待不起,我们不能留你,给你准备了三十块大洋,你到其他地方避一避!"父亲没有接受大洋,连夜步行,第二天中午到达兰州,找到了老同学杨敏。杨敏当时是兰园小学的教员,为人仗义,他让父亲和他一起住下。杨敏住的屋子只有八平米,两人晚上就挤在一张小床上。一个星期后,杨敏忽然想起,武山名人康问之因看过父亲在《大公报》上的一篇诗作,专门向同乡打听过父亲的情况。杨敏建议父亲去找康问之,或许他有办法。康问之早年毕业于日本早稻田大学,时任国民党第八战区军事委员会委员,兼任少将参议。他所在的部队正在绥远抗战前线抗击日本侵略者。父亲听到这个消息,顿时热血沸腾,为了实现自己抗日报国的志愿,决定立即去投奔。

父亲带着干粮和饮水,由兰州步行向北,经过河套平原,穿过戈壁大漠,一路步行了十三天，终于到了绥远抗日前线。康问之是武山有名的才子，对家乡的这个年轻人很有好感。两人一见如故。歇息了几日之后，康问之叫副官拿来军装和马靴让父亲换上。父亲就以军人的身份在康问之身边做事。两个月后，全国又有不少地区相继沦陷，康问之接到命令准备带领备战检查团到西北后方检查备战工作。他让父亲随同前往，有意将父亲在家乡的事情做个化解。

一行人风尘仆仆，前往西安、宝鸡、天水等地检查备战情况，天水是最后的一站。检查完天水后，本来检查工作已告完成，康为了解决父亲的事，特地安排去武山一趟。武山县的党政要员们在县城十里外迎接，欢迎的人群中有人认出了父亲。看着父亲一身戎装，和康委员交谈亲切，只好装作无事。父亲此时的心情也是非常紧张，离家多日，也不知家人有没有因此事受到牵连。离县城越近，父亲的心里就越是不安起来。到了城门口，只见三个月前悬赏通缉他的告示还贴在城门洞上，虽然心里七上八下，他还是装出一副镇定的样子。一路走来，邵县长紧随康委员左右，点头哈腰，极尽谄媚。接风宴上，康委员专门给邵介绍了父亲，询问父亲被通缉之事。邵满脸笑容地说："小事，小事，一场误会而已！"他立即让人把城门洞上的通缉令扯下，这事就不了了之了。检查团离开武山时，康问之劝父亲回家。他认为，报效国家并不一定人人都要去前线。于是父亲脱下军装，辞别了检查团。

备战检查团到武山的消息很快传遍了整个武山县，当时村里看热闹的人回来对奶奶和母亲说："老大跟着备战检查团的人回来了，当大官了，穿着军装，威风得很，你们等着享福吧！"奶奶和母亲自父亲离家后，天天担惊受怕，听到这话根本不敢相信。

父亲回到家，奶奶和母亲高兴极了，所谓悲极生乐，喜从天降。邻里乡亲更是奔走相告，来家探视。通缉令虽然已撤销，父亲的心里仍然有些不安，他料定邵清准下面一定还有花招。于是决定当即去外地行医，把学校和家里的事情安排了一下，就匆匆离开了。父亲从此浪迹天涯，辗转于重庆、西安、天水、平凉等地行医卖文。

第六章 | 我的童年

父亲离家后，我们姐弟三人在奶奶和母亲的呵护下度过了童年时代。我的故乡号称"陇上江南"，绿荫遍地，溪泉纵横，加上那恬静的农舍、幽深的村道，构成了一幅美丽的大自然风光。孩童时的我们大部分时间都在这天然的乐园里肆意玩耍，追蝴蝶，捉蚂蚱，下河摸鱼……每每等到天快黑了才在母亲的呼唤声中回家。直到今天，童年时的生活画面还时常会浮现在我的脑海中。

裴正学表达思乡之情的书法作品

等到了上学的年纪，我们就到父亲创办的蓼川完全小学读书。1945 年，那时我上小学二年级，有一天放学回到家里，看见母亲正在收拾行李，她欣喜地告诉我们："你们的父亲在平凉开了个诊所，现在派人来接咱们了。"一阵欢呼雀跃之后，我才发现哥哥正委屈地抹眼泪。原来父亲在信中叮嘱母亲，带姐姐和我去平凉，十岁的哥哥要留在家里陪伴奶奶。三天后，母亲、姐姐和我，还有父亲打发前来接我们的学徒张规义、两个跟牲口的佣人，一行六人启程前往平凉。时值晚秋，天上飘着小雨，我和姐姐骑一头牲口，母亲骑一头牲口，两个佣人前后呵护，一路走得异常艰难。头一天晚上我们住在榆盘镇，第二天住在榜罗镇，第三天才到了华家岭。到了这里，两个佣人牵着牲口就回家了。在华家岭我第一次见到了汽车，在那里等了五天，才坐上了去平凉的汽车。汽车是普通的拉货车，车速很慢，道路坎坷不平，一路泥泞，车行两天才到达平凉。下车时，我们浑身都是泥土。父亲将我们带到一家饭馆洗了脸，吃了饭，才雇了黄包车拉着我们前往牛市巷口的住所。

在平凉的日子里，父亲与母亲打理诊所，我与姐姐上学，日子过得平淡而又踏实。我一生下来父亲就在外漂泊，母亲一个人领着三个孩子和奶奶一起生活，家务繁忙，根本无暇顾及我们的学业。我只是贪玩，不好好学习，成绩很差。父亲见我不肯用功，他决定采取严厉的方式教育我。

记得我上三年级的时候，有一天，因在外玩耍回家晚了，打算趁父亲不注意溜进家。脚刚要跨过门槛，只听父亲怒吼一声："上哪去了，怎么才回来，一天光知道玩！"他冲过来，揪着我的耳朵将我拉进里屋，回头又拿来一本儿童读物。"一个小时之内把这本书背会，背不会用这个锥子戳你的脸！"说罢，他将锥子狠狠插在窗棂上，气呼呼地关上门走了。从我记事起，父亲一直都是和颜悦色的样子，我从来都没见过父亲发怒，那天可把我吓坏了，我大哭起来。哭了好一阵，父亲进屋说："我给你念一遍，不会的字你可以问！"说罢，给我把要背的文字念了一遍，难一点的字词专门做了解释，又转身走了。外边一点动静都没有，天渐渐黑了下来，只有一盏油灯散发着微弱的光，我又饿又怕，索性擦干眼泪用心背起书来。说来也奇怪，不出半小时便把指定的文字背会了，这在平常是不可能的事。背会后我连忙向外喊道："我会背了，我会背了！"一会儿便听到父亲的脚步声，他打开房门，依旧很严厉地说："真会背了？现在给我背，敢撒谎用锥子戳你！"我大声背起书，父亲的脸色缓和了一些。等我背完书后，父亲对我说："今后我会每天检查你的功课，让你背的书必须背会，不然还会挨罚，去吃饭吧。"我总算松了口气，忙不迭地走出门。后来听母亲说父亲当晚很高兴，对我的表现非常满意，并说："这孩子还聪明！"也就是从那天开始，我一门心思全用在了读书上。加之父亲手把手地教导，我的成绩有了突飞猛进的提高，很快就成了班里名列前茅的好学生。

裴正学出版书法、文学著作十部

父亲的教导是我一生最大的机遇，他在做人、做事、做学问上影响了我的一生。父亲为人正派，治学严谨，他的诗词、书画造诣很高，在当时常有诗词、游记、散文发表于报刊。抗战末期，他去重庆访友，与刘海粟、吴玉章等先辈名流时有唱和，并拜艺术大师刘海粟为师，在国画上得到过刘海粟的亲自指点。花、鸟、鱼、虫、山水、人物无不精通，尤其擅长画竹，时人赞他为"陇上板桥"。20 世纪 40 年代已闻名于平凉、天水一带。他的诗意境深远，书法古朴有力，绘画笔法娴熟，刘海粟曾给予他很高的评价："先生之诗乃传神之作，画丹青亦为高手！"在父亲的耳提面命下，我对书法产生了浓厚的兴趣，练毛笔字成了每天的必修课。

裴正学出版医学著作四十部

我亦醉心于文学艺术，从《三字经》到《四书五经》，从《诗经》到《史记》……我每天徜徉在国学的海洋中汲取着营养，并从那时起就爱上了写作。

父亲对我影响最大的还是医学。我在儿时

已将《医学三字经》《药性歌括四百味》《汤头歌诀》等医学著作背得滚瓜烂熟。虽然当时并不知道书中的深意，但是这些过硬的童子功在我之后的从医道路上发挥了很大的作用。

第七章 | 我的少年时代

1948 年，我正上小学高年级。由于解放战争进入了决战阶段，大人们每天谈论的内容大多和打仗有关。这是非常特殊的一年，人民解放军在战场上节节胜利，捷报频传。辽沈、淮海、平津三大战役相继取得重大胜利，彻底扭转了战争局势。国民党政权已是强弩之末，全国解放指日可待。

一天，父亲接到了奶奶的来信，催他回乡。父亲看罢奶奶的来信，百感交集，喜忧参半。喜的是：将近十年时间，因通缉而漂泊异乡，如今要解放，终于可以回家了。忧的是：裴家是当地大户，解放后必然会面对诸多大事。经过反复考虑，父亲决定举家搬迁回武山。1949 年 8 月，武山县解放。父亲的同学，也就是当年从延安给父亲寄来"八路军抗日宣言"的潘光亚随军进驻天水，做了天水专区首任专员。当他得知父亲这些年的遭遇后，唏嘘不已。在他的举荐下，父亲在这一年组建了洛门大众诊疗所和中医药研究组。同一年，父亲还当选为武山县卫生工作者协会副主任，并荣获"甘肃省甲级卫生模范"称号。回武山后，我在当年父亲创办的蓼川小学上学，哥哥姐姐已经去县城读初中了。

不久后的一天，我放学回家，一进门发现父亲正在严厉地责骂姐姐，姐姐边哭边顶嘴。父亲一怒之下抄起笤帚打了姐姐一顿，并把她关进厢房。过了几天，一天晚上，哥哥突然神情紧张地拉着我到窗户跟前，悄声说："正学你看，槐树上好像有个黑影！"我往外一看，分明是一个人爬在紧邻院子的高大槐树上，天太黑也看不清是谁。此人向院子里扔了一个东西，就迅速爬下树消失了。等了好一会儿，我与哥哥看没啥动静，才大着胆子去院子里看黑影扔的是什么。哥哥捡起一块石头，石头上还绑着一封信。哥哥与我回屋拆开信，信上写着："昨天，县里来了剧团，演的是《劈山救母》，现在你就像是被压在华山下的三圣母，我就像是书生刘彦昌……"信上的署名是张尔进。哥哥看后惊呼："这还得了，学校里那个讨厌的男生居然追到家里来了，走，交给父亲去！"父亲看到信后怒不可遏。他对我们家教很严，而且那个时代人们都很保守，他认为姐姐早恋是败坏门风。第二天，父亲就去找学校给姐姐办了休学，过了两年才允许她去学校读书。姐姐知道我们向父亲告密后，好久都不理我们。我和哥哥当时也没料到，那个讨厌的男生若干年后真成了我们的姐夫。

1950 年，朝鲜战争爆发，中国人民奋起抗美援朝。武山人民热烈响应，一时之间，母送子，妻送夫，全民奋起争支前。1951 年 6 月 1 日，中国人民抗美援朝总会发出了捐献飞机大炮、大力支援志愿军的号召。父亲在说服了奶奶和母亲后，将家中的全部积蓄——一千大洋向政府捐出。父亲的这一行动引起了全县的轰动。反观其他大户人家有捐几块大洋的，也有捐几十块大洋的。武山县政府在表彰会现场给父亲佩戴了大红花，并认定父亲为开明绅士。随后，父亲又当选为武山县人民代表会议代表，还被推荐为甘肃省政协第一届委员会委员。

1950 年夏，我从蓼川小学毕业，考入武山中学。当时武山中学是全县唯一的一所初级中学，它坐落在县城，距我家裴庄村四十华里。我们步行上学，从早上出发，下午才能到达。由于武山刚解放，解放军刚到武山，武山基层政权还不健全，我们的升学考试在临时军管会的主持下进行。全县十几个小学的毕业学生共有八九百人。这次考试收取两个班，合计八十人。我名列第十，自我感觉还可以。可回到家里，却遭到父亲的一顿责骂，他骂我还是不肯用功，没好好学习。

开学后不久，我因表现优异，被选为学校少先队大队长。我准备按照父亲的教导好好学习，争取全班第一，然而事情并不像我想的那么简单。当时县委副书记兼公安局长李某喜欢上了我们学校初三的一位女生，恋爱不太顺当，因此引起了一场轩然大波。驻扎在武山的解放军是一个独立团，团长李某兼县委副书记和公安局长。当时他已接近三十，人品很好，作风干练。经过校长康某的介绍，他与武山中学校花车某书信来往，感情渐入佳境。没想到，学校有几个好事的学生，不知从哪里弄来了一封李某写给车某的恋爱信，竟然将此信贴

裴正学（中）与中学同学合照

在学校公示栏中。这件事在当时被当作是一件反革命事件，从而在全校立即进行肃反运动，整整折腾了两年。当时学校经常停课，每天下午搞运动，互相检举揭发，两百多名学生中居然挑出了八十多个"反革命"。不幸中的万幸，我因入校时被选为少先队大队长，"反革命"的帽子没有戴到我的头上。整个初中三年，我是在诚惶诚恐中度过的。

1953 年，我从武山中学初中毕业，当时武山县还没有高中。武山附近只有两所高中，一所是甘谷中学，还有一所是天水中学。父亲权衡再三，建议我报考兰州第一中学。父亲对我说："要上个好学校，打好基础，将来才会有所作为。"这所学校就是父亲当年上的那所中学，也是我向往的学校。按照父亲的意见，我考上了兰州一中。

报考兰州一中是我第一次去兰州，约了几个同学，还有国立西北师范学院（现为西北师范大学）的几位学长结伴同行。那时天兰铁路已修通，但还没有开始运行。我们带上干粮，背着行李踏上了求学之路。白天赶路，晚上走累了就住旅店。当时的旅店进门就是一个大热炕，上面铺一个席子，枕头就是个木头棒棒。旅店一晚上只收两毛钱，开水无偿供应，还管一顿浆水面。我们到店先喝水，然后洗脸，再吃一碗浆水面，就上炕睡觉。第二天早上鸡一叫，我们就出发。当我们从临洮翻越七道梁时，大多数人的双脚都肿了。就这样我们一行人朝行夜宿，一共走了七天才到兰州。后来我还写了一首诗："曾记鸡声茅店行，而今出门海陆空。"描述的就是今昔交通的巨大变化。

傍晚时，我们到了兰州一中校门口。看门人见我们几个都是十几岁的娃娃，穿的麻鞋，蓬头垢面，对我们的态度特别不好，根本不让我们进去。他说晚了，让我们到外面住店去。那时兰州的旅店一晚上就要两块钱，相当于一个人小半个月的伙食费，根本住不起。大家就在校门口僵持了很久。师范学院的几个老学长把我们送到门口，就去十里店了，只剩下了我们六个人。汪志义同学和另外两个同学看着没有进大门的可能，一气之下决定去考农校，背上行李走了。最后只剩我们三个人还在耐心地等待。我的同学王即顺态度很好，经过再三央求，把好话说尽了，看门人才让我们进去。等办了手续，住进宿舍已经很晚了。这一年兰州一中是第一次向全省招生，七月二十五号是考试日期，我们是七月十五号到的，后面还能复习几天。学校把所有教室里的桌子都并起来当床铺，供考生住宿。

那年，报考兰州一中的学生一共有两千多人，录取二百五十个，我考了第二十五名。当时感觉不好给父亲交代，初中考第十名，父亲都把我臭骂一顿，这回肯定也不会给好脸。谁曾想父亲知道后却很满意，他说："报考兰州一中的都是全省各地初中毕业的尖子生，考到这个程度已经很不错了。"我们去了三个，有一个就没考上，我和王即顺考上了。

第八章 | 我的高中时代

20 世纪 50 年代的兰州，人们住的基本上都是低矮的平房。苏联专家帮助建成的兰州饭店是整个兰州最雄伟的建筑，学校还曾专门组织学生排队参观。当时各单位用水都要从黄河里用骡子和马拉，人们从骡子和马的数量上就能估计出这个单位有多少人。兰州大学学生最多，他们当时就有十辆马车。兰州一中学生数量仅次于兰大，我们有八辆马车，有二十头骡马。学校专门有个小院子供拉水的车马队使用。用现在的眼光看，那时的兰州很落后，可对年少的我来说，兰州很大，比我们武山洋气多了，一切感觉都很新鲜。

兰州一中的前身为创建于光绪年间的"甘肃文高等学堂"。它是甘肃省历史上第一所中等学校，也是全省最好的一所中学。来这里读书的学生都是全省各地出类拔萃的优等生，学校的师资力量也很强。校长由教育厅副厅长李承斌兼任，副校长牟月秋是前清举人，他还是省内的大书法家；还有一个前清的翰林范振绪，给我们讲过语文课。授课的老师大多都是清华、北大、复旦这些名校毕业，像数学老师陆发武是清华毕业，语文老师宋子奇是北大毕业……

从武山来到兰州一中，崭新的学习环境带给我全新的体验。一中校园宽敞整洁，环境优美，图书馆藏书齐全，理化实验室里仪器都很先进，最让我激动的是每天晚上自习课还有明亮的电灯。武山中学晚上自习用的是清油灯，连煤油灯都没有，这里的电灯让我大开眼界。老师讲课的水平都是一流的，我感到讲得非常清楚，听他们的课简直是一种享受。我深知这么好的学习机会来之不易，所以听课很用心，把所有的时间基本全用在学习上了。虽然我在学习上下了很大的功夫，但考试成绩出来后，总有几个学生排在我前面。

刘一鸣，一米七八的高个子，大眼睛，长得帅，人聪明，老师们都很看重他。他在读高中时把大学物理都学完了，总是全班第一。李思孝，看着挺邋遢，但是写的文章老师总是当范文念。刘军船，他是全面发展的好学生，每次都是前三。

朱玉贤，班上唯一的一个党员，学习总是名列前茅……

虽然我的成绩也排在前十，但在兰州一中我从没有考进过前三。我开始认识到山外有山，人外有人，从此把骄傲情绪去掉了一大半。后来我总在想考不过他们的原因，想来想去觉得应该是我的思想太活跃。我的涉猎面很广，对有兴趣的学科钻得比较深。如果老师讲的和我的认识产生了偏差，我就听不下去了。而且考试时发挥过多，这就和规范答案离开了一些，这在文史方面尤为突出。比如我喜欢李秀成这个人物，就买了好多有关太平天国的书。我把这些书全部读完了，自认为对这段历史了解得比较透彻。等历史老师讲这段历史的时候，我的思想就开了小差。

那时，中华人民共和国刚刚成立，中国和苏联关系非常密切。1953年，也就是我上高中的这一年，是苏联政局动荡的一年。年初传来了斯大林去世的消息，没几天苏共中央第一书记马林科夫辞去中央书记职务，由赫鲁晓夫等五人组成书记处。到了6月，苏联部长会议第一副主席和内务部长贝利亚被逮捕。刚开学时，又听到赫鲁晓夫任苏共中央第一书记。我从小喜欢关心时事，苏联的这些信息使我百思不得其解，给我带来了一些迷茫和困惑。

高二时，全国掀起了声讨"胡风反党集团"的运动。胡风是鲁迅先生的大弟子，我很崇拜他。胡风的弟子牛汉是个杰出的七月派诗人，青少年时期就在天水读书。我对他非常崇拜，我还买过《牛汉诗文集》。他也被打成了反革命。高二寒假结束回校以后，发生的事更让我感到吃惊。听说我们的语文老师郑老师也被牵连了进去，据说他和胡风的弟子阿垅有联系。我们中学生也学习了几次批判胡风的文件。团支部要求我们一定要站稳立场，坚决与错误思想做斗争。由于我的文章写得好，郑老师对我的指点比较多，我与郑老师感情很深，这给我的内心又造成了一些困惑。

高中的这个时期，国家开始实行第一个五年计划，提出了国家发展的总路线、总目标，明确了主要任务：一是集中力量进行工业化建设，二是加快推进各经济领域的社会主义改造。除了工业、农业、交通、民生等方面的发展计划，还明确提出了要向科学进军。我从小养成了爱读书、读报的习惯，很关心国家的大政方针，这些好的习惯在高考时有了一些作用。1956年，我们的高考作文题目就是《我生活在幸福的年代里》，平日里的积累和钻研让我文思泉涌，考场上我洋洋洒洒写了一千多字。那篇文章是我上高中以来最满意的一篇，与我的考分较高不无关系。

中学的六年时间里，父亲的中医事业也在日新月异。父亲身兼数职，热情工作，虽然忙碌，却心情舒畅！1954年10月，甘肃省第一届中医代表大会在兰州召开，父亲以天水地区代表团团长身份参加了大会，并在会上作了《麻疹之中医治疗》的学术报告，该文曾在《浙江中医杂志》1957年10—12月分期连载。同年甘肃省卫生厅授予他"中医主治医师"的职称。父亲刻苦治学，在繁忙的诊务之余，加紧医学著述。仅在1954年—1957年之间，他在《中医杂志》《上海中医杂志》《浙江中医杂志》等全国性医学刊物上发表的论文就有二十六篇之多，其中《麻疹之中医治疗》《天冬合剂治百日咳113例》发表后被河北卫生协会和浙江医学院列为协定处方推广。

我很佩服父亲让我去省城读书的眼光。兰州一中让我开阔了视野，为日后的学业打下了坚实的基础。在父亲的影响下，我从小爱上了医学。1956年我高中毕业，听从父亲的建议，报考了医科大学。

第九章 | 我的大学时代（一）

1956 年，高考已经实行全国统一考试。我的第一志愿报了北京医学院（后为北京医科大学），第二志愿报了西北医学院（后为西安医科大学）。北京医学院在甘肃只招一名学生，我自觉考得很不错，在家中急切地盼望着来自北京的录取通知书。可谁知别的同学都拿上通知书了，我的录取通知书却迟迟等不来。

那年，姐姐已是西北医学院三年级的学生。一家人在等待中煎熬时，姐姐给家里寄来了一封信。从信中得知，我以全校第一名的成绩被西北医学院录取。原来，由于我的家庭成分不好，北京医学院录取人员犹豫再三，报请上级定夺，耽误了时日。最后他们录取了另一个学生，而我则被西北医学院录取。因为这个原因我的录取通知书来晚了一个星期。

1956 年 9 月，我来到古城西安，成为西北医学院的一名新生。西北医学院创建于 1937 年，其前身为国立北平大学医学院，抗战时从北平迁到汉中，抗战后又从汉中迁到西安，后改名西安医科大学。学校历史悠久，专家云集，教学科研力量雄厚，是培养高级医学人才的摇篮。我很快就融入到了大学的集体生活中。这里学术气氛浓厚，社团活动丰富，我有了"海阔凭鱼跃，

裴正学（左）与姐姐裴晓春大学时期在西北医学院合影

天高任鸟飞"的感觉，并深深喜欢上了这里。由于入学考试名列前茅，在校园里我俨然成了明星人物，还被选为西安市学生联合会委员。

那年秋天，英、法、以三国联军悍然侵入埃及，掌握了苏伊士运河的控制权。埃及人民在纳塞尔总统的领导下奋力反击。以苏联为首的社会主义阵营纷纷发表声明，强烈谴责英、法、以三国的野蛮行径。我国是全民动员，大造声势，坚决支持纳塞尔总统及其领导的埃及人民。随即，陕西省学联于10月中旬发起了声讨英、法、以，声援埃及人民正义斗争的游行活动。游行当天，盛况空前，钟楼广场附近的街道、人行道人潮涌动，标语牌与各式彩旗交相辉映，声援埃及人民的口号声震耳欲聋，此起彼伏。波澜壮阔的群众游行场面激起了我创作诗歌的灵感，我当即创作出了诗歌《尼罗河在怒吼》：

> 红海在沸腾，
>
> 地中海在咆哮，
>
> 一群强盗，
>
> 闯进埃及领土。
>
> 战火燃烧，
>
> 苏伊士运河卷起了怒潮。
>
> 看吧！
>
> 塞德港的工人离开了工厂，
>
> 开罗的学生走出了课堂，
>
> 尼罗河上的渔民收起了渔网，
>
> 金字塔旁的农民辞别了故乡。
>
> 他们紧握钢枪，
>
> 挺起胸膛，
>
> 走上民族解放的疆场，
>
> ……

同学们热情地鼓励我将这首诗投寄到《延河》杂志。不久《延河》杂志社就全文发表，这让我欣喜不已。女同学张某在读过这首诗作后，逐渐和我接近，后来我们在相处中产生了情感。谁也没有想到，不久之后我们会卷入到一场巨大的风波之中。

1957年，刚过完春节，全国上下掀起了整风运动，西北医学院的师生接到了提前返校的紧急通知。首先集中学习《再论无产阶级专政的历史经验》与《关于正确处理人民内部矛盾的问题》这两个指导文件。接着是号召人们向党提出意见，紧接着是揪出右派分子进行批判斗争。

同学罗某是这次小班运动的负责人。他在追求张某，发现了我和张某的关系，我便自然成了他的情敌。由于我的学习成绩优秀，遭人嫉妒，家庭成分也不好，于是在罗某的鼓动下，有人给我首先贴出了大字报。上面的文件要求在大学生中必须产生百分之五的右派分子，这就给罗某的错误行为提供了理论依据。

我被不断批斗和逼供。张某因伤心忧虑，精神失常，被送回老家武汉养病。罗某见此情景，变本加厉地对我进行批斗，想把右派的帽子强加于我。然而天不灭我，是那首刊登在《延河》杂志上的诗挽救了我。

在最后确定学校右派分子名单时，党委李书记反复读《延河》上的那首诗，他认为全诗充满了对祖国的热爱和对英、法、以侵略行径的愤慨。由此要求对我的问题专门进行复查，并亲自参加了班级复议的小会。这次重审，发现上报材料空话多，帽子多，具体事实不充分。经党委重新研究，将我的名字从名单中剔除。

我得知自己未被戴上右派的帽子后，曾去武汉找寻过张某，然而于事无补，两人就此分手。

这一年，姐姐的恋人张尔进被打成右派分子，下放到农村劳动。张尔进多才多艺，精通诗词文章，擅长绘画书法，还会舞台表演。中学时他比姐姐高两级，因那时姐姐才15岁，他死命追求姐姐，父亲为此生过几次气。张尔进为了等姐姐，高中毕业时未参加高考，一直到姐姐高中毕业时他才与姐姐同年高考。姐姐考上了西北医学院，他考上了西安外国语学院。父亲知道他们感情很深，也就再

1957年，裴正学（左一）与哥哥、姐姐在西安革命公园合影

没有反对。张尔进下放农村后，组织出面让姐姐与他划清界限，姐姐的同学、朋友纷纷劝她分手。父亲知道后给姐姐写了一封信，信中态度坚决地告诉姐姐："你们在一起好多年了，过去我反对过你们的婚事，但现在不能在人家危难的时候落井下石，我们裴家人不能做这种事……"姐姐在父亲的支持下，义无反顾地嫁给了张尔进。姐姐结婚时大学还没毕业，父亲安排我和哥哥参加了姐姐寒酸的结婚仪式。

经过"反右运动"的风波后，我深深地体会到，在以阶级斗争为纲的社会背景下，家庭成分不好，意味着以后的分配和工作都不会好到哪里去，毕业后我很可能要被分配到农村。因为有了这样的预见，我做好了在基层工作一辈子的打算，也把学习的重点放在了基层应用广泛的临床医学上。

自从"反右运动"后，学校的课程被运动占去了大部分时间，基本不考试，由老师根据学生的平时表现划成绩。在这种情况下，为了不使学业荒废，我抓住一切可以利用的机会全面学习医学基础理论和临床知识。

在当时，被打成右派的学生大部分交给社会劳动改造。表现好一些的右派学生可以留在学校，但他们要随时接受批判。右派老师情况好些，都还留在学校。但一些右派教授不让带课了。有的在图书馆当管理员，有的在实验室当管理员，还有的在学校打扫卫生。他们中有几个全国著名学者，我经常向这些老教授请教。在那个时候，我不敢明目张胆地去接近，只能偷偷摸摸地去找他们。我中学时期俄语就学得很好，大学三年级时我开始着手翻译塔列耶夫的《内科学》。为了查阅资料，我下了很大的功夫，手都磨破了。我在翻译的过程中，遇到词汇问题常去请教祝绍煌教授。他是全国著名的公共卫生专家，懂八国文字，成为右派分子后在学校图书馆当管理员。经过他的讲解，我常有豁然开朗的感觉。陈克达教授、谷先阳教授都被划为右派分子，都曾对我有过悉心地指导。经过这些医学大家的提点，我的俄语水平和医学理论水平都有了很大的提高。

学校的临床实践安排得很少。为了弥补这个不足，到了晚上，我就主动到西北医学院附属医院去学习，主动参加一些杂务活动，渐渐和医院的人都混熟了。医院里有十几个病区，不管多晚多累，哪里有手术，我就跑去给大夫打下手。由于我踏实肯干，大家也很乐意给我答疑解惑。很快我就能熟练掌握外科常见手术，像刮宫、阑尾炎、胆囊炎、疝气……心电图在那时是个新学问，我认为心电图的用处会很大，今后肯定会在基层应用，我提前下了很多功夫。骨髓片那时只有大城市的大医院才有，县上的小医院都没有，我也下了很大功夫。内科常见病，另外像妇产科、儿科等等，凡是能在基层用上的临床知识，我都精心学习，争取掌握。

在医学上越是钻研就越有兴趣，很庆幸父亲让我报考了医科大学。父亲虽是中医，他深受恩师余无言中西汇通学术思想的影响，对现代医学多有涉猎。他曾说："任何一种民族医学，如不及时地去吸收同时代的先进医学之精华为我所用，它就不能得到长足发展，甚至会被时代淘汰。"他认为中医和西医应该互相学习，取长补短。对于父亲关于中医与西医结合的独到见解，我在学习和实践中有了更深刻的体会和感悟。

1958 年 4 月，就在我废寝忘食、忘我学习的时候，传来了父亲被打成右派的消息。他被遣送到礼县与武山县交界处的云雾山劳动改造。我一面为父亲的遭遇感到伤心和不平，一面考虑自己该何去何从。父亲离家后，母亲给人洗衣做饭，只能维持家里的生活，已经无力为我提供生活费用。如果自己不想办法，就只能辍学。天无绝人之路，我想起自己曾有一篇文章在报纸上发表，还有过

1958年，大学下乡时期在嘉陵江畔留影

一点稿费寄来。为了有一份稳定的收入，我特地去西安晚报社找到了主编杜少云，向他诉说了自己面临的困难。主编对我以前发表的那篇文章还有记忆，并特地拿出来看了看，认为写得还可以，他建议我定期为报社写稿，这样就给我发一点稿费，可以解决我的生活费问题。就这样，我靠着报社每月给的微薄稿费支撑到了大学毕业。后来，听说正直善良的杜主编在1960年被打成了右派，下放到陕北定边农村改造。他在我最困难的时候帮我渡过难关，至今我一想起他就有无限感慨！

当时国家提出了"教育要为无产阶级政治服务，教育与生产劳动相结合"的教育方针。西北医学院响应中央号召，组织学生上山下乡，参加劳动。在1958年至1960年"大跃进"期间，我们基本上没怎么上课，离开学校到陕西各地参加劳动，像陕北、陕南、关中这些地方都去过。"大跃进"时，人人都有一股豪气冲天的干劲。"人有多大胆，地有多大产。""不怕做不到，就怕想不到。"这样的口号比比皆是。男生女生不管去哪里劳动，都有你追我赶、争先恐后的精神。我们下乡时吃住都在农户家里。农村由于公社化、大炼钢铁，粮食供应很少，很多地方都吃不饱饭。就在这样的条件下，大家天不亮就去劳动，很晚才收工，劳动强度很大。不少同学脚上磨出了水泡，背上勒出了血痕，一天下来腰酸腿疼，全身像是散了架，可从没人叫苦叫累。在这种气氛的感召下，我也写了许多描写同学们投身劳动的文章，昂扬亢奋的情绪贯穿始终，像《战斗在汤峪》《国庆前夕》等，其中不乏"我们想让高山低头，高山就不能不低头；

想让流水让路，流水就不能不让路。"这样的豪言壮语。这些文章都带有明显的时代烙印。

　　值得一提的是，下乡劳动还提高了我的讲课水平。我们医学院的学生每到一个公社，都要作一场防治疾病的报告。班长就对我说，班里就我能说会道，索性就指定每场报告都交给我。我很乐意去作报告，我讲的都是农村常见病的防治。怕当地人听不懂，我结合了当地一些病例来讲，通俗易懂，公社领导和乡亲们都很满意。作完报告，一般还会管一顿饭。我们所到的公社，大部分都吃不饱饭，因为管饭，作报告对我来说也成了一份美差。

第十章 | 我的大学时代（二）

1960 年，中国正处在三年经济困难时期，饥饿的阴云笼罩在人们心头。

由于粮食极度短缺，发的粮票不够用，月头还能凑和，到了月末，就要挨饿，吃饭成了同学们面临的大问题。当年 9 月，学校接到上级关于防治浮肿病的紧急通知，西北医学院的学生们被分成了许多治疗小组，分散到陕西各地防治浮肿病。

这一年，浮肿病成了全国流行的疾病，农村的情况更为严重。我们曾去过陕南各地，患浮肿病的人很多，老人和小孩更多。浮肿病是由于吃不上饭，血浆蛋白低下所致。得了浮肿病的人全身浮肿，四肢倦怠，极度无力，严重者会死亡。村民见了面，不说别的，先按按对方的胳膊，看肿得怎样，可见他们对此病有多畏惧。在我下乡的地方，汉中洋县的晚春大队是个非常例外的小村庄。

1960 年末，我来到晚春大队，让我惊讶的是大队书记居然是一个叫李秀兰的年轻姑娘，而且她在给社员们介绍我时，只字不提浮肿病。后面我才了解到这个李书记的不简单，这两年正是因她领导有方，晚春大队成了县上仅有的富足队，这个队根本没有出现浮肿病。

从 1958 年大炼钢铁以来，队里的青壮年都上了炼钢一线，全村只剩下了老弱病残。地没种好，收获时缺人手，庄稼大多烂在了地里。再加上大办食堂，村民只吃饭不交钱，粮食浪费现象很严重。入夏后，全国各地开始缺粮。李书记一盘算，再不想办法，秋后社员就要饿肚子。她紧急召集了村里的老党员、老贫农，商量出了两个办法。一是由亲人出面，以各种家庭困难为理由，如老人、孩子有病等等，从钢铁前线叫回劳力参加夏收秋播；二是补种并扩大红薯的播种面积。当时，大炼钢铁为压倒一切的中心任务。李秀兰胆识过人，敢作敢为，她不怕上级怪罪，顶着压力硬是带领着乡亲们把事做成。晚春大队稻谷全部收回，红薯增收了两万斤。入冬后县里其他地方几乎断粮，食堂多半关闭，只有这个队食堂照办，社员有饭吃，因此受到了县上的表扬。县上还让他们支援了兄弟大队五千斤红薯，帮他们渡过难关。

既然没有浮肿病，李书记建议我为社员治疗关节病、胃病、咳嗽等农村常见病。那两年全国上下正在推广"一根针，一把草""赤脚医生治大病，看病不要钱"的做法。李书记采用"吃药扣工分，交药记工分"的方法，支持大队保健站的工作。晚春大队保健站的西药少得可怜，好在陕南自古盛产中药，我就与队里的赤脚医生一起拟定了几种简单的中药协定方。我出身于中医世家，自己也喜爱钻研中医药知识，平日里积累的这方面的知识比较多，因此还能适应基层中医工作。在李书记的支持下，我们把村保健站的工作开展得井井有条，受到了社员们的欢迎。

半个月的时间转瞬即到，我与李书记、乡亲们告别，到县城与同学们汇合。同学们都说只有我的气色好，没变瘦。我给大家讲了晚春大队的故事，同学们都啧啧称赞，感叹不已。大部分同学都认为，像李秀兰这样大公无私、才智过人的干部才是国家的希望。晚春大队给我留下了深刻的印象，几十年来，每有空闲，我常常想起那里的人和事，想起轰轰烈烈的人民公社，想起如火如荼的大炼钢铁、大办食堂，想起李秀兰和她的生产大队。2010 年，我携家人专程到陕西洋县晚春村探访故人。村里的老乡告诉我，李秀兰已经去世，生前历经坎坷，年轻时就被在部队升了官的丈夫所抛弃，日子过得并不如意。一路上，我想象着李秀兰一定有着幸福美满的生活，想象着她儿孙满堂，变成了慈眉善目的老奶奶，谁料她竟是如此境遇，不禁让人伤感。斯人已去，物是人非，经过几十年的变迁，晚春村再也找不到当年的影子。我站在村前彷徨许久，写下了这首七律《雨中访晚春村并怀李秀兰同志》：

车行八转九回峰，

细雨蒙蒙访晚春。

流水轻歌岁月梦，

青山难断当年情。

历来才俊少知己，

自古红颜多苦命。

陋室犹在人迹渺，

无语柴门悼远魂。

五十年前，我同西北医学院的同学们奉命赴陕南洋县防治浮肿病，小住汉江畔之晚春村。时有该村大队书记李秀兰者，女，22岁，聪明能干，端庄大方。她领导全村人民，艰苦奋斗，百折不挠，战胜了重重困难，使全村人民避免了饥饿和死亡。笔者曾有《汉江彼岸》散文发表，该文介绍了李秀兰的突出事迹，歌颂了她全心全意为人民服务的精神。五十年后，余虽年过古稀，然对晚春村的人和事仍心向往之，故成此行。

2010 年 4 月

当时，像晚春大队这样的地方凤毛麟角，再去其他地方，运气可就没这么好了。

1960 年 10 月，我们小组基层锻炼的地方是成固县医院。来到医院我发现，我和同学们的境况比农民兄弟好不到哪里去。一月粮食的定量只有二十斤，尽管忍着饥饿，千方百计节省着吃饭，可还没到月末，我的粮票全用完了。还有六天时间怎么办？我只能饿了喝点盐水，尽量少走路节省体力。过了两天，就躺在床上再也下不了地，整个人迷迷糊糊，意识都有些不清了。班长也饿坏了，但他的情况比我好些，见状忙强打精神找来医院负责人，给我做了检查。负责人见我的血压只有 80/20mmHg，批准给我输了 10% 的两瓶葡萄糖，输上葡萄糖后我的意识立刻清醒了。但当时葡萄糖很珍贵，不能继续输下去。他问我有没有值钱些的东西，可以到黑市上换点吃的。我想来想去，枕头里装的一件呢子大衣应该还值点钱，赶忙让同学掏出来交给了负责人。因为男生饭量大，饭票都不够用，大家饿得都走不动。负责人就派了两个女生拿着大衣去黑市换吃的。

两个女生走后，我一直处于半昏迷状态。不知道等了多久，我被唤醒，两个女生把八个玉米面馍馍交到我手中。我狼吞虎咽一连吃了两个，刚要拿起第三个，想想还有六天，硬是强忍住饥饿放了回去。人是铁，饭是钢，吃完这两个玉米面馍馍，没过一会儿我的血压就上升了，人也有了些精神。两个女生给我们讲述了她们去黑市的经历。她们换馍馍还算顺利，但在回来的路上，两人实在忍不住，一人吃了一个，所以十个馍馍拿回来了八个。看着她们充满内疚的眼睛，我一点都没责怪她们，相反，我很感激她们，在我生命垂危之际，是她俩带给了我新生。

说起这件呢子大衣，还得从父亲谈起。1957年，父亲被推选为甘肃省卫生界劳模，原定十月份去北京参加全国劳模大会，由组织出面缝制了这件大衣。也就在这年八月，父亲被打成"右派"，先是送云雾山劳改农场劳教，接着以"极右"罪被捕入狱，这件衣服也就没机会发挥作用了。

记得那年初冬，我从母亲的信中得知父亲被关押的消息，母亲让我抽空回家，去一趟云雾山劳改农场取回父亲的行李。接到信之后，我请了一周的假，赶忙回家。

回到家中，我看到奶奶和母亲都苍老了很多，她们显得十分不安，总是不住地唉声叹气。父亲被关押后，家中主要由母亲在苦苦支撑，我只能给她重复地说说宽心话。

母亲把家里仅有的两斤粮票交给了我，让我在路上用。我从武山坐车到陇西，找到在铁路上工作的表弟，一起从陇西步行去云雾山。甘肃在当时是全国饿死人数最多的地方之一，一路上我们看到了好几具尸体躺在路边，都是饿死的人，大人和孩子都有，很远就能闻到尸体的臭味。到了云雾山村，我一说父亲的名字，马上就有热心的村民带路。原来父亲在劳改时还为乡亲们看病，大人和小孩都很敬重他。找到了父亲住的老乡家，老乡很热情地招呼我们，给我们煮了些野菜，又在里面撒了些糠麸让我们充饥。次日凌晨，我俩收拾好父亲的物品，有被褥、一些书籍和书稿，还有那件呢子大衣。我告别老乡，与表弟背上行李回到了武山。在家中小住了两天，准备回校时，母亲拿出了那件大衣交给我。她说反正父亲也用不上了，让我拿到学校穿。万万没想到，在我快被饿死的时候，父亲的那件大衣竟派上了如此大的用场。

我与同学们从成固县返回学校后，一天，我正在食堂吃饭，同学给我拿来了一封来自武山的信。我拆开信一看，原来是一张武山当地的报纸，一张照片占据了醒目的位置。仔细一看，原来是二十年前父亲穿着国民党军装和康问之访问武山时的合影，下面写着："武山挖出了埋藏最深、最大的反革命——裴慎，不日即将执行死刑。"这个消息犹如晴空霹雳，将我击落到绝望的深渊。我手中的碗掉在了地上，摔得粉碎。我的大脑一片空白，只觉得天旋地转。过了好一阵子，我努力将自己的心情平复下来，心里只有一个念头："赶快回家，马上见父亲最后一面。"

我急忙向同学借了几块钱，买了回家的车票，赶回武山，直奔关押父亲的监狱。当天值班的看守是父亲给看过病的民警，他思索了一阵说："像这样的案犯是不允许探视的，既然儿子从西安来，就给两分钟时间吧！"他让我在探视室等待。没多久，我听到哐啷哐啷的声音由远及近，我猜想可能是父亲来了。当父亲出现在我面前时，我惊呆了。只见父亲戴着二十多斤的脚镣和手铐，乱蓬蓬的头发和胡子像蒿草般遮住了大半个脸。父亲看到我，眼中立即泛出亮光。我的眼泪不由得滚落下来。父亲掏出一个糠麸团子，让我赶快收好。他一再叮嘱我说："我的娃，你自己吃，别给别人，别给别人……"接着父亲含着泪对我交待后事，此时我已泣不成声。探视时间只有两分钟，还没说几句话，看守就说时间到了，我只好含泪向父亲告别。当时我感觉天要塌了，我深一脚浅一脚地走出大门，不知道自己应该去向何方……猛然间，想起父亲给的糠麸团子，我忙找了个僻静处打开糠团，见里面有个小竹筒，竹筒里面有一个小纸条，上面写着几个字："光明日报，1941年1月8日。"我疯了一般跑向车站，恨不能立即飞回学校，查到这张《光明日报》。

西北医学院是一所历史悠久的高等学府，学校图书馆藏书丰富，旧时期的报刊俱全。在学校图书馆，我找到了当年的《光明日报》合订本，父亲有一首诗作《和谢觉哉先生》刊登在报纸之上。谢觉哉时任最高人民法院院长，他是

"延安五老"之一。父亲的诗虽只有几句，但诗中表达了对国民党政府的不满，深寓着对共产党抗日主张的厚望。

当晚，我抱着殷切的期望给谢觉哉院长写了一封长信。信中称他为谢爷爷，详细述说了解放前父亲被国民党政府以"赤化学生，宣传抗日"的罪名通缉外逃，康问之帮助父亲化解此事的经过；还有1939年父亲捐田出资兴办学校；1950年响应国家抗美援朝捐献飞机大炮的号召，捐献一千大洋，被政府认定为开明绅士；以及这么多年他为家乡中医事业所做的贡献等等……我的信充满了对谢爷爷的崇敬之意，恳切地希望谢爷爷为父亲洗冤昭雪。我将刊登父亲诗作《和谢觉哉先生》的报纸剪贴下来与长信一起寄出后，日夜盼望谢觉哉的回信。每次去传达室查看，却都是失望而归。

我没等到谢觉哉的回信，但等来了有着党内"女包公"之称的钱瑛到达甘肃的消息。

这个时期甘肃省由张仲良主政，由于他在反"右"运动中执行极左路线，造成大批冤案，造成甘肃省饿死上百万人的惨剧，震惊了中央。中央派监察部部长钱瑛率检查团来甘肃检查工作。这位"女包公"坚持真理，从不顺风转舵。她的口头禅是："不怕鬼！"她曾纠正了许多被定为"铁案"的错案。钱瑛来甘肃后，采用"一竿子插到底"的工作方法，实地走访调研，发现甘肃存在着许多严重问题，并向中央如实做了汇报。钱瑛率检查组进驻天水后，第一个要求重新调查的就是我父亲的案子，并派人到康问之处了解情况。当时康也被关押在陕西省西安市，工作组调查后，钱瑛把父亲的案子暂时冻结，明确表示不能胡乱枪毙人。

1960年12月3日至5日，中共中央西北局第一书记刘澜涛主持召开了著名的兰州会议，会议的主题是纠正"左"倾蛮干的歪风，抢救人命，并对安排好人民生活问题作出了明确指示。这次会议严厉批评了甘肃省委第一书记张仲良"左倾蛮干、反右扩大化"的严重错误，并宣布对其予以免职。

父亲的问题虽然没有完全解决，但由于钱瑛来甘肃检查工作，法院很快就撤销了对他的死刑判决。他被关在死牢大概半年时间后，转到普通牢房。后来经过重新调查取证，确定父亲的案件属于冤假错案。1962 年 2 月，父亲被法院正式宣布无罪释放，同时去掉了他的"右派"帽子，并获得了两万元的国家赔偿。像这样被钱瑛纠正的错案在甘肃还有很多，她挽救了很多人的生命。

大学时期，我历经数次劫难，每当我苦闷惆怅时，浩瀚如烟的医典仿佛是黑暗中的一束光，总会带给我温暖，带给我无穷的力量。大学五年的经历，不仅为我一生的从医之路奠定了基础，而且形成了我坚毅淡定、不畏难险的处事风格。1961 年，我大学毕业，被分配到了甘肃省天水县医院。从此，我追求医学的信念更加坚定。

第十一章 | 初出茅庐的小裴大夫

1957 年，哥哥已经从西北工学院土木建筑系毕业，他被分配到铁道建筑一局工作。哥哥上班后的第一件事就是将母亲接到兰州。他在铁路局附近的王家庄租了个小平房和母亲一起居住。两年后，哥哥随铁路西进调去了新疆。正好这一年姐姐从西北医学院毕业分配到了天水县医院，便将母亲接到天水县医院和她同住。

1961 年，我大学毕业的前夕，当时中央在七千人大会后，政策稍微放宽，提出既要红也要专。这时学校在留校生方面也出现了注重成绩的倾向。由于我的成绩较好，我在开始时被定为留校生之一。名单定下来还没过一周时间，《人民日报》登出了"千万不要忘记阶级斗争"的社论。学校党委紧急召开会议，调整了留校生名单。家庭有问题、成分不好的学生从名单中均被剔除。我因早有思想准备，内心并没引起太大的震动。当我得知我的档案已被发往甘肃省卫生厅时，我连忙赶去兰州，向组织表达了自己想去天水县医院的愿望，这样我就能与姐姐一起照顾母亲。经过一番周折，我如愿以偿。

六十年前的天水县医院规模很小，就是一个农家四合院，离天水北道火车站很近，在医院院子里都能听到火车鸣笛的声音。医院一共三十二个医护人员，大夫有二十来个，护士有五六个，只有一个大学生，就是我姐姐。我报到后，成了医院的第二个大学生，大家管姐姐叫大裴大夫，管我叫小裴大夫。

上班没多久，一天，化验室的主任钟瑞荣来找我。钟瑞荣 30 岁左右，是来自上海的支边青年。只见她脸色蜡黄，走路佝偻着腰，表情有些痛苦。

1961 年，大学毕业留影

39

她告诉我，院长张文澜前一个月给她做了刮宫手术，刮完宫后血流不止，一个月了血还在流，想请我看一下是怎么回事儿。我在学校时就预见到将来要在基层工作，对刮宫技术进行了刻意的学习，一听她的描述，就知道刮宫没有刮干净。看着她痛苦无助的样子，我当晚拿上手术室的钥匙，给她重新做了清宫手术。第二天早上上班时，大老远就听见了钟瑞荣的喊叫声："小裴大夫，你可真神了，不愧是西安分来的大学生！"只见她满脸笑容，气色好了很多，腰板也挺得笔直。她说血已经止住，早上连饭量都增加了。恢复了一段时间，她的面色逐渐红润起来。我这才看出，原来她还是个年轻漂亮的美女。从此，钟逢人便夸"小裴大夫医术好"。后面凡到医院刮宫的妇女都来找我。

院长张文澜慢慢察觉到了这一变化。有一天他找到我，很真诚地询问我做刮宫术的方法。张院长那年36岁，老成干练，为人和善。他是个虔诚的基督教徒，曾在兰州教会医院做过学徒。他和我交谈时一点儿架子也没有，一心只想把自己的技术尽快提高，以免再出差错。后来我做刮宫时，他经常在旁边观摩，很快他也掌握了方法，做得也很好。

过了些天，又来了一个阑尾炎病人，张院长想看看我的技术，让我做手术。上了手术台，我给病人做了个小切口，一摸就摸出了阑尾，剪断、缝合只用了九分钟。张院长天天跑到病房里看病人恢复得怎样。病人好得很快，从那时起他对我便非常信服。后来他做阑尾手术时，让我在一旁看他的做法有什么问题，问我怎么快速找阑尾。我一看，他的切口很长，肠子把阑尾全盖住了。我就对他说："发炎的阑尾比较硬，软的都是好肠子，切口不要太大，两个手指伸进去哪里硬抓哪里，用眼睛找肯定不如手摸着快。"后面张文澜用我的办法，把阑尾炎手术做得也非常好。再后来他又亲自见证了我做的胆囊炎、疝气等手术，手法熟练，病人反映普遍很好。此后，他逢人就夸西北医学院分来的小裴大夫。

由于上大学时用了大量时间用心关注常见病的小手术，所以我在天水县医院的工作可以说是得心应手，再加上张院长的宣传和扶持，我很快就成了医院里的骨干。母亲见我的工作有声有色，心里颇感宽慰。男大当婚，女大当嫁，母亲开始时不时催促我的婚事。想起大学时那段没有结果的感情，我的心里仍然有些隐隐作痛，对男女之事自然显得有些迟钝麻木。我一心扑在工作上，面对母亲频繁的催婚只能有意回避。母亲见此情景，便开始帮我留意周围的女孩子。

1962年初的一天，父亲突然来到天水县医院，这让母亲、姐姐和我惊喜万分。原来省城一位大人物病了，多方求医都没有效果。他听说父亲医术高明，点名要父亲为他看病。此时的父亲仍未出狱，但是他即将平反的消息已经在天水传开。天水专员特地安排了天水公安局的一位政委将父亲从武山监狱中接了出来。在去市内的途中，路过北道，这位政委特许父亲到天水县医院和家人会面，也算是对父亲的破例照顾。父亲来之前，领导让他理了发，洗了衣服，把自己收拾得干干净净。那时父亲已经知道自己将被平反的消息，整个人显得比较精神。好久不见父亲，这一晚大家都很激动，互相有着说不完的话。父亲、母亲、姐姐和我，一家人围坐在我和姐姐租住的土屋里，从傍晚开始，一直说话到天亮，谁都没合过眼。我的婚姻问题成了当晚讨论的话题之一，母亲向父亲介绍了她看好的几个姑娘，尤其称赞了我们医院的护士赵桂莲。赵桂莲身材高挑，端庄大方，平日我们也没有太多的接触。只是前一段时间，母亲在医院做了个小手术，她对母亲照料得十分尽心，我们才熟悉起来。母亲对她十分看中，说她人品好、勤快、没有私心杂念等等，总之认定她是最理想的儿媳人选。父亲思考良久，他认为母亲说得有道理，显然认同母亲的看法。姐姐对赵也有很好的印象，她也同意母亲的观点。看到大家都认可赵，我就同意了大家的意见，表示愿意与她交往一段时间，如果合得来就可以定下。

经过一段时间的交往，我和赵彼此都比较满意。1962年10月，父亲平反出狱，我们12月就结婚了。虽然婚礼十分简单，只买了些水果、糖招呼客人，但在姐姐的主持下，气氛非常热闹。医院的领导和同事，以及父亲和他的好友都来参加了婚礼。父亲、母亲、姐姐都非常开心。婚后，我们相敬如宾，夫唱妇随。妻子对我体贴入微，把家里家外的事做得十分周全，全家老小都对她赞赏有加，这让我不得不佩服母亲挑儿媳的眼光。1963年，我们的第一个孩子新梧出生。

1962年，裴正学夫妇与奶奶、父亲、母亲、哥哥、嫂子、姐姐、姐夫全家合影

第十二章 | 木秀于林，风必摧之

1964 年的一天，院长张文澜找到我，让我和他去天水专区医院参加一位专员的会诊。原来这位专员在西安的大医院住过院，回天水休养，现在医院给的药已经吃完了，病还没有好利索。卫生局长安排由专区医院、天水县医院、天水铁路医院三家医院的院长和内科主任一起为专员会诊。

张院长接到通知后，心里有些不踏实。通知上并没有说专员患的是什么病，他怕会诊时，自己万一把话说错了，让同行笑话。思前想后，决定把我带上。

天水专区医院按规模和设施算是天水一流医院，比天水县医院气派多了，在当时的甘肃省都是排在前列的好医院，也有一些好专家。它的前身是天水教会医院，当年日本人试图攻进潼关时，内地有好多有名的教授、大夫为了躲避战乱，来到这家医院任职，留学回国的也有好几个。会诊安排在医院的会议室里，卫生局长见三大医院的代表都到齐了，就拿出了一份心电图让大家传着看。那时候只有省级医院才会做心电图，天水专区医院买了台心电图机，还没开始用就给弄坏了。三家医院的院长和内科主任没有一个人会看心电图，所以会诊刚一开始，气氛就很尴尬。这份心电图被传来传去，谁都不敢拿起这个烫手的山芋。王局长见大家有意回避，有些纳闷。这时，张院长忙凑过来悄悄问我："小裴，你会看不？"我轻轻点了一下头，当心电图传过来时，被我拿了起来。王局长一看有人接住了心电图，忙问张院长："他是你们医院的吗，怎么从来没有见过？"张院长忙给大家介绍说："他是西北医学院刚分来我们医院的高材生，啥都会！"看到三家医院代表的目光齐刷刷盯着我，我便站了起来，虚心地讲起了这份心电图，并判断出专员的病是频发性室性早搏，左心室高电压，估计有高血压和冠心病。王局长喜出望外，告诉在场的人，说的和西安大医院的诊断报告一模一样。既然专员患的病大家都清楚了，很快三家医院的代表形成了统一的治疗意见。我的发言引起了不小的震动，让王局长和在座的院长、内科主任都对我刮目相看。王局长爱才心切，几天后就将我调到天水专区医院内科工作。

王占洲是天水卫生局局长，他还兼任天水专区医院院长。我刚到天水专区医院上班，他就派我到心电图室看看心电图机子还能不能用。心电图机买回来后没多久，负责这项业务的人就给领导汇报机子坏了，不能用，所以一直闲置了三年。

我打算先去心电图室检查一下。那个年代的心电图机不像现在这样小巧，体积非常大，也很笨重。我先检查线路，发现地线没有接上。上大学时我专门请教过心电图机接地线的办法，心电图室在平房，我找来电工，把地线引到窗外，找了一根两米长的铁棍打到地下，回到心电图室一看，指示灯亮了，心电图机运行正常。从那天开始，天水专区医院的心电图机当即投入使用，王院长知道后，对我的信任又增加了几分。

在天水专区医院内科，我看病认真负责，工作勤勤恳恳，病人反映很好，很快就在天水地区有了些小名气。1967年3月5日，我收治了一位特殊的病人——马长生。他那年只有16岁，是金塔县农建兵团年轻的农垦战士，患上了单核细胞白血病。马长生来到天水专区医院时是被抬进医院的，经过检查，他的血色素只剩下2克，伴有感染、高烧、鼻子出血，全身皮肤黏膜可见大小不等的出血点，压之不褪色，臀部及小腿外侧可见拳头大小的两处血斑。他的血压90/30mmHg ，脉博细微，脸面㿠白，奄奄一息。他的家人告诉我，马长生生病后，在兰州医学院住院，他的主治大夫是省上有名的血液科专家张爱诚。兰医医院用了化疗等各种方法，马长生的病却越来越重，最后医院下了病危通知，家人只好把他带回老家天水。回到家里，全家眼睁睁地看着马长生饱受病魔的摧残，心痛不已。最后，他们决定把马长生送到天水专区医院。我知道他们的意思，即便没效果，住进医院也算是给孩子尽最后一份心意。救死扶伤是医生的本分，我连忙给马长生安排了病房。

为慎重起见，我专门与父亲商量了治疗方案。我们一致认为，因为西医的方法兰州的专家都用尽了，治疗应该以中医为主。马长生高烧、出血是至虚有盛候的表现，正气亏虚应该是白血病发病的主因。最后，我以中医辨证和中西医结合的方法为马长生制订治疗方案。以"扶正固本，补肾健脾"为根本法则。我为他开出了药方：生地、山药、山萸肉、人参须、太子参、北沙参、党参、麦冬、五味子、桂枝、白芍、生姜、大枣、炙甘草、浮小麦等。在治疗过程中还进行了加减，同时经过多次输血，并以抗生素控制感染。治疗的过程中，马长生的病出现好转，出血、感染得到了初步控制，饭量也在逐渐增加。他的家人喜出望外，有一点好转都来向我汇报。五个月后，马长生的血色素增加到十四克，骨髓检查呈完全缓解状态。

药方一共调整了五次，服用 1 号方八剂后，他的病情稍有改善。发热、汗出、口渴均较前减轻，出血症状较前亦有好转，但舌红少苔，脉仍细数，余热未清，气阴两亏，气虚不能统血，阴虚不能制火。遂用 2 号方，十剂后体温下减至正常，鼻衄停止，全身血斑及出血点渐渐消失，患者可下床轻微活动，食欲增加。症见颜面苍白，少气乏力，头晕目眩，骨蒸自汗。我给他用了侧重大补气阴、重镇安神、固表止汗的 3 号方。连服四十余剂，患者出血止，斑疹消，颜面转红，乏力、自汗、心悸、夜寝难安的症状有一定程度的减轻。继续用大补气阴之旨改用 4 号方，煎汁取膏。治疗历时五月，到了 11 月，患者体力增强、颜面红润，食欲好、精神佳，能从事一定的轻体力劳动。因为天水专区医院医疗条件有限，我劝告患者去他曾经的主治大夫——兰州医学院张爱诚主任处复查，并嘱咐去兰州坚持服中药。1968 年 1 月 17 日，我接到张爱诚主任来信。信中写道："患者之骨髓象属急性单核细胞白血病缓解期变化，除单核细胞各阶段尚有轻度异常外，其他各系统恢复正常。"1968 年 3 月 9 日，患者因感冒、胸闷咳嗽再次住进天水专区医院。我又开出了解表清里、益气养阴的 5 号方。外感病治好后，我见他前胸后背还有少量出血点，偶有牙龈出血及鼻衄，时有头晕、心悸、乏力、自汗的症状，就未让其出院。改用 3 号方，四十余剂后，偶有头晕、心悸，其他症状消失，这才让其出院。马长生在家服用 3 号方六十余剂，身体恢复健康，于 1968 年 7 月重返工作岗位。

为马长生治疗白血病的事，在社会上引起了轰动。曾经主治马长生的专家张爱诚认定这是医学界的"奇迹"，他在兰州医学院学报上撰写的文章中提到裴正学治疗白血病的事。1973 年，我受邀参加苏州召开的全国血液病大会，会议由全国著名血液病专家陈悦书主持。会务组特批了马长生的路费，将马长生请到会场，还派人为他做了全身检查，各项指标完全正常。治疗马长生的病案受到与会专家们的一致高度评价，会议决定把此病案的主方定名为"兰州方"。此后，"兰州方"被国内各地医院广泛推广使用。直到今天，仍然发挥着重要作用。

我在天水专区医院工作的一年时间里，由于工作成效显著，加上院长王占洲对我的信任，1965 年上半年，我被任命为天水专区医院内科副主任。这次提拔引起了医院内科一些人的嫉妒。社教运动中，父亲又被管制，这些人便乘机给我贴出了大字报："反革命的儿子、地主的孝子贤孙裴正学占领了无产阶级的阵地——天水专区医院内科""不打倒裴正学誓不罢休"……当看到这些让人触目惊心的大字报，我的心里咯噔一下，大学时期被批判的情景历历在目，没想到回到家乡还要再次遭此劫难。

运动愈演愈烈，针对我的大字报还被贴到了天水的大街上。紧接着提拔我的王占洲也被揪出，罪名是"走资本主义道路的当权派"。经过调查没有给我找出什么问题，工宣队决定把我调离内科，让我去管别人都不愿意去的结核病房。结核病房共有七十多张床位，大多都是吐血、咳血的结核病人。结核病不好治，又有被传染的风险，这里是医院大夫最怕去的地方。

工宣队最后对我宣布了这样的决定：由我负责结核病房所有病人，病房只配三个黑五类家庭出身的护士，护士三班倒，每人每天上班八小时，而我必须天天守在病房，病人出了问题都是我的责任。我听着这个决定并未感到不平，反而认为这对我非常合适，起码可以远离运动的干扰，一个人专心实践和研究结核病的临床。我的爷爷和姑姑都因为肺结核过早去世，我本来也一直想好好研究一下结核病。

　　我把自己搜集的所有中西医关于结核病的资料都抱到了值班室，供我随时查阅。结核病房人满为患，七十多张床位全住满了。病人的情况很复杂，每天都有咳血、胸水、腹水、心包积液的病人等着处理。我一边参阅书本，一边请教有经验的大夫，最初还有些生疏，后来渐渐熟练起来，一个人能做多种穿刺手术，那三个护士有时会帮帮忙。我参考了大量的中医书籍，发现古人用虫类药物治瘘病的经验很多，这给了我很大的启发。我试用僵蚕、全蝎、蜈蚣、土鳖虫、冬虫夏草治疗肺结核空洞，效果很好。随着大量病人被治愈，我的信心大增。我对结核病的研究达到痴迷的地步，每天想的都是病人和药方。由于冬虫夏草较贵，我尝试降低冬虫夏草的用量，增加其他虫类药物的用量。针对结核病人体虚的特点，加入适量扶正固本的药，后来正式命名此药丸叫圣愈丹。这个药丸在临床上效果十分显著，治好了大量病人，病人出院时经常要求再配些药丸带回家服用，以巩固疗效。

　　针对咳血病人，我尝试用《太平惠民和剂局方》的凉隔散为主方，经过加减进行治疗。病人服用后泻火通便，清上泄下，咳血症状会逐渐减轻或消失。我据此总结出了"釜底抽薪"的理论，由此创制了梅鱼合剂。此药由凉隔散加乌梅、鱼腥草、三七、生赭石组成，用以治疗肺结核咯血，对肺癌咯血也非常有效。

　　病人和家属见我不嫌脏、不嫌累，治疗效果好，对我都很感激。有人给我送吃的，有馍馍、鸡蛋，还有肉类。20世纪60年代，人们的生活都很苦，粮食定量有限，我都瘦成一把骨头了。那时哥哥的两个孩子和儿子新梧都放在母亲处，天天喊饿。病人家属常把食物塞到我手里，转身就走，或者趁我不注意偷偷放在我的小办公室里。一般我会把吃的藏在白大褂里，等到夜深了偷偷拿回家。那段时间，孩子们饿得都睡不着觉，再晚都要等我。只要听到我推门进屋，三个两三岁的孩子就从被窝里爬出来，撒欢一样扑向我，揭开白大褂找吃的。我进家门的那一刻是他们最开心的时候。

　　因为有吃的，饿不着了，我变胖一些了。没过多久，大字报又贴出来了："反革命的儿子裴正学吃得肥头大耳……"没过几天，工宣队经过研究将我下放到天水氮肥厂去劳动改造。

我去天水氮肥厂报到，发现厂长居然是我以前的病人，他曾在天水专区医院住过院。厂长一见是我，说什么都不让我去车间劳动，他说正好厂里要建医务室，正缺个有经验的大夫管理。他给我配了个医学院刚毕业的学生李百芳，跟我学习。我和李百芳经过一个月的忙碌，医务室宣告成立，配有常用的西药和中药。为了方便我上下班，厂里还专门买了一辆永久牌自行车让我用。氮肥厂和我爱人赵桂莲工作的天水县医院只相隔了一条渭河，我白天在医务室上班，下班后骑着自行车回家，真没想到这里的境遇比原来的医院要好得多。

一个周天的晚上，我回到县医院的家中，快12点的时候去上厕所，厕所在院子后面，需要穿过病房的走廊。我路过病房时，听到有人大口喘气，痛苦地呻吟着。出于医生的本能，我推门进去，只见一个女病人躺在病床上，脸色发青，喘不上气。旁边的家属愁眉苦脸地安抚着她，急得眼泪都掉了下来。家属一见有人进来，像是看见了救星，问我是不是值班医生，他们叫了好半天值班医生都没叫来。我告诉他们我不是值班医生，我在天水专区医院工作。我走近一看，判断病人是张力性气胸，我管结核病房时经常见到晚期肺结核病人伴发这种症候。我看桌上有个废针头，忙拿起往病人肺部扎了下去，一扎把气放了，病人脸上立即由青变红，呼吸也顺畅了。我扎完后就去上厕所，等回来路过这间病房时，出来了两个人，扑通一声跪在我的面前，连声说："你是神，你是神……"说罢领我进到病房。这时病人已经坐了起来，要着吃饭。我给他们说了一下护理病人该注意的事项，就匆匆离去。

第二天，我正在氮肥厂上班，一阵锣鼓声由远及近，我心里正嘀咕氮肥厂能有什么喜事，准备出门看看，没想到头一天晚上救治的病人家属领着锣鼓队直冲我走了过来。见了我，锣鼓队敲打得更起劲了，病人家属激动地送上一面锦旗表达谢意。

这件事的动静有些大，消息传遍全厂，也传到了天水专区医院，又坏事了。

造反派听说氮肥厂不但没有让我下车间劳动，还给我配了自行车，待遇很是不错，连锦旗都追到了氮肥厂，这可不是他们想要的结果。这时候正好中央下发了"6·26"文件，里面有"医务人员下农村"的指示，1970年，我便被下放到了天水县甘泉公社卫生院。天水专区医院的那些人没想到，"医务人员下农村"的指示也影响到了他们。不久之后，天水专区医院被北京下农村的地坛医院全部接管，整个天水专区医院的所有人都被下放到了农村。

第十三章 | 我的下放生活

在我接连遭受不公平对待时，我的妻子赵桂莲与我不离不弃，默默承受着生活的苦痛和重压。她豁达而又坚韧，用爱包容着一切，给了我莫大的安慰。1970年2月，我和妻子带着五岁的儿子新梧、两岁的女儿新凤来到甘泉公社卫生院，开始了我们的"下放生活"。"文化大革命"时期，父亲以"脱帽右派"的名目被管制，母亲被划为地主分子，我被贴上了"黑五类"家属的标签，一家人在"下放生活"中，时时有些担心和不安。

甘泉公社坐落在天水麦积山附近，这里属于秦岭山脉西端。卫生院很小，周围都是庄稼地，只有几间土坯房子，职工加上我们两口子也才十一个人。那时卫生院没有电灯，用的都是煤油灯。一到晚上，周围黑漆漆一片，孩子们刚到这里，晚上吓得都不敢出门。卫生院给我们一家分了仅12平方米的小土屋。房子里摆张大床和一张桌子就没多余的空间了。我们只能在屋外廊檐下支起锅灶烧水做饭。吃水也很困难，能饮用的泉水要到两千米外去挑。每天早上，我去挑水，把家里的水缸倒满才开始学习工作，挑水是妻子让我做的唯一家务。

这个时候，甘泉卫生院还来了几个从北京和兰州下放来的大夫，有兰州医学院毕业的张彤、北京医学院毕业的王丽珠、天水卫校毕业的岳振东等人。我比他们大了几岁，在一起工作了一段时间后，就被他们尊为老大哥了。他们都愿意跟着我开展业务。我们一起开展了剖腹产、阑尾切除、妇科肿瘤的切除等工作。同时，运用中医中药防病治病。这些工作在群众中得到了很好的反响，都说大地方来的大夫果然厉害，很快病人就多了起来，裴大夫的名字就在甘泉传开了。除了甘泉的病人，卫生院还来了些全国各地的白血病人找我看病，他们就诊的时候都会提到马长生。原来马长生病好后还到兰州医院复查了几次，他原来的病友们是看着他被抬走的，都以为他已经死了，谁也没有想到他能活着，而且活得还很好。治好了马长生白血病的事在白血病人中一传十，十传百，于是不少病人就追到甘泉找我看病。正是由于马长生和这些病人，我在甘泉开始了另一组白血病专方"青蔻"系列的研制。"青蔻"这个专方一共耗费了我三十多年的时间，后面我会专门讲讲"青蔻"的故事。

1970 年秋，与妻子赵桂莲，儿子新梧、女儿新凤合影

工作之余，我还下定决心系统地学习中医。我每天 6 点钟起床，挑完水后，就去卫生院附近的小树林里背书，主要背《伤寒论》和《金匮要略》。我到现在还能把这两本书背得滚瓜烂熟，就是那时下的功夫。父亲在 20 世纪 60 年代中期去上海给恩师余无言扫墓时，余无言之子余瀛鳌专程陪同父亲去墓前祭拜。父亲回家后和我说起余瀛鳌，大加赞赏。余瀛鳌比我大五岁，少年时起在家中随父亲余无言习医，20 世纪 50 年代中期，拜在秦伯未（时任卫生部中医顾问）先生门下，使他既受父训，又获师传。1955 年，余瀛鳌毕业于上海第二医学院本科，1955 年冬，他被选送到卫生部中医研究院主办的全国第一届西医学习中医研究班学习，1958 年以优异的成绩分配到中国中医研究院任研究员。父亲让我多和余瀛鳌联系，向他学习。我在甘泉学习《伤寒论》和《金匮要略》时，遇到一些问题，常写信请教余瀛鳌，他都给予了热情的回复。有时一个月下来，我们两人的通信就有五六次之多。虽然没有见过面，但我们在书信往来中建立了深厚的感情。一次我在信中提出想拜他为师的想法，他欣然应允，从此我们以师徒相称。

门诊看病之余，我还背着药包走乡串户，深入到农村。甘泉公社位于天水最东头，雨量充沛，植被茂盛，与小陇山林区相邻，山野里中草药随处可见。我专门买了本《中草药图谱》装在身上，随时翻出查看，仅在甘泉一带就发现了二百多种常用草药。乡亲们有个小病小伤，我就告诉他们药的样子，让他们采来交给我，我再搭配给他们，这样就可以让他们治病不花钱或少花钱。

民间验方不是古代医书上的流传方，而是没经过论证，但临床却有疗效的方子。我在平时也留意收集。我曾记下一个鸡血藤煲鸡汤可治贫血的食疗方子，经过临床检验的确有效。我收集的民间验方可治疗风湿、哮喘、突发性耳聋、斑秃等等疾病，这些民间验方使用方便、价格低廉、疗效显著，药材山里也容易找到，很受乡亲们欢迎。

父亲裴慎是陇上名医，他曾为甘肃省政府葛维西秘书长治疗糖尿病，仅服十剂汤药，病人已经不需胰岛素维持。父亲拟定的桑枝汤，治疗风湿性关节炎每获奇效。父亲的方子几乎涵盖了所有疾病，我都认真做了记录。除此之外我还对蒲辅周、刘渡舟、岳美中等名医的经验方进行了整理。由于学习中医的兴趣越来越大，天水地区几个有名气的中医坐诊时，我还实地探访过。20世纪70年代，天水有个名医，病人很多，好多人都叫他神医。我当时也收集了一些他的方子，想学习一下，发现基本上都是小柴胡汤的加减方，原来这个名医擅用小柴胡汤治百病。在坐诊前，他提前让自己的儿子把小柴胡汤写了几十张处方，等病人来了，他根据不同的病症在处方上加上几样药。只一个小柴胡汤运用得如此出神入化，不禁让人感叹中医的博大精深。

由于许多白血病人找我看病，我决定对中国清末大医学家唐容川的《血证论》进行深入研究，并将自己治疗血液病的经验总结成书。我的第一部著作《〈血证论〉评释》就是在这时写成的。每天晚上吃完晚饭，我就在煤油灯下伏案著书，常常写到深夜。妻子为了让我安心写书，常在院子里借着屋里微弱的亮光洗衣服、干家务活儿。我写书时注意力非常集中，儿子新梧睡觉不老实，常会掉下床，妻子在屋外听到"通"的一声，就忙回屋把儿子抱上床，这时候总是不停地埋怨我连儿子掉地上也不管。埋怨归埋怨，她怕打扰我写书，给儿子盖好被子又出去干活。

唐容川《血证论》中所提出的"血证"主要是"血气同病""血火同病"。以"止血、消瘀、宁血、补血"为治法的学术思想，对我治疗血液病很有启发。我对此进行了系统地阐述，并对内容进行了客观评说，其中注入了我对白血病、再生障碍性贫血、骨髓增生异常综合征等血液系统疾病的体会和见解。全书共用了三年时间写完。当时的出版社主要出版《毛主席语录》及毛主席著作，其他图书寥寥无几，也不敢奢望这部书能够出版发行。一直到1980年，"文革"结束了，《〈血证论〉评释》才得以出版。这本书由人民卫生出版社出版后，相继在国内外发行，影响较大。1985年8月，日本静岗医科大学校长田荣一教授读过此书后，专程来兰州和我交流了书中的有关问题。

20世纪70年代初，结核病在甘泉一带流行。慢性纤维空洞性肺结核、骨结核病人十分多见。因农村经济困难，抗痨药物多不能正规使用，病情得不到控制，单是孟家山、石家沟等村，结核病人就有五十余人。有一次下乡途中，我被一位满脸愁容的农村妇女拦住，恳求我去她家为其丈夫看病。在去她家的路上，我大概了解了一些情况：她丈夫腿部化脓，已经不能下炕了。曾经有个下乡医疗队的大夫看过，认为只能截肢，别无它法。走进病人家，一股恶臭扑鼻而来，只见病人躺在炕上奄奄一息，几只绿头苍蝇正围绕着他飞舞。仔细观察，发现病人的大腿已经开始腐烂。我判断，这是骨结核后期。根据我在天水专区医院结核病房积累的经验，我打算为这个病人配制丸药，让家属自找蚕虫、蝎子、蜈蚣、守宫四样。乡人有养蚕之风俗，蚕虫基本上家家都有。守宫就是当地俗称的壁虎，这和蝎子、蜈蚣一样随处可见。上述四样加上很便宜的雄黄，药很快就配好了。我让病人坚持服药。服药三个月后，化脓处开始结痂，饭量也逐渐增加。病人病情的好转给了我极大的信心。我在治病的过程中逐渐确定了治疗此病的成药配方，从而形成了治疗结核病的圣愈丹。我在孟家山、石家沟等村经常走乡串户，对脊柱结核寒性脓肿、盆腔结核、肺结核空洞都用这种成药。

病人服用药后，面黄肌瘦、弱不禁风的样子都有所改善。一年后，这两个村大部分结核病人都被治愈，那位卧床的病人也能下炕走路，逢人便讲我给他治病的事。当时，由于条件所限，没有检查手段，也没有留下任何病理研究资料，更不要说大范围推广了。一直到20世纪80年代，圣愈丹由兰州制药厂制成胶囊，作为医院院内制剂，才在门诊和住院病人中广泛使用。

在治病的过程中，我逐渐和乡亲们打成一片。乡亲们对我很是敬重，这些朴实的乡亲经常用不同的方式对我表达谢意。一天傍晚，妻子正在家中做家务，只听"咚"的一声扔进来一个袋子，把她吓了一跳。她出去没看到人，回屋打开袋子，只见是一个新鲜的猪腿。全家人半年没吃肉了，当晚妻子做好了香气扑鼻的红烧肉，孩子们大快朵颐，真是解馋。我思来想去，也没想出这么贵重的东西是谁送的。过了很久，一个农民碰到我，悄悄给我说他给我扔过一个猪腿，怕卫生院的人看见，他扔下就跑了。我这才想起曾给他的婆姨接生的事。那是一天晚上，急促的敲门声惊醒了我，开门后，只见一个男人气喘吁吁，他带着哭腔央求我去给他老婆接生。原来他请了农村的接生婆，接生婆把土办法用尽了，孩子就是生不下来。情况危急，接生婆让他来请我，看看洋大夫有没有法子。这个接生婆知道前些天我和同事为几例难产的妇女做过剖腹产手术，所以才有了请我解难的念头。我与他一路狂奔，到了他家。只见产妇辗转床头，呼声欲绝。我忙检查胎位，发现羊水已破，胎头已经露出，只是不能全出。我当即给产妇做了会阴侧切术，几分钟后，胎儿顺利产下。婴儿生出来脸是青的，打屁股也不哭，由于宫内缺氧已经有些窒息。见此情景，我顾不上婴儿身上的羊水和血污，与婴儿嘴对嘴呼吸。这样一呼一吸，一会儿工夫，只听见"哇"的一声，小婴儿哭开了，脸上立即变得红润。我给产妇做了切口缝合，又给家属交待了护理要注意的事，就回家了。

虽说是下放到基层，但远离城市的喧嚣，减少了"运动"的倾轧，我的内心恢复了平静和安宁。那种如释重负的感觉，只有经历过劫难的人才能体会得到。我的学习和工作有条不紊，每天都有新的收获，自己感到充实又惬意。

妻子赵桂莲原本是家中的独生女，婚前并不擅长做家务。结婚后随着两个孩子的出生，她逐渐成为理家过日子的一把好手。在甘泉，妻子承揽了家务，家中的一切在她的安排下显得井井有条，富有生气。1971年12月5日，我们的第三个孩子即将降生。甘泉卫生院没有产科大夫，我又不想请村子里的接生婆，于是把心一横，由我来亲自接生。生产时，我一直陪伴在妻子身旁，不断地给她指导和鼓励。妻子全程比较放松，顺利产下小女儿新华。那时我的工资63.5元，她的工资36.5元。新华出生后，一家人的日子过得越发紧紧巴巴。出了月子，妻子怕孩子们营养不够，养了几只鸡，每个鸡都下蛋，孩子们有了鸡蛋吃。过了不久，她又省吃俭用攒钱买了一只奶羊，孩子们又有了羊奶喝。为了日子过得好一些，她攒钱给家里买了一台缝纫机。那个时代，一台缝纫机算是最贵重的家用品。除去日常开支，能攒出一台缝纫机的钱可不容易。在卫生院，她是出了名的勤俭持家会过日子的贤内助。记得有一次，卫生院要处理一批失效的胶布，很便宜。妻子打算把上面的粘胶洗掉做衣服，抢着买了好多，在用乙醚时倒了热水，乙醚一见热水发生了爆炸，烧伤了她的脸和手，一下子啥活都干不成了，请来娘家妹妹服侍了两个月。伤好后，她照洗不误。这回有了经验，不用热水，用温水。洗去粘胶后，又买点青黛染色，胶布就成了理想的布料。我们全家的衣服都由妻子自己用缝纫机做，做出来不但合身，而且还很入时。当时每人一年七尺布票，缝了上身没下身，缝了下身没上身，衣服穿破了补补再穿，大人的破衣服给孩子再改，大儿子的给二女子改。妻子把我在天水专区医院穿旧的白大褂染个色，给两个孩子改成制服，居然也很好看。孩子们穿出去走一圈，总会被妇女们拉住欣赏一番。大人节俭的习惯也影响了孩子，儿子新梧六七岁时就常带着妹妹去兰化疗养院的煤渣堆里捡煤球，非常懂事。

在甘泉我认识了著名画家、诗人董晴野。记得一天，我骑着自行车去麦积山给人看病，忽然小路上传来几声喝斥，只见几个民兵押着一个人从小路上了大路。那人的脖子上还绑着绳子，由民兵牵着他走，这个人就是董晴野。董晴野的大名我早知道，他被打成右派到原籍改造，我下放到甘泉后多次想登门拜访，

1974年，在甘泉卫生院与妻子赵桂莲、儿子新梧、女儿新华合影（董晴野摄）

总是抽不出时间。当我看到民兵的这种行为时，感到诧异不安，忙下车拦住他们。当地的民兵都认识我，对我还比较尊重。他们说："这个右派，拿着相机在麦积山给人拍照赚钱！"经过我苦苦交涉，他们才肯放人，但是没收了他的照相机，说是要上交公社。第二天，我经过打听找到了董晴野的家。他的家坐落在一条小河旁，两间土房，劈柴围成了简易的墙院。听到我的声音，董先生忙从家里走了出来，他拉着我的手进屋。刚迈进屋我就被中堂的字画吸引，字画笔法俊逸，自由潇洒，气势不俗。屋里盘了一个土炕，他的夫人在炕上做针线活。屋里再无其他摆设，仅有一张书桌，书桌上铺着毡子，放着笔墨纸砚，桌子一角还放着几部手抄本。在屋子的一角还隔出了一个暗室，冲洗照片之用。他的120相机是在抗美援朝时买的，是他的心爱之物。提起没收相机的事，他仍然气愤难平。董晴野于1948年毕业于国立艺术专科学校（现为浙江美术学院），深受林风眠、潘天寿、黄宾虹等大师之赏识。由于他除了绘画之外，文学功底非常深厚，诗词、书法、雕塑也很出众，大师们都看好他，并着意培养，在当时的学校是出了名的好学生。1949 年杭州解放时，他和几位要好的同学一起报名参加人民解放军，还得到了时任杭州市市长谭震林的接见。1950 年，他所在的部队调往朝鲜前线，董晴野挥动画笔创作了无数的抗美援朝宣传画，被选为中国人民志愿军优秀宣传员。有一幅宣传画还被人民美术出版社当年画出版，在全国发行，那时在天水几乎家家墙上都曾贴过这幅年画。抗美援朝战争结束，他从部队转业，根据本人的意见，将他分配到甘谷中学当美术教师。1957 年被划成右派，随即流放在夹边沟劳动改造。同去的右派大部分都死了，董晴野因为会画画被酒泉地区调去办壁报，才躲过了那场劫难。这次登门拜访让我们互相加深了印象，两人都喜爱文学、书法，真是相见恨晚。在甘泉下放的三年时间里，我和董先生几乎每天都要见面，一起谈古论今，吟诗作文，慢慢成为了莫逆之交。

第十四章 | 西医学习中医班

那几年，一家人已经习惯了甘泉的农村生活，以为日子会一直这么过下去。1971年岁末的一天，我在天水市遇上了天水市人民医院的一位大夫，他告诉了我一个重要的消息，让我的内心起了波澜。原来毛主席有指示："西医学习中医，中西医结合创造祖国统一的新医药学。"为了庆祝毛主席的这个指示发表，天水市还组织群众在街上敲锣打鼓，场面十分热闹。他还告诉我，甘肃西医学习中医班要在兰州开班，由各地区上报学员，学员的条件要求很高，必须是西医院校本科毕业十年以上，还要具备一定的中医基础。

我是西医院校毕业，有十年的西医临床经验，中医也有一定基础，如果能去学习班深造，对自己的学业一定会大有增进。我听到这个消息十分激动，忙到天水卫生局打问情况，看自己是否够条件。卫生局的工作人员告诉我，西医学习中医班给了天水两个名额，局里已经初步讨论过，符合条件的只有我和一位从北京天坛医院下放到天水专区医院的大夫。还没等我高兴起来，工作人员又给我泼了一盆冷水说，文件里边明确规定，家庭出身要好，如果家庭出身不好，那就要表现特别好，必须背叛自己的家庭。那个时代，出身问题像给我戴了一副打不开的枷锁，经常压得我无法喘息。听到这次文件里又提出了出身问题，我的心立即凉了半截，不过马上就想好了辩解的话。我对他们说，我已经背叛了地主家庭，从工作以来都在为人民服务，不存在剥削农民的事。最后卫生局的人让我先写个学习申请，具体问题局里还要研究，让我回家等消息。

回到家我给妻子说了西中班的事，她非常支持我的选择，让我尽量争取这个难得的机会，孩子有她照看，不会给我拖后腿。那几天，我满脑子想的都是西医学习中医班，心神不定，坐卧不宁。想来想去，我决定主动争取。我用所有的积蓄买了一份贵重礼物，打算送给卫生局的领导。买上礼物后又觉着难为情，不敢送，也不敢托人送。经过一番思想斗争，我最终还是硬着头皮找到了卫生局管事的领导。领导认识我，他看见我拿着礼物，立刻明白了怎么回事。他说："把东西拿回去，你不就想去西医学习中医班吗？你去好了！"我一直觉得这件事很难办，没想到领导这么爽快，忙连声道谢。当我拎着礼物出门后，才发现自己出了一身冷汗。

过了些天，天水卫生局通知我参加面试，面试考官就是西医学习中医班的负责人张汉祥。张汉祥是甘肃省名中医，早年曾毕业于北京协和医学院，后任兰州军区总医院药剂科主任。他精通中医和西医，很有学问。"文革"时，他多次受到红卫兵的批斗，自己曾切断气管自杀，所幸被抢救了过来。由于时任甘肃省委书记的胡继宗让张汉祥看过病，所以当卫生厅向省委汇报有关西医学习中医班事宜时，胡继宗建议让张汉祥负责此事。张汉祥是省内公认的西医学习中医的权威，脾气耿直，办事认真。他被提前释放后，非常高兴，欣然接受了这个任务，决定亲自到各地区审查一遍学员。接到面试通知后，我前往面试地点——地区招待所的小平房。张汉祥那年五十八岁，我进门时见他正在土炉子上烧开水，忙上前帮他把炉火拨旺，接着谦虚地做了自我介绍。他开始考察我了，先是让我背一段《金匮要略》的经文。我在下放甘泉的这两年专门自学经典，对于一些重要经文曾经下了大功夫，顺利地脱口而出。张汉祥惊讶地看着我问："你是西医还是中医？"我给他简单地介绍了自己的情况。张汉祥听后又让我背诵另一段，我也会背，他又让我讲了这段经文的含义。张听罢说："你是个人才，定了，就这样了！"

1972年2月，小女儿新华生下来不到半岁，我办好了手续，准备去兰州报到。因为是两年的脱产学习，学员的户口都要转到兰州，从此家庭的重担都得妻子一人来挑。我想到妻子将要面临的困难，心中只觉七上八下。妻子倒是非常坚强，她忙着为我收拾行李，鼓励我放心去兰州。临行前一晚，我去向好友董晴野先生告别，两人促膝谈心，依依不舍。次日清晨，他急匆匆送来两首诗，当时我已登上班车，他扒着车窗把诗递到我手中。

一

心底茫茫百感生，云烟满眼意难平，

樽前胆怯是知己，天外还期作弟兄。

书生终报平生恨，夫子欲行空有情，

此别当为云外鹤，海天飞去瀚翎轻。

二

轻车明日上阳关，离恨消醒一夜眠，

梦绕金城云逐月，情随别路雨和烟。

病心岂忍违知己，泪眼哪堪调素弦，

此后闲情无复诉，柴门深锁任寂然。

正学明日将行，夜来孤灯对坐，情诉良久，不能成寐，起而赋此以抒别意。晴野，辛亥立春后二日。

到了兰州，事务繁杂，未能细品诗中的深意。一直到三十五年后的2006年，我才详读原诗，顿时潸然泪下，当即写下了"原韵奉和晴野兄两首"。

一

历历往事慰平生，

回首天涯路不平。

曾记柴门逢知己，

常思村树念晴兄。

改革扫去千般恨，

开放迎来万种情。

你我闲云伴野鹤，

白头且话一身轻。

二

老来心境在乡关，

几度思君夜未眠。

满腹诗才凝暮雨，

一身文采化夕烟。

笔行龙马说今事，

纸走丹青吟古弦。

一代奇人谁堪比？

风吹雨打尚陶然。

此诗寄晴野时，他已彻底平反，时任天水市政协常委，市书画院院长。

西中班一共有五十个学员，教员有张汉祥、柯与参、于己百、尚坦之、石国壁，后来又来了周信有、毛有丰、席与民等人。同学中有郭俊东、张岫岚、王惠兰、卓得林、沈龙驹、陈建中等人，后来大多成为省上有名望的中西医结合专家。西中班开设的课程主要有《伤寒论》《金匮要略》《内经》《中医方剂学》等。由于我出身中医世家，又自学过中医，所以在西中班学员中表现比较出色，很受张汉祥的器重。同学们见我将《伤寒论》《金匮要略》背得很熟，还给我起了个外号，叫"活字典"。即便受到老师和同学的认可，我在学习上从来没有松懈，几乎把所有的时间都用在学习上，晚上读书到很晚，早上天不亮就起床。"夜晚读书灯似豆，黎明长跑月如钩，世间何物催人老，半是辛劳半是愁。"这首诗就是我当时的生活写照。

一天我们正上"伤寒"课，张汉祥主任推门进来，找了个空位子坐下。讲课的老师是于老师，他见状忙对汉祥主任说："张老师，我一见你就心慌，讲的内容都忘记了！"于老师是张汉祥的学生，当时还在跟师。张汉祥在甘肃中医界威望很高，人人都很敬重他，一派长者之风。张汉祥平时对学生要求严格，学生们都有些怕他。正像于老师说的那样，他一见老师就荒腔走板，顿时结结巴巴，半响也说不出话来，照着讲稿念也没念对。汉祥主任一见自己的学生如此表现，十分恼火，他厉声对于老师说："你下来！让裴正学上去把这段经文讲一下！"我正好对这段经文有些体会，再加上年轻幼稚，就走上了讲台。听完我的讲解，张汉祥转头训斥于老师："听见了没，学生比你强，你想在这个班里当老师，就要好好下功夫！"于老师点头称是，不敢多言。这堂课让于老师伤了面子，他对张老师不敢有什么想法，心里对我却埋下了不满的种子。

在西中班，我的中医基础得到了充实与提高，眼界更宽，学术思路也更活跃，对中西医结合有了更深入的思考。学业上如鱼得水，生活上却有些窘迫不堪，那时我和妻子两人的工资加起来才一百元，要养活一家五口，生活的艰苦可想而知。因考虑到妻子一个人在乡下带三个孩子，我把大部分工资都寄给妻子，自己只留一小部分生活费，饿肚子是经常的事。有一阵子我就戒了早饭，把早饭的粮票留到中午，这样午饭才能吃得饱。周末的时候，我经常到甘肃工业大学的舅舅家蹭饭，也能节省些粮票。1973年，父亲彻底平反，由于他医术高超，在省上有一定的名气，省城的几家大医院纷纷向他发出了邀请。父亲那些年被斗怕了，他没有选择大医院，而是决定去甘肃省劳改医院任职。甘肃省劳改医院在兰州大沙坪，从新医药研究所骑自行车要走40分钟。我一有时间就回家看望父母，每次回家母亲都会准备可口的饭菜，从这时起，就再没挨过饿。

1973年8月，全国血液病会议在苏州召开，我的论文《治愈单核细胞性白血病一例报告》被大会选中，接到参会通知后我参加了这次会议。在会上，大会主席陈悦书对我的文章特别关注，"白血病患者马长生通过裴正学的中药治愈"成了本次会议的重大新闻。陈悦书教授是中外驰名的血液病专家，他的提倡使我的此例报告大放光彩。陈悦书提议将此例治疗之中医主方称作"兰州方"，得到与会者的一致认同。会议后，此方在国内各地医院使用，流传甚广。

也是这一年，甘肃新医药学研究所挂牌成立，西中班并入甘肃新医药学研究所。1974年，我由西中班毕业，留任新医药学研究所，同时兼任西中班教员。我先后主讲《伤寒论》《金匮要略》《中医方剂学》《中医内科学》《中国医学史》等课。在教学中我认真备课，力争每堂课都要讲好。几年下来，在学员中享有一定的威信。记得1974年，因为有学员们的大力宣传鼓动，我当选为七里河区人民代表。当时西中班的学员中有赵建雄、马登科、安真光、卯新民、李永寿等。

1976年3月，甘肃新医药学研究所派我和于老师各带一组学员（二十名）

到河西走廊胃癌多发地临泽县做课题调研。出发前我专门与父亲探讨了胃癌的治疗问题。父亲叮嘱我一定要以扶正固本为主要治法，活血化瘀可以用，但不能太过。到了临泽，于老师与我分驻两地，他在县城沙河，我在距沙河四十华里的蓼泉。于是我的老师，年长我十多岁，一开始老乡看病都往他那边跑，我这边没几个病人。由于我对病人耐心细致，治疗效果也好，病人慢慢多了起来。一天，临泽县宣传部接到兰州军区的电话，原来兰空一位领导的儿子患了白血病，这位领导听说我曾给马长生治好了白血病，特地派人来接我。我赶到兰州榆中夏官营兰空司令部，被安顿在高级宾馆住下。这里与患者所在的兰空机关医院很近，我给他制定了以中药为主的治疗方案，一周后病情稳定了，我便回到了蓼泉。这件事在临泽引起了轰动，而且传得神乎其神，找我看病的人一下子猛增，于老师那边人就更少了。在临泽县共工作了九个月，我们治疗的同时，甘肃新医药学研究所又派出了罗瑞慈、肖梓仁、官春风等人组成的课题组到了临泽。这些人都是北京下放到甘肃的著名医学专家，工作认真负责。他们给临泽十三万人免费做胃镜、做拉网，把胃癌确诊的病人交给我和于老师治疗。我这边共收治了二百三十人，于的一组治了三百人，等我们准备回兰州的时候，课题组经过统计，用我方子的死亡率是百分之十，而用于老师方子的死亡率是百分之四十。课题组还将两组的治疗对照写进了论文里，并在全国发表。论文发表后，于老师自觉丢了一点面子，影响了威信，心里又一次对我埋下了不满的种子，两人的关系更是雪上加霜。工作结束时，我们在县城会合，他面无表情地对我说："裴正学，你华而不实，华而不实啊！"我一心只想把工作做好，无奈他对我的敌意越来越深。

1977 年，甘肃省委根据中央指示筹备成立甘肃中医学院，省委宣传部的相关领导在部里给柯与参、于老师和我开了个小会，通知由我们老、中、青三人组成甘肃中医学院筹备小组，并明确指出将来我们三人中，一个要当院长，一个要当副院长，年轻的一个当教务主任。柯当年 74 岁，是省上的名老中医，于 58 岁，我 39 岁，正好是老中青三代相结合。开了一次会后，柯老没过多久突然去世。过了很长时间，也没人向我通知再开会。我等不住了，就到宣传部打问。部里的有关领导告诉我，中医学院筹备小组换了别人。后来，我才知道，柯老去世后，宣传部让于主持工作，另组了筹备组。从此以后，我便与甘肃中医学院失之交臂，继续在新医药学研究所工作。这一年9月，新医药学研究所给我分了38平方米的房子。我将妻子和三个孩子接到兰州。没过多久，组织上安排妻子到研究所病案室工作。我们一家人终于结束了七年之久的分居生活。在兰州有了自己的家，身边有了妻子这个贤内助，家里的大小事务我都不用操心。我全身心扑在了事业上，白天教书、坐诊，晚上看书写书。妻子怕孩子们乱动我的书和书稿，经常吓唬他们不要靠近我的书桌，三个孩子把我的书碰都不敢碰。5岁的新华，活泼好动，因为太小也不懂为什么不能碰书，有一次她大着胆子碰了一下我的书，结果发现没什么可怕的事发生，她很兴奋地叫来哥哥姐姐，当着他们的面，碰了好几次书，给他们说书是可以碰的，碰了也没事。

中医有"背熟汤头走天下"的老话。方剂是中医学术之核心，它上贯理法，下系药物，位居中医临床之前哨。我主动要求给学员讲授方剂学，为自己创造更加深入学习研究方剂的机会。于20世纪70年代末写出了《新编中医方剂学》。这本书熔理、法、方、药于一炉，在中医方证的规范化方面做了大胆的尝试。

20世纪70年代，乙型肝炎在中国突然暴发。经估算，当时中国乙肝表面抗原阳性人数占到全国总人口的10%左右，大约有一亿人患病，形势非常严峻。我通过查阅历代名家的文献和医案医话，找出了一条治疗乙肝的规律，那就是中医的清热解毒与扶正固本相结合。大量病人经过治疗，都收到了理想的效果。我将治疗经验总结成书，写成了《乙肝的诊断与治疗》一书，共十一章，十六万字，是当时国内第一部乙型肝炎的中西医结合专著。

20世纪70年代，我在国家和省内刊物上发表了六十余篇论文，写成了五部专著。1979年，省上给了所里一个升一级工资的名额，我因成果较多，升了一级工资，工资由63.5元涨到了70元。

第十五章 | 中西医结合的"十六字方针"

1978 年,中国共产党十一届三中全会召开,中国迈进了改革开放的新时代。十一届三中全会全面拨乱反正,果断停止"以阶级斗争为纲"的口号,做出了将工作重点转移到经济建设,实行改革开放等重大决策。改革之风先从农村吹起,很快席卷了科、教、文、卫等各个领域。

20 世纪 70 年代末至 80 年代初,人们的思想得到了解放,观念得到了更新,新事物、新消息层出不穷。"包产到户"的"凤阳"经验得到肯定并推广,恢复高考,中美建交……这个时期的社会变革给每个人都带来了不小的变化,我也终于卸下了"出身"这个沉重的包袱,从此轻装上阵,放开手脚干事业。我曾写下一首词《满江红》:"幸改革开放,一暄春日,沉睡神龙惊夜梦,奔腾骏马迎朝晖……"来抒发自己的喜悦心情。

1980 年 2 月,甘肃省召开了一次科学表彰大会。我因治疗马长生白血病以及在白血病研究方面取得的成果而入选,甘肃省新医药学研究所只选了我一个人。表彰大会在兰州友谊饭店举行,受表彰的人员都是各行各业在科研上有一定贡献的人,有工人、农民、教师、医生等等。当我们胸前佩戴着大红花,双手接过沉甸甸的奖杯时,现场掌声雷动。这一刻不由得让人心潮起伏,感慨万千。尊重知识,尊重人才,是改革开放释放的一个重要信号。这么多年,作为知识分子得到了如此高的荣誉,我自工作以来还是头一次。科学表彰大会对我是个极大的鼓舞,从此我干工作的劲头更足了。这个时期,除了完成新医药学研究所的工作,我的心思全用在筹备创办甘肃省中西医结合学会上。

筹备创办甘肃省中西医结合学会要从 1978 年说起。1978 年 3 月 18 日至 31 日,全国科学大会在北京召开,"科学技术是生产力"这句口号传遍大江南北,科技工作者的春天终于来了。这一年,各类学会如雨后春笋,大量涌现。当时的卫生部副部长崔月犁与卫生部中医局局长吕炳奎决心把握住这一难得的发展机遇，发起成立一个全国性的中医药学工作者的学术性群众团体。1978年6月11日，中华全国中医学会筹备委员会在北京成立，并举行了第一次会议。各省也都开始筹备省级中医学会。甘肃省建立了由柯与参任会长的甘肃省中医药学会，共有17人当选为理事。中西医结合专业有许自诚、刘宝厚和我被选为中医学会理事。到了1979年，中央批示筹备成立中国中西医结合学会，陈可冀、吕维柏等中西医结合专家就从中医学会中分离出来，筹建中国中西医结合学会。各省随即效法筹建省级中西医结合学会。受甘肃省卫生厅的委托，许自诚、刘宝厚与我也从中医学会中分离出来，成立了甘肃省中西医结合学会筹备组，筹建甘肃省中西医结合学会。学会于1982年7月正式成立。卫生厅副厅长石国璧兼会长，许自诚、刘宝厚任副会长，我任秘书长，当时规定由秘书长主持学会的常务工作。为了给中西医结合专业的同行们创建一个交流学习的园地，在筹备期我向全省征集稿件，编辑出版了一期筹备刊物《中西医结合研究》。学会的会员由全省一百多个医院的医生自愿报名组成，第一批会员就有三百多人。第一届会员代表大会盛况空前，全省共有五十名会员代表出席，开幕式隆重而热烈，卫生系统的领导、专家和会员代表依次发表了讲话。会议进行了三天，我们将筹备刊物《中西医结合研究》分发给会员代表，并组织代表们进行了学术交流和探讨，互相学习。"文革"时期，知识分子的思想被禁锢，做学问、搞研究都是小心翼翼，生怕招来祸患，不敢越雷池半步。十一届三中全会召开后，知识分子都有一种时不我待、只争朝夕的劲头，希望把因政治运动而耽误的时间补回来，把自己的专长发挥出来。我从大家热烈的发言和讨论中深深地感受到了这一点。20世纪80年代初期，书店里医学类的书仍然很少，医学类的期刊基本没有。筹备刊物《中西医结合研究》受到了与会代表的热烈欢迎，有不少同行向会务组询问今后如何订阅、发稿的问题。大家一致认为学会应该把刊物办下去，刊物对中西医结合专业的人太宝贵了，不论在临床、实验和理论探讨上都会有很大的帮助。

鉴于此，学会打算正式创办《中西医结合研究》杂志，由我任主编，刘宝厚任副主编。经过争取，甘肃省卫生厅每年拨给学会一万元作为办杂志的经费。杂志于 1979 年筹备创刊，在全国的中西医结合学会中，甘肃是头一家。《中西医结合研究》作为不定期刊物，一年出三到四期，在全国有一定影响。20 世纪 80 年代初期，交通不发达，信息不通畅，每个单位只有一两部电话，打电话很不方便，往往电话打过去了，电话那头才到处找人。为了保证稿件质量，兰州市范围内都由我亲自骑着自行车去约稿，不到一年时间把我的一辆自行车都跑散架了。当时还有不少省内市州和外地同行投稿，有上海、大连、青岛等各地医院，我们全都采用邮件的方式往来。作者将稿件寄过来，我审完，再寄回让修改，修改完作者再寄过来，一个稿件成形大概需要两到三个月。虽然事务繁杂，需要占用大量的时间和精力，但我并不觉着辛苦，反而乐在其中。

1981 年，新医药学研究所新盖的门诊大楼落成，开设了内科、外科、中西医结合科三个科室。第五层楼归中西医结合科使用，一共有四十张床位，由我担任科室主任。当时中西医结合科的医生有陈建中、陈汝贞、于少军、李敏、钟栩、程洁尘、侯瑞云等。从那时起，除了科室的正常工作之外，中西医结合科的所有人都成了《中西医结合研究》杂志社的编辑。选稿、审稿、定稿、通信联络都由这些人做，每个人根据自己的临床体会也写稿。在这个过程中，所有人都得到了锻炼，理论水平提高得很快。后来我又在省内各医院网罗了一些有一定名气的大夫当编委，像省人民医院、兰大一院、省内各地区都有一至二个编委。杂志社力量不断壮大，当时的稿件质量属国内一流水平，在全国有很高的知名度。有不少读者来信表达对杂志的喜爱之情，读完一期，就盼着下一期。这个杂志从 1979 年开始筹备到 1989 年因经费不足停刊，一共坚持了十年，出了 28 期。《中西医结合研究》汇集了中西医结合工作者在临床、教学、科研上的新成果、新发现、新进展，在促进学术交流，提高中西医结合发展水平上，起到了桥梁和纽带的作用。

为什么要中西医结合？中西医结合到底该怎么搞？通过什么方式结合？能结合到什么程度……这些都是值得每一个中西医结合工作者深思的问题。我根据自己多年的实践研究和临床体会，提出了"西医诊断，中医辨证，中药为主，西药为辅"的十六字法则。先后撰写了十多篇论文，从不同角度阐述了这一法则。后来"十六字法则"在卫生部部长陈敏章的建议下改称中西医结合的"十六字方针"。

"十六字方针"的提出不是一蹴而就。20 世纪 70 年代，我的一次误诊起了很大的推动作用。那时我在天水地区医院任内科主任，有一个渗出性胸膜炎的病人，本来开一个 X 光检查单、叩他的浊音，听听他的呼吸音，绝对不会误诊。但是，当时我正在下决心背诵《伤寒论》《金匮要略》条文。我热衷于《伤寒论》的整体辨证，只注意到病人有口苦、咽干、目眩、往来寒热、胸胁苦满……给病人服小柴胡加小陷胸汤后仅有小效，我仍坚持让患者服用原方。过了好几个星期，都不见病人来复诊。后来听天水铁路医院传出风声说，裴正学把个渗出性胸膜炎误诊了。该院为病人胸腔穿刺，抽水一千毫升，治疗立马产生大效。这事给了我深刻的教训，从那时起我常常带着问题去实践，去摸索。从开始的迷茫疑惑到最后的豁然开朗，历经了十多年的反复探究，中西医结合的指导思想逐渐在我的心中明晰起来：中医重整体，西医重局部；中医重宏观，西医重微观；中医侧重视机体的反应性，西医侧重病原的致病性。如果能够充分发挥两种医学的这种互补性，就可以提高临床疗效。"十六字方针"的核心就是在西医诊断明确的基础上，再进行中医辨证，这样就大大提高了中医辨证的准确性，把西医现代化的诊断技术拿来为我所用，目的是发展中医而不是西医，"中药为主，西药为辅"这个观点就锁定了中医的本质。

有关"十六字方针"论文的发表，引起了业界同行的高度关注。我教过的"西中班"第二期学员李永寿，比我小不了几岁，从"西中班"毕业后，在陇南地区人民医院当大夫，常与我书信往来。他看到我在《中西医结合研究》杂志发表的有关"十六字方针"论文后，给我写了一封热情洋溢的信。信中写道："老师提出的'十六字方针'让我茅塞顿开，耳目一新，'十六字方针'是让'中医走向现代化'的一个新思路，可以解决临证茫然，手足无措的局面。"从那时起李永寿成了"十六字方针"忠实的践行者，他也根据自己的切身体会写了许多临床运用"十六字方针"的论文。李永寿在几十年的行医生涯中，由于刻苦钻研，勤于实践，从普通医生很快晋升为科室主任，后来又当了陇南地区医院的院长，在社会上口碑极好。如今他年届七旬，已是甘肃省名中医、享受国务院特殊津贴的专家。我与他亦师亦友，我们真挚的师生情谊历经了半个世纪的岁月洗礼。他成为甘肃省人民医院特聘专家后，定居兰州。每年我的生日会，他都会带领自己的弟子们为我贺寿。他会给大家说起"西中班"，说起"十六字方针"，而且强调自己才是"十六字方针"最大的受益人。

与我有共鸣的人很多，质疑和反对的声音也不少。我认为这都很正常，任何一个新观点的提出，人们都会有不同的反应。

记得有一次，我去外地参加一个中医学术会议，我的报告题目是《试论中西医结合》，其中就有关于"十六字方针"的论述。我做完报告正准备下台，有一位头发花白的耄耋老者站起来向我发难。他说："你是中医还是西医？我们开的是中医学术会，不需要西医参加！"我回答说："我是中医，也学过西医，我想把西医先进的部分拿来为我所用，我有错吗？我看病还是三个指头一个枕头，开的方子是中药方子，我一直都把中医当作我的职业。"在中医领域，有中医、中西医结合、民族医学三种学派，社会上认为中医越纯越好，越古越好，排斥中西医结合的人不在少数，其中不乏一些有名望的中医专家。我认为回击这种声音的最好方法就是用疗效说话。

中西医结合科的几位同志，陈建中、薛文翰、于少军、李敏、李薇、侯瑞云、陈玲等按照"十六字方针"进行临床实践，大大提高了辨证的准确性和临床疗效。由于疗效好，病人多，他们在工作中尝到了甜头，对我的医学经验和"十六字方针"越学越有兴趣，于是将自己的临床体会进行了及时总结，发表在《中西医结合研究》杂志上。这些同志也为"十六字方针"的推广起到了一定的带动作用。传统的中医辨证是整体辨证，全身辨证，缺乏对疾病的具体定位，学起来非常抽象，不容易掌握要领。尤其是对于刚走上工作岗位、临床经验少的人，学习起来比较困难。科里的医师们把传统中医辨证形象地形容为大海中捞鱼，而明确了西医诊断后，中医辨证就是在渔网里捞鱼，并说自己是"出家迟，得道早"。面对复杂的病案，"十六字方针"给医师们吃了颗定心丸。有了西医诊断的基础，就把整体辨证变成了小范围的辨证。譬如胃脘痛要从整体上去辨别它的确切性质是非常困难的。如果确诊为萎缩性胃炎，就在萎缩性胃炎的范围内进行四诊八纲辨证，这样就具体得多。单纯的中医观念，把胃癌当作胃炎去辨证，把胰腺炎当作胃痉挛去辨证，把肝癌当作肝炎去辨证的事时有发生，结果延误了病情，甚至造成医患纠纷。古有"三年学成大医生，十年变成小医生"之说法。这是因为出师不久的中医，初生牛犊不怕虎。就拿胃病来说，连续来了几个慢性胃炎都给治好了，群众将他称为大医生，结果来了一个胃穿孔，如果还是如法炮制，只能是耽误病情，群众会说他变成了小医生。"十六字方针"的核心是在明确西医诊断的基础上进行中医辨证，这样误区就不会再有了。被群众称为大医生的大夫，就再也不会变成小医生了。

1982年，我被任命为甘肃省新医药学研究所副所长。1985年，单位成立甘肃省肿瘤医院，我同时又兼任了甘肃省肿瘤医院副院长。我在原来甘肃省新医药学研究所中西医结合科的基础上，主持创建了甘肃省第一个中西医结合临床科研基地——甘肃省肿瘤医院中西医结合科。甘肃省肿瘤医院成立后对中西医结合科是一个新的挑战，来就诊的患者许多都是急危重症、疑难杂症。在管理中西医结合科的过程中，我感到统一思想的重要性。没有具体的临床模式，在工作中容易出现混乱，单是中药和西药的用量比例这一问题，每个医师的理解都不一样。为了解决工作中面临的实际问题，我将"十六字方针"作为内科领域中西医结合的临床模式在中西医结合科开始应用，并以"十六字方针"为指导制定了相应的操作流程和诊疗规范，非常详细，涵盖了各种疾病。这一举措很快取得了理想的效果，工作效率和诊疗质量大大提高。此后"十六字方针"成为指导中西医结合科住院、门诊工作的既定方针。为了培养一支技术过硬的人才队伍，我既当主任也当老师，以"十六字方针"为指导，理论结合实际，从授课、接诊、开方、查房等方面手把手地带出很多优秀的全科大夫。有这样一支精英团队，中西医结合科慢慢在社会上有了名气，吸引了一些国内的中西医结合医院前来取经。一些医院如西安的唐都医院，将"十六字方针"当成他们办院的指导方针。20世纪80年代中期，科里由于床位有限，造成了人才外流，有不少同志选择去外地甚至国外发展，出去之后都能独当一面。李敏在中西医结合科是副主任，调到上海嘉兴区医院后，很快被提拔为主任。陈琳去了加拿大，考取了加拿大的行医资格证，在多伦多开了个中西医结合诊所，外国人看完病都给她竖大拇指。她曾给我说过一天能赚十几个一百美元。李薇去了英国开诊所，也很吃香。于少军去了深圳一家医院当了科室主任，在当地也很有名气。

1989年，经上级批准，甘肃省新医药学研究所、甘肃省肿瘤医院合建在一起；1995年，甘肃省新医药学研究所更名为甘肃省医学科学研究院，形成了两院一体的模式。如今甘肃省肿瘤医院与甘肃省医学科学研究院是两块牌子，一套班子，是集医疗、科研、教学、肿瘤防治、卫生信息化建设为一体的全省最大的医学科研及肿瘤防治机构。我于20世纪80年代创办的中西医结合科目前已发展为甘肃省重点中医专科、甘肃省中西医结合肿瘤临床研究基地、甘肃中医药大学硕士研究生培养基地、国家级名老中医学术继承人培养点、中国中医研究院博士生培养点。多年来，以"十六字方针"为指导，中西医结合科室发挥中西两种医学优势，用中西医结合办法治疗恶性肿瘤、肝病及其他疑难病症，成果显著。

第十六章 | 攻克乙肝顽疾

20世纪60年代以来，乙肝在世界范围内广泛流行，传播速度惊人，几乎席卷了亚洲、非洲、拉丁美洲，部分地区发病人数高达10%左右。上海市传染病研究所早在"文革"前曾有过这方面的研究，因"文革"而中断。经历了十年"文革"后，全国在乙肝方面的研究才慢慢恢复。乙肝在中国肆虐无羁，在国内发病人数达一亿以上。当时，各地对乙肝的研究尚处于萌芽状态。乙肝患者因携带乙肝病毒而深受困扰，乙肝——肝硬化——肝癌，这让人恐怖的三部曲，使人谈之色变，让许多人倾家荡产，最终夺走患者的生命。因为乙肝病毒具有很强的传染性，社会上对乙肝患者存在一定的歧视，致使他们在婚姻、就学、参军等人生大事上面临困境。

1982年，甘肃省新医药学研究所成立了乙肝科研攻关课题组，任命我为课题组组长。成员是中西医结合科的全体成员，有李敏、李薇、于少军、张惠芳、彭有加等。这个课题是全省"六五""七五"攻关项目，省上非常重视，拨了七万元研究经费。研究所还将一幢小楼房拨给课题组使用。之后的四年时间，我们课题组对乙肝进行了全面、系统地专题研究。

我从20世纪70年代就开始研究乙肝，积累了大量有效的临床经验，并写成了《乙型肝炎的诊断与治疗》一书，对乙肝的研究一直保持着浓厚的兴趣。课题组的成立，给我提供了更为广阔的临床天地，更加激发了我强烈的使命感和责任感。经验告诉我，世上没有不能治愈的疾病，只要不断研究，总能找到治病的方法和规律。我暗下决心探索乙肝的未知领域，攻克顽疾。以后的日子里我白天看病搞科研，晚上翻阅《伤寒论》《金匮要略》《医宗金鉴》等古籍医典，几乎学习了所有有关肝病的资料，开阔自己的思路。为了收集验方，我利用参加学术会议的机会，遍访名医。为了取得新的突破，我每天的大部分时间都在课题组。家中有妻子料理，孩子们都已上了中学、大学，学习自觉认真，生活上能够独立，不用我多操心。

课题组以"西医诊断，中医辨证，中药为主，西药为辅"十六字方针作为指导思想。"十六字方针"中"西医诊断"是基础，由于当时甘肃各医院鲜有检测仪器，医疗检测水平较低。我与兰州医学院的刘凤举教授商量，我们两家单位各派一人去上海学习三系统的做法，使"西医诊断"有了保障。为了给全省的乙肝患者建档立卡，追踪分析，我们在报纸、杂志、广播等媒体上发布了招募公告。甘肃省卫生厅也很重视乙肝科研攻关项目，通过行政手段向各地的医疗单位和防疫站下发了文件。这样一来，每天来自全省各地的病人就很多。我每天要接诊一百多人，最多的一天接诊了二百人，等晚上回家时，累得都没有力气上楼了。我们为病人建立了通讯簿，四年下来光通讯簿就有几大箱。一共收集了七万份病例，也都分门别类放置在文件柜中，至今还保存完好。

当时西医对乙肝的常用方法是注射干扰素，费用昂贵，效果也不理想。多数的中医治疗乙肝药费低廉，但疗效却不尽如人意。课题组的研究严格遵循中西医结合的"十六字方针"法则，从实践中深化了对乙肝的认识。我们应用现代医学的微观指标、三系统、肝功、血浆蛋白、胎甲球蛋白等明确诊断，再用中医辨证的观点，这样就能克服传统辨证论治的不足。传统医学从宏观入手，将肝病分为肝气郁结、肝木克土、肝胆湿热、肝肾阴虚等病理类型。结合前人的经验，我在临床实践中总结了一些治疗乙肝的规律：欲使谷丙转氨酶下降，多用二花、连翘、公英、败酱草、夏枯草、板蓝根、龙胆草、垂盆草等清热解毒药；欲使浊度转阴，则多以黄芪、党参、首乌、当归等扶正固本。以药测证，则可认为前者属实，乃热毒为患；后者属虚，乃气虚血亏。谷丙转氨酶上升，此为"有余"；浊度之增加，此为白蛋白之减少，为"不足"。《内经》云："损其有余，补其不足。"因此，前者用清热解毒法，后者用扶正固本法。在乙肝三系统的调节中，我常在传统辨证的基础上以清热解毒法降低表面抗原滴度，扶正固本法使乙肝表面抗原转阴，清热解毒与扶正固本并重，就能药中病的。拿肝硬化来说，肝硬化的典型症状为"口苦咽干，胸胁苦满"，无非就是肝郁，

"脘腹胀满，不思饮食"，是克土。治疗肝硬化，我仍然本着肝木克土的原则，肝郁用柴胡疏肝散，克土用强肝汤（我在山西中医研究所"强肝方"的基础上加减形成的院内制剂，具有益气健脾、清热化湿、保肝退黄之功效。）"二方合一"形成了我治疗肝硬化的主方。

由于中医辨证与西医辨病相结合，病人通过坚持服药，大三阳能变小三阳，表面抗原转阴性的人很多，重症病人黄疸、吐血、腹水的问题都能得到改善。这都是西医治疗无法达到的效果，病人反馈很好。台湾一位姓陈的女士患有乙肝并发展到晚期肝硬化，腹水严重，曾跑过国内外许多大医院，均无良方。绝望之中，来到兰州，服用了我给她开的中药，服完两个疗程，各项症状消失。离兰时她说："兰州虽然没有一流的设备，却有一流的医生。"经过病人的口口相传，课题组接待的病人成倍增加，接诊时课题组的诊疗室经常被病人们包围得水泄不通。通过对大量乙肝病人的临床观察，我发现家族患病临床表现高度一致，是一种群体表现。我们把这些乙肝病人分为四类，即气阴初挫型、邪客少阳型、气血瘀滞型、阳虚水泛型。

气阴初挫型的患者几乎占了全部患者的三分之二，数量庞大，是乙肝传播的主要传染源，现代医学称之为"健康带菌者"。因为没有显著症状，个别患者仅有轻度乏力或口干，这类患者往往都不知道自己患病，发现时基本都是因结婚、参军、升学时需要体检，才发现乙肝抗原阳性。大部分人都不知何时被传染，这类患者在我们身边很多。有一天，我们单位后勤上的王师傅急匆匆来找我，告诉我他的儿子准备入伍，没想到被查出乙肝抗原阳性。当知道自己是乙肝病毒携带者后，孩子情绪很低落，把自己关在房子里不出来，一家人急得团团转。王师傅知道我是治疗乙肝的专家，忙找到我，让我给孩子治一治。孩子看起来很健康，活泼开朗，对人很有礼貌。如果这个孩子的前途被乙肝病毒毁了，那就太可惜了。给他做了病毒检测后，通过望、闻、问、切，判断他只是气阴初挫型，这类患者预后较好。我给他开出了升山汤加味，疏肝健脾治其本，清热解毒以降酶。过了一个月，王师傅兴冲冲地又来了，告诉了我一个好消息，孩子坚持服药，在第二次复检时，乙肝抗原已成阴性，被录取上了。到了部队，一切和常人无异，完全恢复。

邪客少阳型患者之证候已趋明显，三系统可为大三阳，亦可为小三阳，肝功能常见不同程度之损害，转氨酶可高，麝浊亦可见不同程度之改变。患者证见口苦咽干，肝区或两胁疼痛，胃脘胀满，纳呆乏力，舌质红，苔厚腻兼黄，脉弦数，个别患者可见轻度黄疸，或脾轻度肿大。此型患者大多属于西医分类之慢迁肝或慢迁肝之急发，亦有个别患者属慢活肝。

气血瘀滞型患者较重，三系统之大三阳或小三阳已不足以判断该病之轻重。关键在于此型患者之肝、脾器质性变化已较明显，属西医之慢活肝或肝硬化早期。脾脏肿大，门静脉口径开始增宽，肝功能除麝浊及转氨酶有明显改变外，白、球蛋白之比例开始失调，白蛋白相对减少，球蛋白相对增加。患者可见口苦咽干，急躁易热，往来寒热，肝区及胸胁疼痛，腹脘胀疼，个别患者出现少量腹水。

阳虚水泛型患者已进入肝硬化晚期，肝功损坏，门脉高压，机体失去了肝功之代偿，因而大量腹水，全身浮肿。化验检查除麝浊、转氨酶之变化外，最具特征的是血清白、球蛋白之倒置或比例失调。B超检查门静脉口径＞14毫米，脾厚＞40毫米。

乙肝患者临床中医分类后，课题组的研究工作更加科学、规范，工作效率大幅提高。

由于运用"西医诊断，中医辨证，中药为主，西药为辅"十六字方针指导临床成效显著，我在治疗白血病、心血管病、胃肠病、肝病、结缔组织病及疑难杂症等方面享有一定的声望。从这一年起，省卫生厅一连主办了八期"裴正学临床经验及学术思想传承研修班"。兰州办了三期，天水一期，金昌一期，白银两期，临洮一期，所讲内容就是"十六字方针"和我的医学经验。从那时起就有弟子追随我，我走到哪里，他们跟到哪里，用现在的话说，这都是我的铁杆粉丝。学生们说我的讲座经常是中西医对照讲解，把难懂的经文能讲透彻，原来辨不清的病症通过学习就能辨清楚，而且回去应用很快就有效。这些弟子在我上门诊时经常来旁听。对于爱学习的学生，我是从心底里喜欢。凡是想学的，我都毫无保留地教他们。

1985年秋天，在北京举行的中国中西医结合研究会第二届会员代表大会暨学术研究会上，我作了《乙型肝炎中医辨证论治一百例报告》的专题发言，与会代表对课题组取得的成果给予了很高的评价。随后，《北京晚报》以"我国中西医结合取得新成果"为题报道了课题组在乙肝研究上的新突破。《北京晚报》发行量很大，报道后，全国各地乙肝患者的求助信像雪片一样飞来，我感到身上的担子更重了！

乙肝并不可怕，可怕的是乙肝的并发症——肝硬化、肝癌。对于乙肝初期患者，将携带病毒清除，实现阳转阴，就可以阻止病情进一步恶化。对这类病人的治疗相对容易。如何使肝硬化、肝癌患者通过改善临床症状，延缓、逆转纤维化，提高生存质量，这是我们面临的重点和难点。在将乙肝病人分型后，我将大量精力用在乙肝系列制剂的研制上。研制乙肝系列制剂的过程非常艰辛。我从历代中医典籍中获取灵感，结合自己的临床实践，从几千种中药中反复筛选。选中的药还要一味一味仔细甄别，认真比较，效果不好或不明显，就要推翻重来。一种制剂常要易方数十次。当研究陷入困境时我常会苦闷焦虑，怀疑自己。一旦有了新进展，我又会欣喜不已，信心大增。用"山重水复疑无路，柳暗花明又一村"来形容这个过程再贴切不过。我先后研制了"乙肝扫""乙肝康""肝肾1号""古圣1号""古圣2号"等乙肝特效制剂。这里边"肝肾1号"与其他制剂的研制过程不同，可以说是患者送上门的，说起来还有些偶然性。

1982年9月，一老者携梨瓜一箱来兰，进得家来，声声感谢。细看之，原来是我曾经的患者陈正元。陈正元于1970年求诊于我，当时有40余岁，时任甘肃省秦安汽车站站长，患肾功能衰竭、慢性肝病多年，出现高度浮肿，小量腹水，查尿蛋白（＋＋），潜血（＋），血中非蛋白氮（（NPN）86u（当时诊断肾功能衰竭之法定指标，20世纪80年代此指标废弃以尿素氮代之。）超过正常值一倍以上，诊断为肝硬化肝肾综合征。我当时给他开了药方，但也未抱任何希望。十年过去了，没想到他的病完全好了，根本不像个得过不治之症的人。陈正元从怀中掏出一处方，因用之日久，裱糊成硬纸板状，其上字迹斑驳，依稀可辨：生地、山萸肉、三棱、莪术、三七、水蛭……听他说已服此方六百余剂，现病已痊愈，于两年前恢复工作。开始服

1985 年，任甘肃省新医药学研究所副所长

药后尿量增加，精神转佳，因有效故继续服药，后觉愈来愈好，故坚持服药，不觉服药三年。此例患者之治愈，实属偶然。患者在绝望中坚持服药，不觉中治好了不治之症。我连忙将陈正元裱糊的药方抄录在笔记上。后来在研制乙肝系列制剂时，我把从此例病案中吸取的经验用在肝硬化、肝肾综合征患者身上，结果发现此方确有良效。此方有西医透析之效，又可补肾壮阳、泻火通腑、活血化瘀。这就是"肝肾 1 号方"的来历。

乙肝系列制剂后经兰州制药厂通过严格工艺，在门诊和住院病人中广泛使用，收到了理想的效果，在秦陇数省风行至今。

1988 年，全国各地的十三位专家对乙肝课题组的成果进行鉴定，一致认为这一成果达到国内先进水平。这一成果被省卫生厅授予科技进步奖。经统计，经我们治疗的病人，表面抗原转阴达到百分之五十。我们总共治疗了七万人次，其中乙肝抗原转阴占 50%，治疗总有效率达 99%。乙肝新成果鉴定通过后，在社会上引起了轰动，《新华社》《甘肃日报》《甘肃科技报》《兰州日报》等媒体纷纷以"甘肃中西医结合治疗乙肝效果好""中医治疗乙肝获重大进展"等为题作了专题报道。甘肃电视台《陇上人家》栏目还邀请我讲了几期有关乙肝治疗的电视讲座。课题组先后在国内外医学刊物上发表了《甘肃地区 2021 例

乙肝患者流行病学研究》《乙型慢活肝 135 例临床对比观察报告》《乙型肝炎 100 例临床观察报告》《肝硬化腹水 176 例临床研究》等七篇论文，引起了医学界的高度关注。

第十七章 | 坐诊荟萃堂

20世纪80年代，由于国家经济基础较为薄弱，科研单位普遍面临科研经费不足的局面。中医由于一直被摆在西医的从属地位，经费更没有保障，事业发展缓慢。这一状况一直到1985年才有了改观。

1985年，中央下达了"发展现代医药和我国传统医药"的决定，指出，要把中医和西医放在同等重要的地位。一方面中医药学是我国医疗卫生事业独具的特点和优势，中医不能丢，必须保存和发展。另一方面，中医必须积极利用先进的科学技术和现代化手段，促进中医药事业的发展。要坚持中西医结合的方针，中医、西医互相配合，取长补短，发挥各自的优势。1986年，国家中医药管理局成立，从体制机制上确保中医药相对独立发展和体系完备，增加了国家中医专项补助经费，从此中医事业走上了相对独立自主的发展道路。在这个时期，各级领导和专家纷纷为中医事业建言献策，卫生部副部长胡熙明、全国人大常委、著名中医学家董建华等认为"医、药结合，科研与生产结合，是振兴中医中药事业，提高药剂临床疗效的一种好形式，应该提倡"。

在这样的背景下，兰州中药厂厂长郭威明大胆提出以临床养科研的新路，以解决中医药科研经费不足的问题。经过一番筹备，兰州中药厂办起了一所科研、临床、生产三位一体的中药研究基地——荟萃堂。开发以甘肃药材资源为主的新产品，振兴甘肃中医药事业是荟萃堂的开堂宗旨，省内多个医药科研单位、学术团体给予了荟萃堂大力支持。卫生部中医司原司长吕炳奎先生为荟萃堂题写匾名，国内著名中医专家刘渡舟、邓铁涛、赵清理等先后赋诗祝贺。我作为甘肃省中西医结合学会常务副会长兼秘书长代表学会与荟萃堂签订了合作协议。协议约定由甘肃省中西医结合学会出专家，药厂出地方、出药材，双方优势互补，协同发展。根据中央的指示精神："中医专家可以多点医疗，为人民服务。"学会向中药厂给出了坐诊专家名单：周信有、许自诚、裴正学、周天心、尹锡泰、华占福等。兰州中药厂安排车间主任范俊玲担任荟萃堂门诊部主任。开门营业后，每天都有两三个专家坐诊，省内外慕名来的病人很多。荟萃堂汇聚各方力量，相继开发出的"敦煌大宝蜜浆""萎胃灵1号""竹叶椒片""定眩丸"等，通过了国家级鉴定，同时投放市场。我那个时期正带领乙肝课题组进行科研攻关，研制出一系列肝病特效制剂。裴氏升血颗粒、圣愈丹、宽胸丸等也从那时起投放市场。

刚开始，专家们在荟萃堂的门诊病人数量差异不大，后来就拉开了距离。我和许老的病人上升到每次六七十人，显得人气较旺。后来其他坐诊的专家一个个就离开了荟萃堂，转到其他地方坐诊，最后就剩下了我与许老。直到2016年，许老90岁时，他也离开了荟萃堂，只有我坚持到现在。

荟萃堂到现在已经创办三十多年，经历了一个曲折的发展历程，这其中范俊玲起了重要作用。范俊玲是个女同志，责任心强，说话办事干脆利落，是搞经营的一把好手。我曾与她提说过灶心黄土这味中药。这味药又叫伏龙肝，系纯柴火炉灶中心经久煅炼而成的灶底黄土，性温味辛，收敛止泻，温胃止呕，温中止血，是临床常用的治胃良药。随着人们生活水平的提高，城乡之内纯用柴草做饭者已经绝迹，灶心黄土也是难觅影踪。范俊玲遍访兰州四周的乡村，最后在榆中县马衔山上的贫困山村出大价购得灶心黄土一座。生铁落为生铁煅至红赤，外层氧化时被锤落的铁屑。这味中药有平肝镇惊的功效。生铁落在旧时打铁铺里很多，但现在打铁这个行当已经在我们的生活中消失，生铁落非常少见。范俊玲为了找这味药也是煞费苦心。她遍访河东河西，最后在山丹军马厂马掌车间觅得生铁落。在范俊玲的经营下，荟萃堂的中药在整个兰州市品种最齐全、质量最优，被业界所称道。由于荟萃堂长期以来一直坚持"看名医、用好药"的服务理念，来自省内外的患者络绎不绝，其中外省病人约占病人的三分之一，有这么多病人是患者口口相传的结果。

一次，我去荟萃堂坐诊，刚进门就被一群新疆患者围住，他们要求加号。我仔细一看，有两个熟悉的面孔——白血病患者王强和他的病友吐尔夏提。王强，男，35 岁，新疆哈密人，于 2011 年在新疆医科大学附属医院被诊断为慢性粒细胞性白血病（CML）。该院血液科化疗六次后完全缓解，后又复发。经多方打听，不远千里来求医。经治疗一年后，患者病情好转，血常规正常，体重增加了 5 千克左右。另一位是新疆维吾尔族患者，他叫吐尔夏提，43 岁，2010 年诊断为慢性淋巴细胞性白血病，在当地医院治疗无效，经王强介绍求诊。初诊时白细胞达 50×10^9 ／ L，经治疗六个月后，血常规基本恢复正常，精神、饮食情况良好。听他俩说，这次他们的病友要求与他们同来看病，一共来了十八位。还有白血病患者任建中、芦建军、袁玉霞、王玉福、胡文忠、依米提等，他们之前都是新疆医科大学附属医院血液科病房里的病友。这些病人还带来了他们的亲友九位，主要是疑难杂症的患者，有患有硬皮病的阿依古丽，患有顽固性失眠的李海涛等。这些患者从新疆来求医，眼里尽是期待，荟萃堂破例为他们加了号。我对每个患者都悉心诊治，认真交代病情，争取每位患者满意。这群患者临走时还开玩笑对我说："我们下次想组团包个火车皮前来就诊！"

在荟萃堂坐诊

来荟萃堂的患者许多都是我多少年的老"客户"，用现在的话说是"铁粉"。有的患者幼年时我给看过病，如今五六十岁了，身体有什么问题还是来找我，可以说是从小看到大。我对病人病情变化的细节都很关注，对复杂病种还给予跟踪随访，长期以来就和患者建立了亲密的医患关系。学生们都说我有很多VIP病人，这话一点都不假。

2000年，就读于兰州大学的江西籍学生刘丽刚不幸患上了"ALL急性淋巴细胞白血病"。他那年20岁，在兰州医学院第一附属医院血液科确诊。多次住院、输血、化疗后病情仍然反复发作，血红蛋白在6g/L上下浮动，白细胞$1000 \sim 2000/mm^3$间波动，骨髓象原始淋巴细胞在30%～90%间波动，无缓解征象。在兰州、江西两地多次化疗诊治没有好转的迹象，反而由于长期化疗，导致骨髓抑制，身体极度衰竭，西医的治疗手段在他身上完全没有效果。刘丽刚挣扎在死亡线上，强烈的求生欲促使他抱着最后的一丝希望来到荟萃堂求医。他的身体极度衰竭，伴有贫血、出血、乏力等症状。一个风华正茂的年轻人被病魔折磨成这般模样，真是让人惋惜。我给他开了"兰州方"加味，同时令其服用我研制的"青蔻胶囊"。 刘丽刚在按时服用了中药后，红细胞、白细胞、血小板等各项指标逐渐好转。经过半年之调治，血红蛋白增至16.2g/L，白细胞$4000\sim5000/mm^3$，骨髓象呈完全缓解。此时扶正之用的"兰州方"已制成冲剂，命名为"裴氏升血颗粒"。祛邪之用的"青蔻"已经制成"青蔻胶囊"。两药均为医生处方用药。刘丽刚回原籍江西赣州时，我嘱咐他坚持服用"裴氏升血颗粒"和"青蔻胶囊"，无需再进行化疗。两年后，刘丽刚在南昌医院骨髓涂片诊断痊愈。之后，又来到兰州复诊，骨髓穿刺显示白血病痊愈，诊断与南昌完全一致。刘丽刚身体的各项指标奇迹般地恢复正常，最后他顺利完成了学业。这个病案在当时也引起了轰动，《南昌日报》《甘肃日报》等媒体报道了我治好刘丽刚白血病的事迹。如今，刘丽刚在四川南充生活，幸福美满。有一些来自四川的白血病患者就诊时都说是他介绍来的。

还有一位叫高彩梅的血小板减少症患者，各大医院转遍，都给她用激素。

治疗血小板减少症十年，脸肿得很大，都不敢照镜子，心情坏到了极点。血小板主要是起止血凝血的作用。血小板过低会有自发性出血的可能。轻者是皮下出血，也就是皮肤紫癜，或是牙龈出血，鼻出血；严重就是内脏出血或是颅内出血，这时就有生命危险。一次小高的血小板降至危险区间，导致休克，幸亏被家人及时发现，送往医院抢救才醒了过来。血小板的数值就像是悬在患者头上的达摩克利斯之剑，一有波动，就会让她和家人惊恐万分。后来小高找到了荟萃堂，经过我的精心治疗，她的血小板逐渐升高，身体的免疫力增强，彻底摆脱了激素，人又变得漂亮了。而今用小高的话说："血小板正常了，啥都好了！"小高每年都会来看望我。痊愈后，她告诉我她想生二胎，我为她把脉，做了复查，鼓励她放心去生。

一位来自广东的年轻女性得了宫颈癌，曾在广东的几个大医院治疗，效果都不理想。后来，她从网络上看到了我以中药为主治疗癌症的医案，坐飞机来兰州看病。治疗了几个疗程之后，人感觉精神了，腹痛也减轻了，去医院做了检查，肿瘤标志物正常。这让患者信心大增，定期来兰就诊，最后疾病痊愈。后来她生了个儿子，母子平安，她特地送来了牌匾一面，上写着"神医裴正学"。

像这样的案例不胜枚举。从医六十余年来，光是患者与我的书信就有几箱子，这些信件是我和患者之间的连心带。我的VIP患者并不是花钱多的患者，而是病情比较严重的患者。这些患者平日容易出危险，多联络就会掌握疾病发展的第一手信息，把风险降到最低。

在荟萃堂，我还结识了时任甘肃省委常委、组织部长的杨利民，后来我们成了知心朋友。那是1998年的一天，荟萃堂像往常一样被患者挤得水泄不通。我刚走进门诊大厅，就发现候诊区的患者中有一位男子与众不同，气宇不凡。他有五十岁左右，旁边还有个年轻人跟着。年轻人见我入坐，好像对他说了句什么，被他摆手制止。大约一小时后轮到了他，我一看他的挂条，"杨利民"三字赫然入眼，这不就是甘肃省委常委、组织部长吗？我忙说："你怎么也排队呀！早就听说你是好官，没想到你这么低调！"杨部长微微笑了笑，他说："不碍事，

裴正学（右）与挚友杨利民合影

王颖同志给我说过你！"杨部长的话让我想起甘肃省卫生厅厅长王颖曾打算将我的副院长（甘肃省肿瘤医院）转正。因为正职行政事务太多，我怕影响临床诊务，所以曾婉拒了厅长的好意。我给杨部长把脉开方，他一直都是一副谦谦君子的模样，给我留下了很深的印象。我们因为看病而结缘，后来在看病的过程中交谈了几次，两人意气相投，大有相见恨晚之感。因为都喜欢文学、书法，聊起来总有说不完的话。遗憾的是我们相识不久，利民部长就调任内蒙，先后担任内蒙古自治区组织部部长、党委副书记。此后，两人只能用写信的方式互诉衷肠。利民部长为人正派，廉洁奉公，礼贤下士，能书能文，与我文字相交，堪称挚友。曾经有一位细心的朋友发现，在我写给朋友的赠诗中，写给利民部长的最多。我曾手书自题诗条幅，寄给远在内蒙的他。

一

陇上曾留好政声，

文章道德两传神，

秋风雁过边城远，

北望阴南我思君。

二

御李①瞻韩②我忘年，

鲲鹏自应上云天。

一身正气传丝路，

两袖清风惠阴山。

几度流连思旧雨，

多年莫逆梦故颜。

白头不信桑榆晚，

尘步相随唱暮年。

利民部长将这两幅字挂于他的书房之内，说见字如面。

荟萃堂在创办之初归属兰州中药厂，后来范俊玲与药厂脱钩，荟萃堂就成了私营单位。后来又几易其手，现在由周得福经营。近三十年来，小小的门诊部既是市场经济的见证者，又是市场经济的参与者。它经受住了市场经济的洗礼，也创造了良好的社会效益和经济效益。荟萃堂的墙上挂满了患者送来的锦旗，"妙手回春，华佗再现""医德高尚，良药快手""救死扶伤，医术精湛"……每当我看到这些锦旗，我就想到了为病人治病的过程。这些锦旗承载着患者对我的信任与感恩。俗话说，金杯银杯，不如老百姓的口碑。患者能在心中给我留出这么重要的位置，作为行医六十多年的大夫，我知足了。

---

①后汉时李膺为相，学问人品一流，时人荀爽虽然学富五车，甘愿为其长期赶车。

②唐代韩朝宗，官居荆州长史，相貌堂堂，学问人品俱佳。李白诗云："生不愿封万户侯，但愿一识韩荆州。"

第十八章 | 办学风云

20世纪80年代后期，随着政策放宽，经济开始繁荣。老百姓日常买东西没有了"粮油票"的限制，街头巷尾摆摊设点的个体户多了起来，社会上流行起 "下海""走穴"，政府出台了相关政策鼓励单位搞三产……这些现象反映出当时人们的生活发生了巨大变化，思想观念也从封闭、僵化的状态中走了出来。

1988年，甘肃省教育厅厅长王松山找到我，他希望我能带头办所中医院校。这样一来响应党中央鼓励政府、社团、私人三驾马车共同办教育的号召，二来可以为社会培养紧缺的中医人才。王松山的一席话让我有些动心。我那时是中西医结合主任医师，任甘肃省肿瘤医院副院长，兼任甘肃省中西结合学会副会长、秘书长，学术思想和医学经验已经形成了自己的体系，正是想干事的年纪。可要办学校光有热情还不行，办学校要用钱，哪里找钱去？办在什么地方呢，用地建房怎么解决？一天，我的一个学生滕某与她的爱人张某来拜访我，使办学的事有了着落。滕某对我很崇拜，由于她经常给他丈夫说起我，张某对我也就比较了解。我们在谈话时，不经意间就聊起了王松山建议我办学的事。说者无心，听者有意，张某听到这个消息拍着胸脯说，办学的费用和场地包在他身上，我只需操心教学就可以了。张某是兰州市城建局主任，他们单位在给兰州市修市政工程时剩下了一笔钱，他也早有用这些钱办三产的念头。

经过甘肃省教育厅、兰州市城建局和甘肃省中西医结合学会共同协商，我们决定办一所中西医结合大专院校。学校名称定为"甘肃中医药辅导学院"，学生毕业后甘肃省教育厅承认其大专学历，由我任院长，张某任副院长，侯瑞云任教务长，邱玉梅任办公室主任，教员都在我的学生中聘请。不久，城建局在华林山修了幢二层小楼，一共有三间教室，还设有办公室、学生宿舍，可供一百多人住宿，还购置了教具、厨具等物品。

　　联合办学的消息一经传出，吸引了许多热爱中医却求学无门的学生。学生晋建良的经历很有代表性。晋建良是武山人，说起来和我还是同乡。他家庭贫困，高中毕业后，四处打零工，做过小生意，也在工地上搬过砖。用他的话说，除了煤窑没去过，什么苦活累活都干了一遍。虽然到处漂泊，晋建良的心中一直放不下读书的梦想。一次，他在新疆给雇主放羊时，看到雇主的孩子背着书包去上学，读书心切的他伤心地大哭了一场，以后就格外留意各类招生消息。当从老乡口中得知甘肃中医药辅导学院要面向全省招生时，他欣喜若狂，当即报了名。报名后到处托同乡打问我，录取上了才放下心来。像晋建良这样的学生很多，办学改变了他们一生的命运。

　　甘肃中医药辅导学院以"西医诊断，中医辨证，中药为主，西药为辅"的"十六字方针"为办校指导思想，教材都是我们自己编写，考试也由我们自己组织。招收学生要求高中毕业，学费按国家规定收取，一年1900元，包括学杂及讲义等费用。当时收了不少贫困生，交不起学费的有很多。经过商量，学院允许他们欠费上课，特别贫困的几个学生还免除了他们的学杂费。当年招生一百名，分了两个班。课程按国家医科大专规定共开设了十四门，包括中医诊断、内科、外科、妇科、儿科等等，还有中医经典等内容。对于中医经典如《伤寒论》《金匮要略》等，我要求学生深入领会，主要经文必须熟记背会。学院早读时间，书声朗朗，学生们就在抑扬顿挫的经典诵读声中开始一天的学习。医学生的前途在于掌握临床，为了让学生更好理解理论知识，学生们轮换着跟教师上门诊、接诊、看片、开方。学校要求教师手把手地

甘肃中医药辅导学院开学典礼

教，尽量举实例，让学生们明白难懂的医学知识。我讲课由浅入深，中西医对照，以便学生们更好地理解。轻松的课堂气氛使学生的思维一直处于活跃状态，学生学习的主动性很强。为了方便学生记忆，我将方药编成了歌诀，如治疗结核咳血的口诀是："二地苏卷百山风，茯神远志酸枣仁，生脉大蓟选独根，咳血服之效如神。"这些歌诀是我从医以来遣方用药的高度浓缩，有数千条以上。我的学生全都会背，我一说歌诀他们就知道配方，非常实用。看病时我与学生们紧密配合，我的学生有量血压的，有开化验单的，抄方子的有四五个，形成了一个团队。他们用所学的知识给我节省了体力，师生大脑同步运转，紧密配合。在看病的过程中，所有学生都得到了很好的锻炼。学生们学以致用，常给我说起他们用学到的方子给家人朋友把病都看好了。没毕业的学生就能开方子看病，这让学生们增强了信心，学习的兴趣就更大。在临床中以"十六字方针"指导实践，明显提高了学院的教学质量，使所学的中医理论更加系统完善，对重危疾患的辨证论治更容易掌握要领。我的病人来自全国各地，近处有青海、宁夏、陕西、新疆，远处有来自京、津、沪、杭等各省市，也有来自国外的少数患者。病种也相当复杂，除了中医拿手的胃病、肝病、月经病等外，一些疑难病、少见病也经常求治于我，如多发性硬化、格林巴利、肝豆状核变性、脊髓空洞症、脊髓侧索硬化症……翻遍中医历史文献，对于脊髓空洞症、脊髓侧索硬化症、尼曼皮……都没有记载，我将对这些疾患进行辨证论治的经验倾囊相授。这些学生毕业后一部分成为医院的骨干，还有一部分选择自己开诊所，后来都是当地有名的好大夫。

学校办到第三年时，华林山一带经常停水断电，学生们在学校经常吃不上饭，喝不上水，办学面临困难。学校管后勤的张某一心想赚钱，解决水电需要开销，他不愿意积极办理。学生们对此意见很大，部分学生罢课上访。我找到张某，提出近处拉水，购买小型发电机等办法，无论如何要满足教学和生活的必需。张认为经费不足难以解决，学校的收费太少，无法支付如此大的开销。他明确表示，当初办学校就是要赚钱，不能贴钱办学校。由于我在教学中和学生们培养了深厚的感情，遇到停水停电，我安抚一下他们，同学们虽有怨言也就忍过去了，可是时间一长，学生们终于忍无可忍。在又一次停水断电后，学生们找到张某，但他们的诉求遭到了张的拒绝。气愤的学生们集合起来，宣布罢课。张仍

1994 年，为甘肃中医药辅导学院学生讲课

然无动于衷。第二天，将近二百多名学生跑到我的单位——甘肃省肿瘤医院反映情况。学生挤满了走廊，病人没法去诊室看病，单位的同事们不知道发生了什么事，聚在一起三五成群地议论打听，这使得医院正常的工作秩序受到了影响。我告诉学生们，我会给大家做主，解决好这个问题，然后，连忙带着学生上山去找张某协商此事。谁料张某见学生罢课，恼羞成怒，根本不给商量的余地。他要在学校彻底停水断电，关闭食堂，以此来惩罚学生。我与张交涉时，两人都比较激动，我的劝说对他根本起不到任何作用。最后张手一甩，下山走人了。学生们见此情景都围在我的身边，眼巴巴地希望我能为他们解决此事。学生们并无恶意，只是要求学院保证他们正常的生活和学习，我认为学生的要求很合理，是我们没把工作做好。

在我一筹莫展之时，学生们向我提出搬家的建议。我向学生们表示自己并未管理财务，搬家需要找地方，要花钱，我没法做出这个决定。没想到学生们对张已彻底失望，所有学生都不愿意在华林山这个地方继续待下去，为了让我下决心，几个学生代表找来了学校的会计。会计是张带到学校的人，为人正直，这件事他同情学生，完全站到了学生这一边。会计给我看了学院的账本，学院账上还有八万元钱，会计认为只有我才能妥善处理好学生们的事，表示愿意完全听从我的安排，我走到哪里他跟到哪里。我想来想去，也想不出比搬家更好的办法。张想用强硬手段逼学生就范，已经把学生激怒了。如果学生继续罢课，

会造成更严重的后果。如果他们的学业被耽误，那可真是误人子弟。发生这样的事有悖于我的办学初衷，看来只有搬家这条路了。为了不让张察觉我们的搬家计划，我让学生们先正常上课，等找到合适的地方再搬家。没过几天，地方找到了，兰州西站双洞子铁路中学已经停办，大小规模都符合要求。我们联系好车辆后，就通知教员和全体学生开会。到了晚上，我在华林山给学生们上完最后一次课后，全体教职工和学生都行动了起来，行李打包，拆架子床。等到半夜，联系好的三辆东风大卡车、一辆大轿子车和三辆小车开进了学校。教员和学生都到院内集合，侯瑞云教务长、邱玉梅主任、会计和教职工都在。我给大家讲了搬家的注意事项，并且安排了搬家的人员分工。大家分头行动，指挥学生把东西往车上搬。凌晨五点，我们装车完毕，准备出发时，张闻迅来到学校。他带了三十多个民工，一上山就把大门锁住了。民工们堵在门口，从五点拖到八点。我在教学楼上向外望去，学生人数比民工多好几倍，只要把锁砸开，民工拦不住我们。我挑了十名学生，让他们去砸锁。这时一个学生不知从哪里找到了一把斧子，我叮嘱他目标是锁子，千万不能伤人。这个学生很勇敢，领着十名学生过去，很快就把锁砸开了。众人推开门，将民工们逼退。满载着桌椅板凳的三辆卡车首先开出校门，接下来是轿子车，车上是四十多名女学生，再下来是我与侯瑞云几个的小轿车，邱玉梅和其他学生断后，等下一趟车。我们到双洞子新校区把东西卸下，又返回华林山接邱主任他们。到了学校，看到民工们正围着邱主任乱骂。邱虽然是女同志，却胆识过人，与之唇枪舌剑，我们所有人都很佩服她。第二次上山，我们连人带物品全部搬空。那些民工追着车只是骂，并不敢动手。学生们到了新学校，看到设施齐备，水电正常，周围的交通也方便，都很高兴。经过一天地整理，教室和宿舍收拾得干干净净，第二天，学校就正常上课了。

也是在第二天，我在肿瘤医院刚上完门诊，张某带着三个民工凶神恶煞般闯进我的办公室。一个民工跟在张后面，其他两个守在门口。张指示民工将电话线切断，接着他将一张打印好的字据摔在我面前，逼我签字。字据上写明我欠他 130 万元，其中 120 万元建校费，还有 10 万元灶具等物品费。我对他表示，我不可能签字，搬家是他逼出来的办法。张见我不肯签字，一挥手，门口的民工走了过来。他上前把我揪到墙跟，揪着我的衣领往墙上撞。连撞了几次，我的胸口开始剧烈地疼痛，疼得我顺着墙倒了下去。张见我倒了下去，让民工慢一些。正在这时，办公室邱玉梅主任敲门来找我。邱性格开朗，常常是人没到声先到。我听到她的声音，连忙呼救："小邱，快叫人，有土匪！"邱主任反应很快，她意识到我面临危险，忙去保卫科叫人。保卫科的人一到，张带着民工出门走了。医院的同事将我抬到沙发上，又打了报警电话。警察来后，先后在办公室取证，拍照，尤其注重切断的电话线和我身上的抓伤。当时正是"严打"期间，派出所将这一案件上报到省公安厅。省公安厅认为这伙人顶风作案，对高级知识分子实施暴力行为，情节严重，责令派出所尽快将张一伙人抓获归案。到了晚上十点多，张一伙被抓到派出所。民警给我打电话，让到派出所认人，我委托邱主任去指认。后来张被判了半个月的监禁，三个民工判了一周的监禁。

经历了这场风波，虽然学校教学未受影响，但社会上开始有了关于我的风言风语，说裴正学为了钱和一起办学校的人起了纠纷，都惊动了公安局。我办学是为了教书育人，三年时间倾注了大量心血，没拿一分钱的报酬。为了澄清事实，我向省教委提出了财务审查的申请。省教委很重视这件事，派出了财务审查组，并把调查结果进行了公示。文件说明我在甘肃中医药辅导学院开办的三年时间，讲课一千多节，以正教授的标准每节讲课费应是 10 元，应有 1 万多元的收入，但我分文未收，一直在无偿讲课。省教委发了文件后，还印了一百份复印件，发到省卫生厅和各医疗单位，大家明白了是怎么一回事，谣言也就没有了。

1992 年，办院的第七个年头，我的老朋友——天水卫校的申校长向我建议，将学校迁至天水，以天水卫校为班底办学院，一来可以减轻我的负担，二来可以填补天水中西医教育的空白。我想由卫校的一干人马担负学院日常工作对学院的发展更有益处，而且天水卫校的环境和条件又比双洞子那个地方好许多。

后来，经过我们双方协商，省教委许可后，学院就迁到了天水。

联合办学培养了三百多名中西医结合人才，是我在 20 世纪八九十年代一次有意义的尝试。

第十九章 | 慎公精神永存

1988 年初，当人们忙碌着采购年货准备迎接春节的时候，父亲因胆囊癌做了手术，术后病情仍未完全缓解。以往过年，姐姐、哥哥和我会带着家人早早团聚在父母身边，在母亲的指挥下，清洗扫尘，准备年夜饭。父亲则在书房写对联，给孙子们出灯谜。然而这一年，一家人心情沉重，往年的欢乐已经不复存在。

出院后父亲带着引流管在家休养，稍觉舒适，他便下床作画。目前留下来的二百余幅画作，大多都是这一时期的创作。这一时期，他和朋友的书信往来也未间断，和姚雪垠诗中写到："妙语解颐增快意，破涕为笑感陶然。""题诗治症传佳话，单橄疗风岂误传？"父亲那时已知自己时日不多，却依然从容洒脱，笑看人生。到了冬天，父亲病情加重，癌症转肝，出现腹水、黄疸，卧床不起。父亲行医五十余年，活人无数，声誉遍及陇原，在他的心中，永远把病人放在第一位，即使卧病在床的时候，他也不忍心把病人拒之门外。一次病人登门求医，母亲看着病榻上的父亲，左右两难。父亲向母亲讲了"我活岂因一我活，人忙当为众人忙"的道理后，强支病体，还是手颤气喘地开出了起人沉疴的药方。病人走后，父亲写下一首《病中应诊示妻》诗，诗中写道："远客求诊绕我床，老妻目示少开方。半年服药卿常泪，千里求诊彼断肠……"

父亲病重期间，众多的朋友、学生登门探望。第七届全国政协委员会常委王秉祥曾赴病榻前看望，并亲手赠予"医国医人亦自医，祝君寿命与天齐"的条幅。1989 年 1 月 20 日晚，父亲的病情再度恶化，身体极度虚弱。他气若游丝，生命已经垂危。父亲病中曾自拟墓志铭"野草闲花医士墓，清风明月诗人魂"。我的姐夫张尔进以为将"医士"改为"医师"更为妥帖，向父亲请示，父亲在气息微弱中定睛看着他说："不，不可……我学医一生，不过初会看病，不敢……称师，医士而……已！"父亲临终时拉着我的手说："1939 年，我在

20世纪80年代末全家福

家乡创办的'蓼川完全小学',解放后发展成为一所独立初中——蓼川初级中学,你要多关心这所学校……"说罢口授:"撒手此生无遗憾,人间逃出老黄牛。""一笑天涯吾去也,黑甜乡里有天门。"的最后留诗,抛下悲痛无比的家人,与世长辞。父亲走的时候很安详,嘴角还带着微笑,就像是累了、乏了想睡一会儿。父亲走了,一家人陷入无尽的悲痛中无法自拔。前来吊唁的亲朋络绎不绝,有领导、同事、朋友、学生以及老家来人。人们缅怀父亲,讲述着父亲的故事,说到动情处无不热泪盈眶。

送别父亲后,莫名的孤独与凄凉常向我袭来。父亲对我的学习和生活倾注了大量的心血,他对我的教导和鞭策成就了我的一生。幼时,他让我背诵的《汤头歌诀》《药性赋》《论语》《古文观止》等书籍,使我练就了坚实的童子功,这对我以后做学问帮助很大。考大学时,身为中医的父亲高瞻远瞩,让我报考西医院校,以便将来吸收先进医学之精华为我所用。20世纪70年代,他见我有了些名气,怕我骄傲自满,特地赠诗与我:"三世岐黄不足奇,学医自应作良医。甘随孺子牵来去,莫步骄兵伏败机。岂以阿谀称挚友,须将诋毁当良师。要知声誉远扬处,正是谦恭养晦时。"1973年,父亲调来兰州工作,我们常在一起探讨病案。父子两人说教自然,心意相通,使我有知子莫若父的感慨。父亲走后,每每睹物思人,令我痛心不已,后来我写下《沙坪哭父》一诗:

腊月沙坪风似锥,

慈严一去不复归。

青囊计尽我拭泪,

苍影情深母痛哀。

画案墨香人去远,

书屋尘厚儿呼谁?

阳关冰冻雪封路,

自古泉途谁又回!

父亲作为医学家、文学家、书画家,留下了大量的遗作,都是我们宝贵的精神财富。我在工作之余开始着手搜集整理。

父亲医技精湛,勤于钻研探索,在理论和实践上均有独到建树,著述逾两百万字,在民间和医界极具声望。生前有《伤寒方证释》《本草骈比》等专著付梓,常能发前人之未发,给后学以深刻启迪。他注重"经方",而不"泥于经方",对汉以后诸家之说多能取其精华所用。每谓:"经方之练达,乃启迪后学之规范。然《伤寒论》字字金科玉律,不可更改一字之说势不能苟同。"他既钦佩张仲景方药之精当,徐大椿、陈修园学识之广博,又推崇金元四大家、温病学派之创新。对温病观点尤为重视,认为温病学派为中医学术发展开创了广阔前景。在近代医家中,他最推崇唐宗海、王清任、张锡纯、余无言等四人,每谓此四人"师古而不泥古,勇于革新,大树新见,乃一代大医也"。鉴于上述学术思想,父亲临床用药时主张经方与时方相结合,前人经验与个人体会相结合,对散见于民间的土单验方尤其注重收集和整理。生前曾有一百余万字的《古今名医验案选评》《慢性病的中医治疗》《裴慎医案》等论著写成。上述遗作均系经方与时方相结合的佳作,为后人提供了临床用药的规范、准则。

中医和西医结合是他在中医学术上的又一特色。青年时代,拜近代中西汇通大家余无言为师,深受余氏学术思想的影响,对现代医学亦广泛涉猎。曾谓:"任何一种民族医学,如不及时地去吸收同时代的先进医学之精华为我所用,它就不能得到长足发展,甚至会被时代淘汰。"父亲认为中医和西医是东西方两种不

1970年，裴正学与父亲裴慎先生合影

同文化背景造就的产物，西医有先进仪器作诊断，中医只能用思考和经验去认病，这是中医自身的不足。应该把西医的先进仪器引进来为我所用，这就需要两种医学互相学习，取长补短。父亲在《慢性病的中医治疗》中完全采用了西医的病名、诊断，辅之以中医的理、法、方、药，为中西医结合治疗慢性病提供了范例。

父亲诗、词、书、画俱精，有"陇上板桥"之谓，尤其是古体诗词，堪称大家。早年他与吴玉章、余无言等先辈名家时有唱和，新中国成立后与姚雪垠、霍松林、彭铎等当代文化名流堪称挚友，与吴玉章、刘海粟、姚雪垠等有很多酬唱之作。他还留下了一百余篇散文（均在报纸杂志发表过），两千余首诗词作品（仅一部分发表过），四百余幅书画作品（散见于生前好友及民间）。出版了《裴慎诗选——风雨集》《裴慎诗文选集》《裴慎书画集》。霍松林教授对父亲青年时代之《卖水夫歌》评价很高，他认为："《卖水夫歌》嗣响《卖炭翁》，而愤世怜贫之激情尤有过之。"该诗约写于1940年左右。父亲对兰州街头在贫困线以下挣扎的"卖水夫"抒发了满腔同情，发出了对国难时期后方权贵的不满和鞭挞。"卖水夫，卖水夫，终日挑水黄河头！两桶满盛天地泪，双肩担尽古今愁……""乾坤原是一枷锁，人间何处有自由？君不见朱门酒肉臭，锦帐拥貂裘。纸醉金迷，弦管悠悠。半壁河山容胡马，凄风苦雨满神州。安得倚天剑？斩断愁上愁！"父亲为劳苦大众之贫困而呐喊，为旧官僚之腐败、日寇之猖獗而疾呼。对当时共产党之抗日主张和抗日作战寄予厚望。

当时正值父亲被反动政府因"通共"罪缉拿外逃流落他乡之时，这首诗是当时思想的写照。据父亲谈："过去那个时代的诗很多，因怕招祸，写过后即毁之。"和这首诗词同一时期的另一首诗《去职述怀》中写到："烽烟万里怜民苦，风雨十年识宦情。自古忠肝多患难，由来傲骨拙逢迎。"

1948年家乡解放，父亲欣然回乡参加家乡建设，受到党和政府的重视，曾身兼多种公职，然而在"反右"运动中蒙冤。他在《狱中望月》诗中倾诉了蒙冤的凄楚，但仍对党怀着拳拳赤子之心："碧落悬秦镜，清辉照楚囚。请君察肺腑，为我定春秋。""中秋明月好，盛世黄河清。月明云难蔽，河清沙自沉。""琢玉终成器，忠贞永不泯。"这些诗最能代表他当时的心境。在极端艰难的条件下，他在囚室中削竹为笔，写成《本草骈比》《伤寒方证释》共一百二十余万言（两书均已出版）。党的十一届三中全会后，父亲平反昭雪，后当选为甘肃省政协常委，之后兼任省劳改局职工医院名誉院长、甘肃省中医学会副会长、甘肃省老年书画协会副会长、《甘肃省地方志》编审委员会委员等职。他以诗寄情，并无哀怨之声。"一阵清风破晓烟，南山复见旧容颜。杯弓毕竟非蛇影，笑去张冠感尧天。"父亲对过去的遭遇一笑置之，而对党的平反政策却衷心感激。"回头莫叹年华老，举足当随时代新。"父亲在昭雪平反后，首先想到的是赶上时代步伐，为国家去做贡献。

父亲在省政协任职时的诗中热情洋溢地讴歌党和政府："照人肝胆感尧天，盛世生逢乐晚年。伯乐关怀枥下马，老蹄奋起事攻关。"倾吐了一个爱国知识分子不计较个人的恩恩怨怨，以关心国家前途为己任，对中国共产党

著名画家李葆竹为裴慎先生画像

的赤诚拥护和爱戴。

父亲终生治学："所悔身因识字累，可怜家为买书贫。"《哀母辞十首之七》："我发如霜母如银，亲思未报意难平。从今而后归田里，堂上阿谁招乳名？"情真意切，感人至深。在咏物、写景方面，父亲技巧娴熟，寓意深远。《窗前大梨花盛开五首之四》："美人香草化尘沙，汉苑吴宫栖暮鸦。有幸卿生千载名，不曾移作后庭花。"以大梨花寄寓藏怀，含意至深，韵味无穷。父亲或抒情，或写景，或咏物，或怀古，诗艺纯熟，意境深远，才华横溢。在所留二千余首诗作之中感人肺腑之作不胜枚举。诗风法乳李杜、嗣响香山，而一部分诗篇较之于前贤，实无逊色。这些诗作大都收录在《裴慎诗选——风雨集》《裴慎诗文选集》中。

父亲之国画曾师从我国美术大师刘海粟。花、鸟、虫、草、山水、人物均擅长，尤其长于画竹。20世纪40年代在平凉、天水一带即以画竹闻名。父亲之画竹确有板桥遗韵，风、晴、雨、露神态各异，每以精彩之题画诗搭配，寓意深刻，发人深省。他为人刚正，博学多才，时人赞他为"陇上板桥"。目前散见于我省民间之书画旧作不下千幅，因其笔法、技巧自成一格，与时下美术院校师生之作迥然不同，甘肃城乡誉之曰"裴氏书画"，由此可见父亲书画在陇上人民心中的影响。1982年春与甘肃著名书法家张邦彦、国画家李般木在兰举办了三老书画展，展出次日，展品即全部售出。他在病中曾带着引流管作成的二百多幅画，都还未来得及题字。我将画作一一珍藏，打算将来我亲笔题字于画上，使父亲的作品完整呈现在世人面前。

整理完父亲的遗作，我的心中总放不下父亲在家乡兴办的那所学校。由于他办校时我尚在幼年，只依稀记得那时学校有五六个教员平常就在我家里吃饭。母亲给家人和他们做的饭是一样的，有臊子面、包子等西北农村的家常饭。为了深入了解父亲办学的事迹，我先拜访了父亲的第一届学生赵国桢。赵国桢曾在甘肃省司法厅任厅长，见到我非常激动。他回忆着父亲造福桑梓的往事，言语间充满了感激与崇敬。他说道："慎公医道、诗画享誉陇原，捐田办校造福一方百姓，这样的成就和贡献在武山历史上是少有的。他是武山的骄傲，是甘肃的骄傲，应该永远被人们所铭记。"他表示自己在省城工作，在同学中有些威望，应把当年的同学们组织在一起向洛门镇政府发出倡议，为缅怀老师做点力所能及的事，可年事已高，心有余而力不足。赵国桢已经退休了，他说的都是实情，他这个年纪，我也不能请他东奔西跑去张罗。赵国桢提出向政府倡议的事我认为可行，父亲一生开门问疾苦，闭门做学问，虽历经坎坷，但一生求索，孜孜不倦，赢得了人们的爱戴和赞誉，但是当这辈人一个个老去，知晓他事迹的人会越来越少，甚至有被遗忘的可能。只有政府重视，父亲爱国爱家的情怀和无私奉献的精神才会对后世产生更为广泛、深远的影响。我向赵国桢表示我可以去找这些学生，材料由我来整理，希望他到时发起倡议。

根据赵国桢提供的线索，父亲的学生和当年建校的老贫农居住地比较分散，省外的学生很多年没联络了，光是找人都要费很大周折。我专程回了好几趟老家武山，探访了父亲第一届的几位学生，当时还有七八个健在。这些学生回忆起父亲办校的事，和赵国桢一样难掩激动的心情，滔滔不绝，他们边讲我边做记录。当时他们还提到了几位在外地生活的学生，这些学生的地址和联系方式，我都一一打听到了。其中有一个在陕西宝鸡工作的杨泉先生，看到我出现在他的面前时，一脸惊诧。他向我讲述完父亲的故事后，拉着我的手说："你和慎公做事很像，都有一股子锲而不舍的劲儿。"后来我还打听到了当年参加建校的几位老贫农，有泥工，有瓦工，年纪都已七八十岁，有的人根本不认识字，都是由他们口述，我记录。整理完材料，我又执笔写了倡议书，他们都在上面签了字，写字不便的就在上面按了手印。

我将材料交给了洛门镇党委，得到了时任洛门镇党委书记王腊喜同志的大力支持，他亲自向洛门人大递交了这些材料（当年的学生和蓼川老贫农的口述材料和倡议书）。洛门镇人大对这项提案也非常重视，专门进行了讨论，与会者一致认为这是一项有益的爱国主义提案，全票通过。之后，洛门镇人大上报天水市人大，通过后，天水市人大又上报甘肃省人大。省上批示：按提案办。

1991 年 9 月，武山县政府为了表彰我父亲对家乡教育事业的贡献，正式下发红头文件，将"蓼川中学"改名为"慎公中学"，并决定在慎公中学兴建慎公纪念堂，同时还设立了慎公教育基金会。我向慎公纪念堂捐献了父亲的遗物、遗作百余件。纪念堂经过两年的筹建，于父亲逝世五周年之际落成。天水市在慎公中学举行了隆重的落成典礼。

设立在武山慎公中学院内的慎公纪念堂落成典礼

天水市委书记牟本理、省人大常委会教科文委主任王松山、省教委主任闫思圣及天水市政府、市政协领导出席落成典礼和纪念像揭幕。我们全家作为家属代表与全校四百余名师生见证了这一重要时刻。牟本理在讲话中说："裴慎先生是武山和天水的光荣，也是甘肃全省的光荣。我们纪念慎公，就是要学习他的崇高品格和热爱祖国、刻苦治学、勤奋敬业、克己奉献的精神。"落成典礼后，新闻媒体作了"被誉为医中国手、陇上板桥的甘肃省政协原常委裴慎先生纪念堂落成……"的相关报道。1999 年，在慎公中学六十周年校庆之际，中央老领导宋平为慎公中学题写了"造福桑梓"四个大字，以缅怀慎公献田办学的精神。2012 年 4 月 3 日，慎公中学被武山县委、县政府授予"武山县爱国主义教育基地"。之后，又被天水市委、市政府命名为"天水市爱国主义教育示范学校"，并举行了隆重的授牌仪式。2013 年初，我的小女儿新华打算为慎公中学捐资 10 万元奖学基金，我知道后很是欣慰。孩子热心公益，想为家乡教育尽一份心，应该大力支持。这年 11 月 11 日，我安排儿子新梧、大女儿新凤、大女婿沈军一起陪新华回武山达成心愿。

慎公中学这些年来变化很大，我想父亲如果在天有灵，也会高兴的。

第二十章 | 卫生部长的嘱托

1990 年 5 月，甘肃省中西医结合学会第三届全体大会推举我继续担任常务副理事长兼秘书长，主持学会工作。这年秋天，全国中西医结合学会在北京召开会议，我作为全国中西医结合学会理事兼学术交流组副组长应邀出席。这次会议在人民大会堂召开，全国中西医领域的专家学者共有二百多人参会，可以说是盛况空前。会务组邀请到了卫生部部长陈敏章参加开幕式并做了主题报告。陈部长以学者和名医的身份担任卫生部长多年，是一位受人尊敬的领导和学者，他的讲话使与会专家学者深受鼓舞。

陈部长做完主题报告，会务组组长兼主持人陈可冀教授宣布由五位院士依次发言。陈部长日理万机，公务十分繁忙，他不常参加这种学会的学术会议，即使参加也是讲完话就走，但这次他坐到了台下，看起来要认真听听，可见陈部长对这次会议也比较重视。我在台下正聚精会神地听报告，没想到陈可冀教授急匆匆来找我，他对我说："老裴，今天上午本来安排了五位院士发言，有两位院士临时出国，来不了，我看你平时发言讲得很好，不如你上去讲讲！"不容分说，他把我推到了主席台落座。陈可冀是我的老朋友，时任中国中西医结合学会会长。从 20 世纪 80 年代起我们因学会的会务往来而熟识，在中西医结合方面两人有很多共同语言。这次没有提前通个气，就交给我这一特别任务，说明他对我的信任。这次会议我的确是有备而来。20 世纪 80 年代初期，我提出"西医诊断，中医辨证，中药为主，西药为辅"的"中西医结合十六字法则"，在国内医学界已经有了一定的影响。十余年来，在"十六字法则"的指导下，临床实践和科研项目都取得了一些进展。但是中西医结合到底是一个新兴学科，"中西医结合应该怎样结合"一直没有一个统一的指导思想。我经常会听到不同的声音，甚至争论。针对这个问题，我为这次大会准备的题目是：《从中西医两种医学的不同来看中西医结合的必要性和必然性》，想通过抛砖引玉的办法与全国同行进行深入交流。由于全国参会的专家很多，所以会务组只安排了几位院士在开幕式上发言，院士的发言被安排在陈部长讲话之后。其他专家分成若干小组，全部在以后的小组会议上发言，我的发言原本是安排在小组会议上的。

前面三位院士的发言，每人基本在半个小时以内结束，这给我最后的发言留下了发挥的时间。这个课题我从20世纪80年代起就写了十多篇论文，做了大大小小的报告不下十场，而且经常是脱稿做报告。因为时间允许，我详细阐述了中西两种医学由于发生、发展在完全不同的社会基础上，因此二者由形式到内容成为完全不同的学术体系。中西医结合的核心问题是：中医注重整体的一面和西医注重局部的一面相结合；中医注重宏观的一面和西医注重微观的一面相结合；中医的机体反应观和西医病原致病观相结合。最后阐明我的观点，中西医结合是两种医学相互取长补短的自身需要，谁能首先掌握主动，取对方之长为我所用，谁就将在短期内取得长足的进展。当代中医工作者要顺应事物发展的规律，大胆地把思维推向微观，把西医的实验手段接过来，为我所用，发展自身，做到古为今用，洋为中用，就能达到保住中医特色，从而开创现代中医的新局面。发言中我还对中西医结合的"十六字法则"和在"十六字法则"指导下的临床应用作了详细的介绍。我的报告大概用了一个半小时，发言过程中会场响起了好几次掌声，同行的认同让我一直保持着轻松的状态。虽是长篇大论，却也是洋洋洒洒，酣畅淋漓，听者并不觉枯燥。作完报告，全场掌声雷动，接着会议主持陈可冀教授宣布由陈部长总结发言。没想到的是，陈部长在发言时提到我说："裴正学同志作的报告很有意思，我们是否考虑把他的'十六字法则'作为国家发展中西医结合的方针，这个我们下去要研究一下！"听到这句话，我的全身像是有一股电流穿过。早听说陈部长尊重专业，爱才惜才，一点也没有官架子，果真是百闻不如一见，我顿觉心潮起伏，久久无法平复。会后，陈部长紧紧握住我的手说："你提出的'十六字法则'，我建议以后称其为"十六字方针"，明确了指导思想，中西医结合大有可为啊！"谈话间我才知道，部长原本是要提前走的，然而我的报告一开始就吸引了他，越听越有意思，不知不觉竟听完了。他建议我组织全国中西医结合专家编写一部《中西医结合实用内科学》，由卫生部拨出二十万元作为出版费用。想到全国的专家组织起来有些难度，我向部长建议我来组织西北的专家组成编委会，得到了部长的同意。与会专家对我的大会发言反响热烈，贵州、云南、辽宁、陕西等地的中西医结合学会在会议期间纷纷向我发出了讲学邀请。

陈部长提出由我主持编写《中西医结合实用内科学》，我认为这是对我的信任，更是对我的鞭策。我曾写过多篇有关"十六字方针"的论文见诸报端，也出版过《〈血证论〉评释》《乙肝的诊断与研究》《中医方剂学新编》等有影响的著作。曾有过写出一部涵盖内科领域各类疾病医学专著的想法，但因工程浩大还只停留在思考阶段，陈部长的嘱托让我的想法落到了实处。我决定趁热打铁，立即行动，趁着专家们都在北京，我在会议期间就与西北五省的专家们进行了联络。在全国中西医结合学会会议闭幕后，我组织西北五省的专家在北京召开了《中西医结合实用内科学》编委第一次会议。这次会议成立了由西北五省二十六名专家组成的编委会。大家集思广益，各抒己见，对这部书的编写进行了初步探讨。等我回到兰州，卫生部已经把二十万元拨到了甘肃省医学科学院。之后，我又召集西北五省的二十六位编委在兰州召开了多次会议，确定了编委会委员们的组织结构。由我担任主编，副主编由乔富渠教授（陕西中医研究院主任医师）、刘宝厚教授（兰州医学院第二附属医院教授）担任。我当时任中国中西医结合学会理事、《中国中西医结合杂志》编委、甘肃分会副理事长兼秘书长、甘肃省医学科学研究院副院长兼中西医结合科主任。刘宝厚教授为中国中西医结合学会肾病专业委员会副主任委员、中国中医药学会内科肾病专业委员会副主任委员。乔富渠教授为全国中医热病专业委员会副主任委员。编委中黄辉钊（宁夏医学院教授）、许自诚（兰州医学院第一附属医院教授）、刘茂甫（西安医科大学教授）、张翼（青海省中医院主任医师）、赵琨（新疆中医院主任医师）、夏永潮（甘肃省中医院主任医师）、火树华（新疆中医院主任医师）等教授均为国内著名专家，在西北医学界享有盛名，我的学生安国真、刘国安、卯新民、李永寿、侯瑞云也在编委之列。经过多次充分地酝酿和讨论，编委会确定了《中西医结合实用内科学》编写的主导思想是"西医诊断，中医辨证，中药为主，西药为辅"的"十六字方针"，并在这一主导思想的基础上，确定了本书的编写大纲、编写体例、编写细则，统一了思想，专家们就开始分工编写。

我对各位编委的书稿质量要求较严，对自己更是严苛。送来的初稿由副主编先进行大致审核，审完后再交我审定。每一章我都是逐字逐句反复揣酌，严格把关，并将意见附在初稿上，再交编委修改。每一章都经过了多次改稿。这个时候儿媳临产，一家人挤在三十多平米的小房子里。儿媳生产后，我将我的书房让了出来，让她坐月子，自己向医院借了一间旧平房。当时正好是冬天，妻子找了一个旧煤炉子放在平房里取暖，把房子里漏风的地方用报纸糊了糊，摆了一张桌子、一把椅子和一张床，我就住了进去。每天早上我四点半起床，到滨河路跑步锻练，然后回到小平房倒煤灰，生炉子，吃早饭。写作一小时，再去上班，晚上就回小屋写书。虽然有些艰苦，我还是比较满意，至少这是一个独立的空间，可以专心写书。

20世纪90年代，用大女儿新凤的话说："父亲已经到了一个酒越酿越香的时节！"1991年我被选为全国中西医结合先进工作者，1992年开始享受国务院具有突出贡献的科学技术专家特殊津贴……这个时期的主旋律就是"忙和累"！每天来自全国的患者络绎不绝，坐完诊我又回到小平房写书。虽然生活上清苦，但精神上是愉悦的。邓小平关于"发展才是硬道理"等论断解放了人们的思想，知识和知识分子受到空前重视，这给了我极大的鼓舞。我曾写下《喜闻邓小平深圳视察讲话》诗一首："一夜春风花半开，河光闪翠正春来。江山依旧这边好，万里神州展骏才。"

编写《中西医结合实用内科学》整整花了两年时间。1993年6月，这部书终于写成了。写书的过程极其艰苦，我几乎倾注了全部心血，经历了七百多个辛苦的日日夜夜。我的身体严重透支，定稿时体重减少了十多斤。作为国内第一部中西医结合内科学专著，必须站在国内外医学前沿，掌握新理论，新进展，新亮点，所以在编写的过程中要不断地学习、查阅资料。那时还没电脑，两年间我翻阅过的书籍杂志就有几大箱。当一百五十万字的书稿堆积在我的书桌上，我一遍一遍地翻看，可以说是爱不释手，感觉所有的付出都很值得。这部书分十四篇，共一百七十三章，原则上每章一病。每篇先是"概说"，将西医病因、病理、临床之全部内容压缩在一起，篇幅较小，大量篇幅在中医部分。"中医对疾病的认识及治疗"是全书关键性篇章，内容较多，分量较重，除引用古代医家之论述外，随后附录了近十年来国内外期刊论述、治疗该病的有关资料。这本书的内容要求具有两大特点：其一是病证结合，其二是突出中医。前者使中医辨证定位于西医诊断的基础之上，由此弥补了传统中医缺乏局部认识之不足；后者提出了治疗上的中药为主，从而为进一步发展中医创造了有利条件。从框架设计上就保证了这本书既要显示当代中西医结合的学术特点，同时又具

《中西医结合实用内科学》二版首发式，从左至右：甘肃省委副秘书长陈田贵，甘肃省委常委、宣传部长励小捷，中西医结合专家裴正学，甘肃省省长刘伟平，甘肃省常务副省长咸辉，甘肃省政府秘书长李沛文，甘肃省卫生厅厅长刘维忠

备突出中医的重要特色。

我将书稿送到北京，陈部长看后大为赞赏，他欣然为《中西医结合实用内科学》题写书名。中国科学院院士、中国中西医结合学会会长陈可冀撰写了序言。1995 年 4 月 5 日，由甘肃省卫生厅牵头在西安和兰州两地同时为《中西医结合实用内科学》举行了隆重的首发式。甘肃省委副书记杨振杰，甘肃省委常委、宣传部长石宗源，省委常委、统战部长牟本理以及卫生厅的领导、专家代表出席了首发式。《甘肃日报》《兰州日报》《甘肃科技报》等新闻媒体对首发式发布了多篇报道。

20 世纪 90 年代，我国中西医结合事业还处在起步阶段，没有一部系统的学科专著。《中西医结合实用内科学》集近代中西医结合专家之大成，创病症结合之规范，一经问世就引起了医学界的普遍关注和高度评价。这部书是二十六位中西医结合专家经验和心血的结晶，填补了我国医学史上的空白，被誉为我国第一部中西医结合学科的代表性经典巨著，先后荣获国家中医药管理局"全国优秀中医图书一等奖""甘肃省科技进步二等奖""第三届世界传统医学大会突出贡献国际金奖"。

第二十一章 | 赴美见闻

1996 年 4 月，应第三届世界传统医学表彰大会邀请，我们一行二人于 4 月中旬由兰州出发，经北京赴美国参加大会并讲学。与我一起同行的是兰州医学院副院长赵建雄。赵建雄十五年前是我的学生，十多年来在医学领域勤奋耕耘，已是成绩卓著的专家，真是青出于蓝而胜于蓝。我们一向友好往来，这次与他同行，自然令人由衷地高兴。

飞抵旧金山

我们乘坐中国民航国际航班于 4 月 16 日中午由北京起飞，经过了十五个小时的长途飞行，大约在美国时间中午时分接近旧金山上空。飞机开始盘旋降落，太平洋碧蓝色的海面蓦然映入眼帘。旧金山像一块晶莹的宝石镶嵌在蓝色大海中。我由机窗俯瞰，深感这世界的广袤和博大。飞机降落了，各种肤色的旅客用目光互致问好，各自收拾起自己的行李，自机门鱼贯而出。我们穿过航梯通道，又通过几次入境登记和检查，最后进入候机大厅。那里有一群人打着欢迎的标语牌正等待着我们，其中有美国中医研究院院长 Li Zhicheng，等待的人群中还有先期到达旧金山的中国国家中医药管理局副局长朱杰教授。我们热情握手，互致问好。在大幅的红色欢迎条幅下，宾主一行合影留念。稍待片刻，我们登上了舒适宽畅的迎宾专车，离开机场驶往旧金山市区。

雨过初晴的旧金山显得格外整洁、秀丽，道路宽阔，楼房高耸，街道两旁的草坪、棕树，临坡修建的五颜六色的别墅……样样都给人一种清新、大方、繁荣之感。大街上车流如织，所有车辆均在单行道上高速行驶。不知什么原因，街道上行人异常稀少。听向导说，这里的人出门都坐小车，只有在商场和游乐场所才能看到大量人群。我们下榻的地方是位于该市南部的 Dunfey 大酒店，大酒店设备齐全，诸如露天、室内游泳池，高尔夫球、网球场地等。该酒店的住房类似国内四星级以上宾馆的设施，只是房内不配备拖鞋，不供应开水。细看"住房通知"，方知美国人平时除喝饮料外，大多数情况下均以饮用自来水为主。自来水已经过水厂严格消毒，是绝对适合饮用的。为何不备拖鞋？我们始终未知其意，好在我们留美时间不长，虽不习惯，只好入乡随俗。

洗理过后，有人来访。来访者是我的老朋友，四十年前西北医学院的同班同学吴世华教授和夫人。世华十年前赴美深造，因成绩优良留美工作，先后在芝加哥大学、华盛顿大学任教，五年前在华盛顿取得了行医执照，并创办了诊所，兼任全美针灸学会执行委员会主任及全美针灸医师考试委员会委员。这次当他得知我和建雄赴美，特地由华盛顿飞抵旧金山，一来与老朋友会见，二来也顺便参加这次会议。世华夫妇的到来，我和建雄真是喜出望外，不仅享受了久别重逢的快乐，同时还依靠他们的帮助，大大减少了语言不通之苦。

当晚我们应邀出席了美国中医研究院主办的欢迎宴会。席间宾主互致贺词，应邀到场的五十余位来宾大多数来自中国、东南亚及印度等地，由此预测，这次传统医学表彰大会无疑是以宣扬中华医学为主题了。晚宴在热烈、欢畅的气氛中进行，与会学者纷纷讲演，我和建雄也相继登台发言，代表我国西北边陲的医药学人，诉说了自己的心愿。

次日细雨连绵，我们在导游的陪同下驱车游览市内风光。金门大桥屹立于旧金山海湾的两鳌之间，它以完美的造型、高大的跨度举世闻名。太平洋的澎湃巨浪自桥下咆哮而过，万吨以上的远洋巨轮平稳地穿越其间。

旧金山森林公园也是举世闻名的景点，它坐落在依山傍水的郊区丘陵地带。这里古木参天，花香扑鼻，公路盘山而转，路旁看见一座座同样造型的雕像，向导说那是这片森林开创者的塑像。他虽已逝世近百年，然而他为旧金山人留下的巨大财富却永远造福着人民。一百年前中华民国的缔造者孙中山先生曾在这里发动反清运动，在华侨中筹集革命经费。据说中山先生的故居就在附近，已被当地政府定为"名人故居"加以保护。因时间紧迫未能前往参观，这实在是此行之一大遗憾。

在逗留旧金山的两天中，我和建雄在世华夫妇的引导和陪同下还游览了该市著名的"中国城"。这里的商店楼舍都是中国式的，汉字招牌比比皆是，霓虹灯汉字琳琅满目，商店里摆满来自大陆和台湾的商品，店堂正面供奉关圣帝君（财神）的画像。主人见我们进店，便用流利的中国话热情招呼我们，使人感到异常亲切，大有他乡遇故知的滋味。

听世华讲，这里的华裔占全市人口的20%。相传旧金山在三百年前荒无人烟，因后来发现此地砂石中含有金矿，世界各地的大批移民涌向旧金山，形成了淘金大军。他们开发了旧金山，造就了旧金山，旧金山也因此而有了"金山"之美称。当时正值我国的清朝中叶，两广、福建一带的贫苦农民穷则思变，浮海西渡，参与了这支淘金"大军"，于是乎在这座城市留下了大量的华裔。在以后的岁月中，不论大陆还是台湾，每年都有人在这里继续取得"绿卡"，这20%恐怕正在逐渐突破之中。

赴此城途中曾吟小诗两首，现抄录之："横跨重洋一夜间，萦环碧海旧金山，果然此地风光好，半数客商懂汉语。""车如流水静无声，一路别墅布港城，只有商厦高天际，名城处处见草坪。"

拉斯维加斯大会

由旧金山起飞，约两个小时到达著名的游览圣地，有世界"赌城"之称的拉斯维加斯。第三届世界传统医学表彰大会就在这里举行。我和建雄、世华夫妇下榻于该城 Plaza 大酒店。酒店高达二十九层，我们的房间在十六楼。从楼窗眺望，该市高楼林立，街市井然。在极目远处，内华达州浩瀚的戈壁隐隐可见。据说从前这里是一片戈壁大漠，五十年前黑手党的一群头目被联邦政府通缉捉拿，他们带着大量的金银财宝逃亡此地安家落户，在这里公开聚众赌博，并修建了一些交通和游乐设施。后来经联邦政府接管，逐渐把这里开发成一座世界闻名的旅游之城。目前该城已有常住居民七十万，加上流动人口，城市总人口在百万以上。随着旅游设施的逐步增加，近年来城市定居人口以每年五万的速度在增长。

我们在 Plaza 酒店刚刚住下，建雄的妻弟苏彦安教授旋即到来。他是由千里之外的马里兰州飞来拉城专门看望建雄的。由于建雄早就向他介绍过我的情况，因而我们一见如故。彦安 37 岁，英语流畅标准，身姿英俊潇洒，十年前赴美，由硕士而博士，由博士后而教授，凭他的才华智慧，刻苦努力，在旅美学人中已经崭露头角。我对这个给中国人争了气的年轻人产生了敬意，几分钟后便成诗一首，当即面赠与他。现抄录之："翩翩风度正英年，莘莘学子刮目看；十年面壁成正果，生子当如苏彦安。"当晚无事，彦安、世华夫妇、建雄和我相约去游览拉城夜景，彦安开车给我们当导游。拉城夜景真是名不虚传，高大的建筑由根到顶均被霓虹灯缠裹着，街道和空中设有各种不同造型的霓虹灯图案，时隐时现，扑朔迷离，大街小巷亮如白昼，使人联想到美国的电力资源丰富，总发电量达到数百亿千瓦，居世界之首。令人眼花缭乱的不夜城，是要有庞大的资金作后盾的。在彦安的提议下我们也去参观了一下赌场。

彦安说："到这里来旅游，不领略一下赌场滋味，是美中不足。"于是我们来到赌场。所谓赌场者，该城各大宾馆之一层大厅几乎皆属之也。那里排列着各种用于赌钱的电子设施，名目繁多，参差不同。所谓"赌钱"是人与机器相赌，而与他人无涉。彦安为我和建雄每人兑换了 10 美元硬币相赠，让我们戏而乐之。

建雄的手气真好，他投入一枚硬币，竟然哗啦啦响了一大阵，掉下了 80 枚硬币，算了一下足有 20 美元。我的手气不好，不到半小时，就把 10 美元输得精光。由于出身于书香世家，我本人又偏于保守，对这个"赌"字向来深恶痛绝，然而彦安和世华都说，大资本家坐着私人飞机由世界各地来此参赌，有输有赢，促进了资金的流动，为联邦政府增加了大量收入。据说当天晚上就有一个来自加拿大的巨富输掉了四亿美钞。另外来自美国各地的退休职工，小钱小赌，聊以自慰。听了他们的介绍，我才明白了美国政府耗费巨资建这座赌城的真正用意。

4 月 19 日早上 8 时，第三届世界传统医学表彰大会在该城 Plaza 大酒店礼

1996年，裴正学（左二）荣获世界传统医学表彰大会突出贡献国际金奖（美国拉斯维加斯）

堂隆重开幕，来自世界五大洲的一百多位学者、专家、教授出席了大会。主席台就座的有世界卫生组织的官员，加州州长的代表，美国医学界各学科的带头人，中国国家中医药管理局朱杰副局长及中国中医研究院傅世垣院长等。

当大会执行主席、世界传统医学大会会长Briane.lon教授宣布会议开幕时，大家报以热烈的掌声。开幕式上宣布了获奖人名单。这是经过世界最著名的专家组成的评委会，在各国、各地上报的一万五千余份成果中经过初选、复评、终审三个阶段，最后确定了一百项科研成果和论著，定名为"第三届世界传统医学大会突出贡献国际金奖"。获奖者同时获得了"世界百名民族医药之星"的殊荣。

大会对每位获奖者颁发了金杯、奖状、证书和"百名医学之星"的锦旗。我和建雄都名列榜上，均在大会作了学术报告，受到与会专家、教授的好评。

大会历时三天，于4月21日下午在欢快的气氛中闭幕。当晚全体代表应邀赴著名的拉斯维加斯游乐城，观看了两场精彩的艺术表演。一场叫做"Waratsea"，是海战的意思。另一场叫做"Show"，译作"秀"，寓"表演"之意。

前者系在被山环绕的大湖之中观看一场惊心动魄的水上战争，情节是一百年前美国独立战争之后官军船队与海盗船之间的一场殊死决斗。舰船造型、人物扮相均仿古而逼真，火炮齐鸣，杀声震天，舰船飞驶。先是官军大胜，海盗船上火光冲天，血肉横流；继而海盗援军大至，反败为胜，官船渐渐不支，且战且退……这是一场真枪实弹的大型实地表演，令人触目惊心，心潮澎湃。像这样的表演耗资巨大，没有雄厚的实力是不可想象的。第二场叫做"秀"的表演是一出类似芭蕾的舞剧，场上的灯光、音响、布景集中了现代科学技术之大成，忽而大雨倾盆，忽而江河奔腾。舞女们仅着三点式，舞姿之优美，情节之紧凑，加之熔声、光、电于一炉的外景配合，使人身临其境。幕落，人们还久久不愿离去，演员谢幕达四五次之多。

一位老中医专家说："看起来，我过去的思想真有问题，这场表演简直是最大的艺术享受。"是的，中国的知识分子，包括我自己在内，深受"坦胸裸腹，有失大雅"等传统思想的影响，把一切暴露人体线条的行为，均视为"黄色"，殊不知真正的艺术对不同观点的人同样能起到意想不到的效果。

看完两场表演已是深夜 12 时了，我们匆匆返回宾馆，收拾好行装，准备次日晨离开拉城，前往洛杉矶。彦安因有重要学术会议，也要与我们分手。他已买好机票，于次日凌晨飞往马里兰州。

名城洛杉矶

汽车在内华达州一望无际的戈壁大漠中行驶，公路是笔直的高速公路，平坦又宽阔。公路两旁的沙生树已蔚然成林，喷灌器在不停地转动，沙生林看上去生机盎然。大约行驶了四个多小时，汽车已进入南加州地界。这里绿树成荫，椰林遍地，公路两旁是平坦湿润的草坪，草坪上规律地挺拔着株株棕树，一派热带风光令人心旷神怡。中午时分到达美国第二大城市洛杉矶。

洛杉矶有七百万人口，是美国西部金融中心。一栋栋深灰色摩天大楼、密如蛛网的立体交叉大道……样样都给人深刻的印象。由于时间紧迫，我们在一家华人餐馆匆匆就餐后，驱车直驶好莱坞影城。好莱坞电影城举世闻名，凡来此地者，只有目睹了好莱坞风光，才谓之曰"不虚此行"。

当日下午 1 时开始进入好莱坞电影城，历时六小时，大开了眼界，饱享了

1996年，裴正学（左二）赴美讲学在洛杉矶受到华侨的热烈欢迎

人生的欢快。别的尚且不说，单是乘车遍游各类景点，就足以令人陶醉，叹为观止。

汽车开进地下"原始森林"，那里净是两抱粗的参天大树，松树、柏树、杉树、桦树，各色古木。大林之中迂曲的小路伸向远方，潺潺流水在脚下流淌。仰面而视，树影间月光暗淡，几颗星星正慢慢地冲出云围。一股浓烈的原始森林腐殖气味扑面而来，刹那间薄云遮月，细雨蒙蒙。汽车转了个弯，忽然阳光自林木间隙射下，树叶在微风中沙沙作响，又是一派风清云淡的白日景象。汽车驶出了"原始森林"，前面是一片平静的水面，树影婆娑，游船穿梭，是情侣们谈情说爱的好地方。

汽车在湖岸边缓缓行驶，突然一声巨响，从一处高台上泻下巨大的瀑布，湖面顿时被掀起了波澜，那气势比贵州黄果树瀑布还要壮观。车过后，回头望去，瀑布已不复存在，高台依旧掩映在花树丛中，原来这一切都是电脑联网遥控，平时供游人参观，用时拍摄电影。汽车驶入好莱坞中国村，这里有中式的街道、四合院，还有中国农场的田野小景。我们特地在"中国村"逗留片刻，突然暴风雨来临，白杨树叶纷纷落下，山溪暴涨，河水哗啦啦流淌，远处有一架水车吱吱呀呀转个不停。好莱坞影城具备着拍摄古今中外一切影视的场景设施，这里有雪山、牧场、名山、大川……一切应有尽有。这里是实力与现代高科技相结合的展现，没有大的投入是绝对办不到的。

晚七时许，游览结束，我们一行下榻洛杉矶市东的 Pek 大酒店。安排好住宿后，匆匆向我的朋友加州大学洛杉矶分校东方医学系主任打了电话。早在赴美前，我在兰州已与他通过电话，并接到他的邀请函。电话接通后，约定在次日晨去该校访问。由于一整天的旅途劳顿，这一夜睡得十分香甜，一觉醒来已是早晨 7 点半。我和建雄、世华一行急匆匆去往加州大学，简短的参观后，与东方医学系的部分专家、教授作了学术交流。

下午，世华夫妇送我们到洛杉矶机场，在这里我们握手告别。朝夕相处十多日，离别之际，真是难舍难分，突然想起唐代诗人李商隐"相见时难别亦难，东风无力百花残"的诗句。告别了世华夫妇，我和建雄匆匆前往候机厅，办好了登机手续。下午 2 时许，飞机起飞，我们前往旧金山，从那里再搭机直飞北京。

第二十二章 | 讲学的收获

《中西医结合实用内科学》的出版，引起了全国中西医结合领域的广泛关注。各地中西医结合学会、医学研究机构纷纷向我发出了讲学邀请，20 世纪 90 年代后期到 21 世纪初期，我陆续在昆明、贵阳、大连、福州等地开展了一系列的讲学活动。

在讲学中我深切地感受到了同行们的变化。相比于 20 世纪七八十年代的封闭、保守，20 世纪 90 年代以后，人们的思想显得开放、活跃，喜欢接受新鲜事物。记得 1976 年，我去山西太原参加一个学术会议，作完《试论中西医结合的必要性》的报告，只听到零星的一点儿掌声。许多参会者交头接耳，窃窃私语，空气中弥漫着不友好的气氛。几位老者向我发难："这是中医学术会议，我们不能让西医到这里来散布他们的理论！""刚才发言的那个小伙子，他到底是中医还是西医，他有什么资格来参加这个会议！""按照他这个样子结合，不就是要把我们中医消灭吗？"那时中西医结合的"十六字方针"还未提出，我讲的内容主要是通过中西医两种医学的对比，来论证中西医结合应从整体与局部、宏观与微观、机体的反应性与病原致病性这三个方面来结合，没想到我的观点会引起轩然大波。那一年我 38 岁，年轻气盛，还和这几位老者辩论起来。后来我才听说在我正做报告时，下面就有好多人在传条子，想把我轰下台。那次会议认同我观点的学者少之又少。当时，我只得到陕西中医学院教授张学文（后被评为首届国医大师）等几位专家的支持。总的来说，20 世纪七八十年代对我的学术观点质疑声较多。到了 20 世纪 90 年代，质疑声就基本上消失了，取而代之的是越来越多认同的声音。广西中医学院院长谭家祥、全国热病专业委员会副主任乔富渠、中山大学中西医结合研究所所长吴伟康等，他们都是我国著名中西医结合专家，都是我在全国讲学时结识的好朋友。这个时期我的讲学内容主要是"十六字方针"及在"十六字方针"指导下的临床实践。他们与我学术观点基本一致，在临床上也有好多共同语言。

中山大学中西医结合研究所所长吴伟康教授原本学西医，他是已经成为西医方面的博导后才开始拜名老中医

1998 年，裴正学教授（左一）与好友陈可冀院士、火树华（著名中西医结合专家）合影

邓铁涛为师，并成为邓老的中西医结合内科专业的学术经验继承人。谈起治病，吴伟康滔滔不绝。他认为，医生应该从病人的角度看问题，不管中药西药，不管中医西医，只要把病治好就是好医生。究竟应该是用中药还是西药，还是两者同时采用，应该根据病情的需要。吴伟康在治疗过程中不排斥 CT 等西医的诊断手段，用药几乎 95% 是中药。在他的观念中，中医药的优势不容小觑，应占据主要的地位。他的这些观点与我的治病理念不谋而合，让我想起 20 世纪 80 年代我与邓老的一次交流。

20 世纪 80 年代，我在北京参加一个学术会议，当时我的发言主题就是"中西医结合十六字方针"。散会时，我被邓老叫住，他说："甘肃的这个娃娃，你过来一下，你的观点我不同意，照你的说法，要把中医改造成西医了？"邓老当时有 60 多岁，我 48 岁，刚被任命为甘肃省新医药学研究所副所长。我见前辈很严肃地说出这番话，连忙谦虚地解释道："邓老，中医有西医基础要比没有西医基础好得多，西医把解剖、病理、生化研究得很清楚，为什么就不能拿来借鉴呢？假如张仲景活到现在，他也会学习西医，来充实自己的学问，使中医更加完善。"邓老听后，脸上显出一丝不悦，他说："不对，我认为我们中医绝对能够自成一家，自己有自己的诊断模式！"我听后反驳道："我不认

117

同您的说法。不管中医还是西医，我们的共同目标是给人看病，怎么才能看好病，这才是我们应该研究的重点，在这个问题上争你我之长，形成门派之见，对科学技术发展很不利！"邓老在中医界很有声望，也许是没有料到一位晚辈居然和自己针锋相对，他有些生气，厉声说道："我看了你的简历，你这是受了西方医学的毒害，你这是先入为主，你想改造中医！"话不投机，我们的谈话就此打住。后来我与邓老又在会议上有几次碰面，基本上也都是点点头而已。福州会议上，从邓老弟子吴伟康教授的谈话中，我感受到了邓老思想观念的转变。邓老在国家级名老中医中德高望重，他能接受西医博导做弟子，也从一个侧面说明了中医人的思想在进步。

　　2005 年，我应天水市卫生局的邀请，来到天水市第二人民医院讲学。天水市第二人民医院的前身就是我 20 世纪 60 年代工作过的天水县医院，经过 60 年的发展，已经由一个几十人的小医院发展成一所集医疗急救、预防保健、科研教学为一体的三级综合医院，有床位一千多张，职工千人以上。来到这个我年轻时曾经奋斗过的医院，这里的乡音、乡情让我有种回家的亲切感。

　　欢迎的人中有一位领导模样的男子，我感觉有些眼熟，却想不起是谁。工作人员向我介绍道："这是我们医院的蒲院长……"他的话还未说完，这个男子

拉住我的手，激动地说："裴老师，我是您的学生蒲朝晖呀！"听到蒲朝晖这个名字，我的脑海里浮现出一个青年的身影，怪不得看着眼熟，30年过去了，仔细

2005 年，裴正学在天水市第二人民医院讲学

看，当年的容貌身形隐约可见。那是 1979 年，我刚留任在甘肃省新医药学研究所，有一段时间，我发现每天有一个学生模样的青年来诊室打扫卫生，然后站在后面看我诊病，听我问诊。看样子他应该不是单位里的职工，我忍不住问他是哪里人，叫啥。这个青年腼腆地向我介绍自己："裴老师，我是天水三阳川人，叫蒲朝晖，刚考上甘肃省中医学校。我是慕名而来，我听过您讲课，很崇拜您，想拜您为师，行不行？"我问他："你来诊室几天了，咋一直不说呢？"他说："我的程度浅，怕您不收。"我打量了一眼，他虽然穿着朴素，膝盖上还打着补丁，但是相貌端正，举止大方，眉眼中透着几分机灵，是一个好苗子，心中已经完全接纳了他，就让他有时间就来学习。后来，我与父亲说起这个学生，父亲说："这是蒲茂松的儿子啊，他与我说过儿子要来向你学习这件事，来了就好。"蒲茂松先生是我父亲的好朋友，两人都是陇上名医，在"文革"中都受过批判。当年，我的父亲在武山云雾山劳动改造时，与蒲茂松先生在一农家邂逅，两人一见如故，在农家土炕上偎被而坐，畅谈了一夜，从此就成了知己。因为父辈的这段渊源，我平时对蒲朝晖格外关照。蒲朝晖在中医学校是个品学兼优的学生，一直担任学生会主席。课余时间只要有空，我的门诊他一定来。那时给我抄方子的学生有李永寿、马登科、赵建雄等人。蒲朝晖先是站着旁听，手里拿个笔记本记笔记，后来就开始跟着抄方子。他从中医学校毕业后，又考入了兰州医学院，回来继续跟我抄方子。毕业后，蒲朝晖被分配到了天水县中医院。我回天水的机会不多，只要去了都会打听他的动向，但都没见到本人。这次师生相见，分外高兴。会后，蒲朝晖亲热地拉着我的手到医院各处参观，边参观边给我讲述他这些年的经历。跟我学习的五年时间，他系统地学习了我的医学经验，光是笔记就做了几大本。基层成了他临床实践的自由天地。蒲朝晖认真钻研我的医学理论，活学活用，很快掌握了常见病多发病的治疗方法，赢得了当地老百姓的认可，病人比一些老大夫还多。一个年轻人有如此出色的表现，自然引起了领导的注意。由于工作出色，他被调入天水市第二人民医院，先被提拔为科室主任，后来又被提拔为医院副院长、院长。2000 年，蒲朝晖初任院长时，天水市二院诊疗设施落后，科室结构不合理，医务人员主动服务意识不强，导致住院病人少，资金匮乏，职工收入不高，医院发展面临前所未有的危机。蒲朝晖深深懂得，要想使这座医院重现生机，只有改革才是破解发展难题的办法。针对医院人浮于事、缺乏凝聚力等突出问题，蒲朝晖对现行的人事制度和内部分配制度进行了大刀阔斧地改革，对新聘任的中层管理干部实行岗位管理，任期目标管理和末位淘汰制，并进行全员聘用，实行由基本工资、岗位工资、绩效奖励工资构成的新的工资分配制度……这些举措极大地激发了全院干部职工干事创业的热情，使医院的发展有了转机。

听了蒲朝晖的经历，我由衷地为他感到骄傲和自豪。一个农家子弟，没有任何社会背景，在三十年的时间里，一步一个脚印，一年一个台阶，成长为医疗系统知名专家和领导，谈何容易。回到兰州，我曾与甘肃省卫生系统的几位领导谈起过蒲朝晖，所有人都对他竖起大拇指，踏实、肯干、聪明、有魄力……这么多人对他不吝赞美之辞，我听后非常高兴。这说明蒲朝晖有大才干，事业发展肯定会稳步向前。

蒲朝晖在听了我的报告后，受"西医诊断，中医辨证，中药为主，西药为辅"十六字方针的启发，他有了以我的学术思想为指导，发展专科，建设特色诊疗科室的想法，多次到兰州与我探讨有关问题。对于这个敢想敢干的学生，我是大力支持。我向他表示不管医学理论还是临床实践，我都会全力支持他。2010年，蒲朝晖报请天水市委，聘请我为天水市第二人民医院名誉院长。得到批准后，紧接着又举办了隆重的任命仪式。甘肃省卫生厅副厅长李存文、甘肃省人民医院院长郭天康、甘肃省中医院院长李盛华等参加了大会。会上还宣布了甘肃省卫生厅关于《天水市第二人民医院更名为天水市中西医结合医院》的文件，明确了以"西医诊断，中医辨证，中药为主，西药为辅"十六字方针为医院办院的指导思想。当我接过名誉院长的证书时，心中十分感慨。中西医结合事业的发展，贵在师徒携手，薪火相承。如何用实际行动传承和发扬中西医结合的学术思想，蒲朝晖交上了一份令人满意的答卷。

建设中西医结合特色医院，任重而道远。2006 年，国家中医药管理局计划在全国范围内确定十所进行重点投入建设的中西医结合医院。蒲朝晖看准这个机会，提出了将天水市中西医结合医院创建为全

2007 年，裴正学（右一）与学生蒲朝晖合影

国重点中西医结合医院的设想。在蒲朝晖领导天水市中西医结合医院申请项目的过程中，我从中西医结合医院的组织架构、科室的设置、中西医诊疗规范等方面全程给予指导。蒲朝晖不辞辛苦，先后十余次到卫生部、国家中医药管理局汇报联系。经过不懈努力，2007 年 2 月，天水市中西医结合医院被卫生部和国家中医药管理局确定为西北五省唯一的全国十所重点中西医结合医院建设单位之一，并拨款 3500 万元用于医院建设。蒲朝晖又经过积极争取，启动建设了投资 6000 多万元的十五层现代化住院大楼，使天水市中西医结合医院的发展步入了快车道。值得一提的是，那几年，在非常繁忙劳累的状态下，蒲朝晖还与武山县县志办主任包永庄合著了《陇上名医裴正学》一书。这部书共四十五万字，由甘肃科学技术出版社出版，出版后受到广泛好评。

通过各地讲学，"西医诊断，中医辨证，中药为主，西药为辅"十六字方针在全国有了更大的影响，不少医院在"十六字方针"的指导下，开展临床工作，取得了令人满意的效果。每到一个地方讲学，我都有很多体会和感触。

第二十三章 | 退休后更加努力

1996 年，尽管离退休只有一年时间了，我依然很忙碌。在应邀赴美讲学，领回"第三届世界传统医学大会突出贡献国际金奖""世界百名民族医药之星"两项世界大奖之后，又被国家中医药管理局确定为全国五百名著名中医药专家。荣誉一个接着一个，我的心情由此而愉悦。有一首诗可记录我当时的心境："晴空万里东风来，好戏连台时运开。莫道暮年多苦凄，古稀老树又春回。"我深深地意识到，只有专心医学事业，继续努力，才是我最好的退休生活。

1997 年，张宗久同志从甘肃省卫生厅调任甘肃省医学科学院（甘肃省肿瘤医院），任院长。他到任时只有 35 岁，医院有不少人担心他太年轻，管理不好医院。俗话说新官上任三把火，张宗久首先办的第一件大事就是要解决医院职工的住房问题。那时医院住房很紧张，大部分职工都住在医院外。单位只有一辆通勤车，上班高峰许多职工都挤不上车，职工的生活条件比较差。张院长办事果断，雷厉风行，建房事宜很快就被列上医院的议事日程。在筹备建房的同时，这位年轻的院长在医院管理、科室建设、人才引进方面进行了大胆改革。他的才干和魄力让全院职工刮目相看。没过多久，人们对他的疑虑就彻底打消。

张宗久上任不久，就以一个晚辈的身份来拜访我。他在卫生厅工作时，我们虽然见过面，但并没有很深的交情。这次拜访让我们互相有了深入的了解。张宗久态度谦逊，对我的学术思想和临床经验非常重视，对医院的管理和发展很有自己的主张。我感到这位年轻的院长有大才干，前途不可限量。这次拜访后，张宗久改口称我为"裴老"。这是种尊敬、亲切的称呼，慢慢地职工们见了我都叫"裴老"，"裴院长"就很少有人叫了。后来，张宗久在大会小会上号召大家认真学习裴氏学术思想和临床经验。他认为裴氏学术思想和临床经验是我的心血，也是医院宝贵的财富，应该珍惜，医院有责任不遗余力做好发扬和推广，造福社会。

1998年，甘肃省医学科学院举办裴正学从事医教研四十周年座谈会。右为医科院院长张宗久，左为医科院书记纪世祥

1998年2月23日，是我60岁生日。在张宗久的主持下，甘肃省医学科学院在兰州友谊饭店为我举办了"著名中西医结合专家裴正学从事医教研四十周年座谈会"。甘肃省委常委、省委统战部长牟本理，甘肃省人大常委会副主任马玉海及各界领导和学者，甘肃省肿瘤医院、甘肃省医学科学研究院的同事，我的好友、学生七十多人参加了座谈会。

座谈会上，张宗久先介绍了我的事迹，接下来牟本理部长发言，他说："裴正学同志对事业孜孜以求，对工作认真负责，在他六十年走过的风雨人生路上，没有辜负党和人民的培养，没有辜负脚下的这方热土，不愧是我省中西医结合事业的开拓者和学术带头人……"听着张宗久院长、牟本理部长等领导及医学界同行、朋友们发表的热情洋溢的贺词，我不禁心潮澎湃，难以自已。从20世纪50年代在西北医学院读书，到分配到天水县医院工作；从下放甘泉公社，到西医学习中医班脱产学习；从大学发表的第一篇中西医结合论文《生铁落饮的镇静作用实验报告》到编撰我国第一部中西医结合学科的代表性著作《中西医结合实用内科学》；从天水地区医院的结核病房到在甘肃省肿瘤医院领导乙肝课题组攻关……历历往事如同放电影般在我脑海中浮现。四十年弹指一挥间，不知不觉中竟然已经到了退休的年纪，不禁让人感慨。

座谈会后，张宗久又主持举办了"裴正学教授从事医教研四十周年"成果展览会，将我的奖杯、奖状、著作陈列在医院大会议室，让全院职工参观学习。到了我要办退休的时侯，张宗久又与领导班子商议后宣布了"延聘裴正学教授五年的决定"。我根本都没想到，因为一位新院长的到来，我的退休充满了仪式感。延聘后我虽然退出了领导班子，但还是忙碌在临床一线，坐诊、查房都和从前一样。退休后仍然能够工作，我总算是如愿以偿了。中西医结合是一个新型学派，中西医结合事业的道路还很漫长，许多的未知领域我们还未全面认识，许多的医学高峰还等着我们去攀登，已经取得的经验成果还要我们传授给后学者……要做的事实在太多了。"老牛自知夕阳短，不用扬鞭自奋蹄。"这句诗最能说明我退休后的心态。

2000年，张宗久调任卫生部医管司，虽然他任院长只有三年，却因出色的管理能力赢得了全院职工的尊敬和爱戴。直到现在，许多老同志还对他赞不绝口，大家认为这是一位对医院发展有着重大贡献的院长。

大学时代我在报纸、刊物上发表了一些诗歌、散文，工作后由于事务繁忙，文学创作明显少了很多。正式办理延聘之后，由于不再担任行政职务，空闲时间相对多了，于是，我又开始写起了小说、散文。2000年，应西门子公司的邀请，甘肃省医学科学院安排我们四位专家赴西欧诸国考察，除了业务学习、学术交流，一路的风光、艺术、人文……给我留下了深刻的印象。我每到一处，搜集当地的资料，晚上当同伴们外出休闲时，我就在酒店回忆当天的所见所闻，开始散文《西欧散记》的创作。西欧既是工业革命的发源地，又是当今世界经济最发达的地区之一。德国制造以过硬的产品质量被全球认可，在医疗器械领域也是世界领先。我们此行的主要目的是考察西门子公司的医疗产品在全球的发展现状，结合我们平常使用的情况，将来为医院建言献策。我们从德国的第二大城市慕尼黑开始，一路考察了慕尼黑、萨尔茨堡，又沿着莱茵河从奥尔兰根抵达法兰克福，之后又考察了波恩和科隆。离开德国，我们抵达荷兰首都阿姆斯特丹，短暂停留后，我们取道海牙前往比利时首都布鲁塞尔。考察的最后一站是法国巴黎。我们有幸在这里停留了四天，饱览了巴黎登峰造极的欧洲文明。欧洲有着悠久的历史和多元文化，绮丽旖旎的自然风光，浓厚的人文底蕴，紧紧地抓住我的心。回到兰州，风尘未掸，我就迫切地开始伏案写作，不久，《甘肃日报》整版发表了这篇异域随想《西欧散记》。

　　有人说人上了年纪就喜欢怀旧，我也不能免俗。看到一张发黄的照片、一本旧书、一个老物件……那些逝去的岁月，总能在不经意间激起最深的回想，记忆的闸门也就悄悄打开了。读大学时因为处在一个特殊的历史时期，这让我的大学生活显得不同寻常，那些往事在脑海中没有因时光流逝而变得模糊，反而越发清晰，促使我拿起笔，开始了中篇小说《大风曲》的创作。我上大学时正是 20 世纪 50 年代中期，恰逢"反右"时期，虽然几十年过去了，大学时的坎坷遭遇却依然刻骨铭心。《大风曲》以西北医学院五六级学生白利平和张雅兰一对校园情侣的不幸遭遇为线索，讲述了特殊历史时期大学生们面临的选择和考验，经受的煎熬和磨难，向读者描绘了一幅历史变革背景下的校园画卷。由于是自己的亲身感受，又经过了几十年的岁月沉淀，这部小说写得很顺畅，洋洋洒洒八万字。大学毕业后，我一直有把大学生活写下来的想法，时隔四十余年，终于完成了心愿，内心的激动不言而喻。小说《大风曲》出版之后，受到了读者的喜爱，尤其是许多经历过"反右"运动的人，因为小说中的人和事非常真实，引发了他们强烈的共鸣。有人认为小说中的主人公白利平就是我，其实只能说他有我的影子，但不完全是我。既然是小说，总是有艺术创作的成分。《大风曲》写成之后，我又创作了小说《渭水悠悠》《汉江彼岸》，散文《故乡怀念》等。我的文字大多都围绕着故乡、故人、往事展开。写作的过程中，我仿佛又回到了从前，感觉年轻了许多。我酷爱诗词，平时常有诗文发表于报刊，以旅游即兴、感时抒怀、怀乡思亲、唱和答赠为主，弟子们整理后，收录在《春风曲》《裴正学诗词选》中。

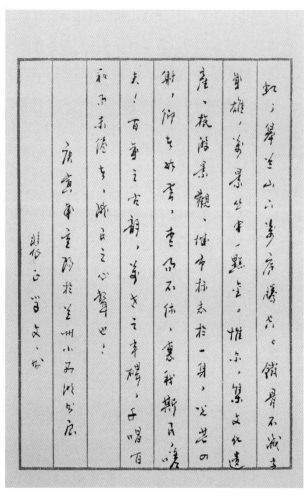

裴正学书法作品

童年始，源于先父之耳提面命，我开始认真临写大楷，日久，对书法产生了兴趣。工作后，长期埋头于医疗临床的我，每有闲暇即挥毫练书，有时半夜披衣而起，挥挥洒洒，直到天明。"夜半挥毫情自真，飞横走顺见精神；窗间明月常伴我，洒洒扬扬到天明。"这首诗是我勤于练书的写照。时间一晃就是几十年，从未间断。我喜欢颜真卿、米芾的行草，自认是他们的追求者，"日积月累，集腋成裘"，终于在广阔的书艺天地中找到了我自己的路。

朋友们说："也许这正是你的特色吧！"特色不特色姑且不说，起码在书艺圈内有了和别人交流的信物。我本着以书交友、以文会友的原则，凡是向我索书者，一律热忱奉送。我将此看作是别人对我的欣赏和敬重。久而久之，医界的朋友、文界的朋友、政界的朋友、乡村的朋友纷纷向我索求书作。当我得知朋友们将我书写的条幅悬挂在客厅时，我的心中产生了由衷的快乐，让我的书艺情趣受到了巨大的鼓舞。

　　老年作书是高尚的文化活动，将思维、行动融注于此，就达到了心情愉悦、心旷神怡的境地。我在做中老年保健讲座时，曾经建议中老年人多练习书法。书法必须做到直立、悬腕，心到、眼到、手到。这些基本要求，赋予了书法强身健体的作用。书法熔气功、太极于一炉，是中老年延年益寿的最佳选择。此外，老年人练书法，尚可消除孤独寂寞，陶冶情操。挥毫泼墨之时，加上自拟之短文、小诗，意趣跃然纸上，文之所至，情之斐然。《黄帝内经》说："恬淡虚无，真气从之，精神内守，病安从来。"人如专注于埋头练书，客观上达到了"恬淡虚无"的境界，病由何来？历代书法家的高寿是众所周知的事实。远的不说，现代三位大书法家舒同、启功、赵朴初都活了90岁以上，这绝非偶然。同事们说我的身体如此健康，和长期坚持练书法有关，我认为很有道理。《素问·遗篇刺法论》说："正气存内，邪不可干。"《素问·评热病论》说："邪之所凑，其气必虚。"《素问·阴阳应象大论》说："阳气者，若天与日，失其所则折寿而不彰。"这里的真气、正气、阳气，指的就是人体自身的抗病能力，用现代医学的观点来说就是免疫系统。一个好的心态能使人体的正气加强，也就使人的免疫功能加强。现代免疫学认为在人体各脏器、各组织、各细胞之间，活跃着无数的生物活化因子。良好的心态能激活这些活化因子，从而使自身的免疫能力得到加强，由此达到祛除疾病或减轻疾病的目的。这些生物活化因子相

互之间也需要协调，使其有条不紊地工作，这就是中医的"阴平阳秘，精神乃治"。《素问·阴阳应象大论》说："阴阳者，天地之道也，万物之纲纪，变化之父母，生杀之本始，神明之府也，治病必求于本。"中医有许多调和阴阳的方法，心态的调节便是调节阴阳的一个重要方法，中医把这视为防治疾病的根本大法。

20世纪90年代，在武山新建的大会堂应邀题字，后立者为武山县委书记张建杰，左立者为武山县医院院长贾双宝

在朋友们的一再建议下，我将平时的书法作品做了整理，出版了《裴正学书法集》《中医入门行草帖》《雪泥鸿爪》几本书法集。

自从辞去了医院行政职位，1998 年至 2007 年间，我在临床著述和经验总结以及文学、书法创作上有了较多的时间，这期间收获很大。我先后主编了《临床常见病中西医结合诊治》丛书四种，并出版了《裴正学医学经验集》《裴正学医案医话集》《裴正学医学笔记》等十余部医学论著。由于一直坚守在医教研一线，又没有其他繁杂事务的干扰，我对医学的热爱与日俱增，对医学越钻研越有兴趣。我把病人反馈较好的几种方药反复调配、筛选，研制出了裴氏升血颗粒、裴氏胆胰颗粒、裴氏妇炎颗粒、乙肝系列冲剂、古圣 1 号、古圣 2 号等十余种临床有效制剂。其中，裴氏升血颗粒、裴氏胆胰颗粒、裴氏妇炎颗粒的研究分别获甘肃省皇甫谧科技进步奖。

有一个现象值得我们思考。许多人在退休后迅速衰老，原因是什么？原因就是退休了有种"人到暮年万事休"的思想，导致身心处于无规律、无激情的状态。人没了精气神，能不衰老吗？经常有人问我，退休了比年轻人的工作强度都大，还能保持旺盛精力的秘诀是什么？我认为坚持锻炼和良好的心态是一方面，最重要的是热爱工作。人的大脑越用越敏捷，人的身体越活动越有活力。我的心里装的都是病人，看起病来思维异常活跃。我的秘诀就是工作！

第二十四章 | 西欧散记

庚辰秋，应西门子公司的邀请，我们一行四人赴西欧诸国考察。除了业务、学术交流，一路的风光、艺术、人文……给我留下了深刻的印象。

慕尼黑一瞥

飞机抵达德国南部重镇慕尼黑，下榻的宾馆在该市郊区的老次汉镇。夜幕中汽车在高速公路上疾驰，两旁灯红楼白，树影蒙蒙，约半小时后到达该镇。集翻译、导游、司机于一身的曲先生征求我们的意见后，大家决定先找一家中餐馆解决晚饭问题。曲先生向路旁的一位德国老人打问中餐馆的方位，德国老人热情极了，他开车前行领路，我们的车紧随其后。

一会工夫，汽车在一家中餐馆门前停下，老人用德语说："这是一家真正的中餐馆，记住！前面的那一家不行，是菲律宾人开的冒牌中餐馆。"说罢和我们握手告别，开车离去。饭馆的规模不大，然而布置整齐有序，十几个桌位收拾得干净利落，上方有关圣帝君铜像一尊，四壁有中国书画悬挂。主人是潮州人，八年前来此经营，用一口流利的南方普通话接待我们，让人感到十分亲切。饭菜是四菜一汤外加热茶一壶。在异国他乡能吃到这样可口的饭菜，让我忽然想起王勃"海内存知己，天涯若比邻"的名句。饭后驱车去宾馆住宿，该宾馆属三星级，室内设施与国内星级宾馆相似，所不同的是室内无开水供应。渴极了的我，只有取自来水饮之。这里的自来水净化严格，据说适合饮用。

一夜无话，次日凌晨7时许在楼下餐厅用膳，纯粹的西餐，沙拉、乳酪、果块、肉肠、橙汁、咖啡、白水……任人选用。面包是德国的特产，真是名不虚传，有黑、酥、硬、软、甜、咸等不同种类，式样亦各异，有长如棍杖者，有大如锅盖者。我的胃肠不好，只对面包感兴趣，加上白水一杯，一餐足矣。早餐后信步出门，才看到这是座红顶白墙的五层建筑，周围是草坪、花园，稍远处则是郁郁葱葱的林带，星星点点的红顶楼群散落在树海中，夜晚下过雨，此时空气十分湿润、清新。

曲先生的车早已备好，我们登车向慕尼黑驶去。公路宽阔，车流如梭。我无意中发现公路的车型以奔驰、奥迪、大众、宝马居多，占全部行车的90%以上，和我国常见的汽车品牌几乎无异。曲先生说德国的机械工业目前已居世界领先地位，尤其是汽车工业已占领了全球市场，美国的福特、日本的丰田均处在且战且退中。说着话已进入慕尼黑市区，栋栋别致的欧式建筑在树林中露出尖顶，一条清澈的小河被林带缠裹着绕街而过。曲先生说这是里萨河，由西向东流去，最终在德国东南部汇入多瑙河。

慕尼黑是德国第二大城市。1938年英国首相张伯伦在此与纳粹头目希特勒签订了臭名昭著的"慕尼黑协定"。这里也曾是希特勒纳粹党的老巢，1923年11月，希特勒在该城啤酒馆起事，从此发迹。

慕尼黑更是一个文物荟萃、民风淳朴的老城。我们漫步在慕尼黑街头，处处都会感到浓郁的文化艺术气氛。楼房上、街道旁的雕塑，保存完好的城门，市政厅广场（玛利亚广场），典雅和谐的宫殿和高大雄伟的巴洛克教堂，处处都引起你对中世纪神奇的遐想。

奥林匹克公园在市区的西北角，这是为1972年的奥运会专门建造的，其中心建筑是一个可容纳数万人的体育场和一个可容纳一万人的奥林匹克大厅。此外尚有游泳馆、冰球场、竞技馆、训练场、奥林匹克塔等附属建筑，其间配有宽阔的马路、清澈的流水、美丽的人工湖、草坪、假山、丛林、小桥……组成一个风景秀丽的旅游景点。场馆的顶棚采用有机玻璃及钢架结构，采光效果极好。奥林匹克塔高270米，挺立于奥林匹克假山之上，塔下林木葱郁，塔尖直穿云霄。塔中有电梯可载游人上下，俯瞰慕市全景。整个建筑作为公园向世人开放，吸引着大量国内外游客。我们到达时正是中午时分，小雨初晴，景色格外清新宜人，远山近水，波光树影，令人流连忘返。一个临时性体育设施在事过数十年后，仍然能发挥如此巨大的作用，让人叹为观止！回想起国内一些临时性建筑，事过即拆，浪费了大量人力物力，在这一点上，德国人真有心眼，我们应向人家学习。

我们怀着猎奇的心理驱车前往希特勒当年起事发迹的啤酒馆，那是一个坐西向东的西式店铺，门楣上有德文说明。啤酒馆还在营业，生意火爆，顾客满座。我们进入店内，德国服务员向我们点头致意。在宽敞的大厅上首，有一个小型舞台，乐队正在伴奏，几个青年人在跳舞唱歌。一个弹吉他的胖老头最引人注目，圆脸上两撇八字须上卷，弥勒佛般的大肚子挺在那里，给人以浓郁的德国气氛。在慕尼黑的传统民俗中，最主要的是嗜饮啤酒。每年十月的啤酒节，当地人迎客送友，奔走祝贺，痛饮啤酒，狂欢一月，形同中国人的过年。啤酒馆在慕尼黑的大街小巷比比皆是，工余假日人皆往之，对饮狂歌，消磨时光。

萨尔茨堡巡礼

离开慕尼黑，汽车沿高速公路向东南方向疾驶，太阳从东方升起，山川田野明亮如画。透过车窗，我看见公路两旁有宽达数里的林带，这是经过精心培育的林木。枫树伸展着鲜艳的红叶，白杨展现着耀眼的嫩黄，松柏仍然顽强地显示绿的本色，展现在你眼前的是一幅色彩斑斓的迷人的晚秋风景线。林带外稍远处是辽阔的牧场和草地，三三两两的牛群在安闲地吃草。高出草地的坡地多被丛林和农舍占有，红瓦白墙掩映其间，小路从那里弯弯曲曲通向公路或远方。极目远处，灰蓝色的阿尔卑斯山隐隐可见。偌大的原野，耕地甚为少见，曲先生说战后德国工业迅猛发展，国家财富增加，二十年前政府提倡种草种树，退耕还林，自然生态发生了巨大变化。雨量多了，耕地虽然减少但产量未减，加之粮食的差额可依靠进口补充，老百姓过上了舒心的日子。

德国是二战的主要战败国，战时所有地面建筑几乎全部毁坏，国家经济曾处于崩溃边缘。德国人发奋图强，在数十年内取得了辉煌的成就，令人刮目相看。我国个别地区曾提出"与河争地""与山林争地"，致使植被破坏，气候反常，旱涝无时。可喜的是党中央、国务院已提出种草种树，退耕还林，不仅注重农业生态保护，同时对整个环境生态正进行全面整顿。想到此，令人感到欣慰。

汽车正以每小时 150 千米的速度飞驰，不知不觉中早已越过了德奥边境，进入了奥地利境内。当曲先生告诉我们，现在正在奥地利国土上行驶时，我们大为惊奇。原来欧盟国家之间相互自由通行，达到了货畅其流，物尽其用，因此欧洲的经济在近年来得到了长足的发展。

大约在太阳偏西的时候，便到达了目的地——奥地利北部名城萨尔茨堡。在宾馆小憩后，便匆匆去市内观光。这是位于阿尔卑斯山脚下的风景秀丽的小城。多瑙河支流萨尔茨河穿城而过。河上有多座桥梁，造型美观，给城市增添了活力和风采。站在萨尔茨河边向对岸望去，在突兀的山岭上建有一座类似小城的古堡，萨尔茨堡可能因此而得名。"堡"（德文 Burg）的最初含义系依山而建的原始城堡，是后来城市的雏形。至今欧洲有许多城市名称后常缀一"堡"字（如汉堡、纽伦堡、维尔茨堡等），也都是出于这一原因。我国也有以"堡"为地名的，二者含义相同，发音相同，究竟谁先谁后，难以定论。古堡建筑雄伟，全用方石砌成，依山拾级而上可达顶城。城上有炮楼、哨所，堡墙上有望眼，居高临下虎视着萨尔茨堡全市。

古堡下有一广场，这是 1841 年为纪念伟大的音乐家莫扎特而扩建的，定名为莫扎特广场，满头卷发的莫扎特铜像耸立于广场中央。萨尔茨堡是莫扎特的诞生地。这位名震世界的音乐使者是奥地利人的骄傲，尤其是萨尔茨堡的骄傲。正是由于他的影响，从 20 世纪以来奥地利便成为世界音乐之乡，而萨尔茨堡成为奥地利音乐的神经中枢。

每年盛夏，总有几十个国家的乐队光临该城，参加演出并接受音乐圣地的洗礼。我们特地瞻仰了莫扎特故居，一座棕黄色的四层小楼，在萨市众多别致奇特的建筑物中可谓不值一提。然而从它那陈旧的窗口里飘出的音符却余音绕梁，百年未绝，影响着全世界一代又一代人的文化生活。萨尔茨堡市内大街小巷有数不清的莫扎特雕像和画像，商店里最出名和销售额最大的是音乐器材。从 1920 年起，"萨尔茨堡音乐节"便享誉全球，数以万计的人来此观光朝拜。回到宾馆，我突然想起臧克家的名言："有的人活着，他已经死了，有的人死了，他还活着。"可不是吗？莫扎特永远活在人民的心里。

美丽的莱茵河

莱茵河这条被誉为欧洲之魂的巨流，因其流域内雨量丰沛，水量充足，而成为世界航运最发达的国际河流之一。它发源于瑞士阿尔卑斯山脉的圣哥达峰下，自南向北，流经瑞士、奥地利、法国、德国，最后在荷兰的鹿特丹附近流入北海。一路上雄伟多姿的雪峰、碧绿如荫的草地、郁郁葱葱的森林、清澈如镜的湖面，加上两岸林立的古堡、层层的瀑布，构成了一幅优美动人的画面。千百年来，众多的文人墨客一遍遍讴歌着她的美妙和神奇。世界各地的画家们不远万里、风餐露宿来此临摹她的英姿和风采，于是莱茵河流域便成了世界人民向往的旅游胜地。

我们由奥尔兰根出发，行程 300 余千米，抵达德国中部重镇法兰克福。莱茵河的支流美茵河流经该城，并在此城以南约 30 千米处的美茵茨汇入莱茵河中。我们漫步在美茵河畔，水深河宽，风景如画，虽是支流，那气势已不同凡响。千吨航轮乘风破浪，穿梭桥下；座座桥梁凌空而架，连接两岸。站在美茵河桥上，法兰克福市高大的市内建筑层层叠叠，尽收眼前。该市是世界著名的金融中心，每年要接待上百万来自世界各地的商贾巨子和厂家代表。

元月份的室内装饰器材博览会，9 月份的汽车博览会，10 月份的图书博览会，都是世界性的大型博览会，在此参展新样、洽谈销售、发布讯息，于是法兰克福一举成名，成为领导世界产品新潮流的屈指可数的几个大都会之一。法兰克福的名气还在于它是世界著名大诗人歌德的故乡。歌德是 18 世纪末和 19 世纪初德国最伟大的诗人，他的作品《少年维特之烦恼》《浮士德》等于 20 世纪 30 年代就被翻译成中文，在我国也可以说是家喻户晓了。怀着崇敬的心情，我们驱车前往该市凯撒大街后胡同瞻仰了歌德生前故居。那是一幢五层的棕黄色建筑，保修完好，专人管理，定名为歌德故居博物馆，属于世界名胜，来自世界各地的瞻仰者络绎不绝。

在法兰克福住宿一夜，次日前往联邦德国首都波恩和德国第四大城市科隆，两个美丽繁荣的城市之旅构成了真正的莱茵河之旅。莱茵河自南而北把波恩一分为二，三座大桥又把两岸连接起来，伟大的音乐家贝多芬就诞生在这里。贝多芬故居坐落在莱茵河西岸的大桥脚下，为一栋三层小楼，古朴庄严，环境优美。东边的莱茵河波涛拍岸，轮船如梭；南边远山起伏，高耸入云。身临其境，只觉"人杰地灵"这句古语真有它说不出的哲理。贝多芬广场就在不远的地方，广场上绿草如茵，桐叶吐黄。广场的一端有贝多芬石雕巨像一尊，远看像是威猛的雄狮头，近看则是贝多芬微笑的头像。艺术家真是独具匠心，不仅塑造了伟大音乐家的形象，而且刻画了音乐家一生勇于推陈出新、荡涤旧文化的威猛如狮精神。

莱茵河流至波恩下游21千米处便是历史名城科隆。德国有句谚语"没有到过科隆，即没有到过德国"，可见科隆在人们心目中的地位。科隆曾是古罗马帝国的军事要塞。古罗马皇帝为了取悦皇后，在科隆建城之初，就以皇后的名字克罗尼亚命名。后来日耳曼民族兴起，罗马人逃回意大利，科隆遂改为现名。科隆大教堂是科隆人的骄傲，它是世界三大教堂之一，与罗马梵蒂冈大教堂和巴黎圣母院齐名。它的最大特色是高度力压群雄，塔高157.38米，居教堂之冠。我们到科隆时正是礼拜天，有幸去教堂观看了庄严肃穆的祈祷仪式。科隆大教堂在二战中幸免于炮火，一说是盟军司令下令保护这个著名景点，一说是飞行员绕道投弹，周围建筑全毁，而教堂安然无恙。

离开科隆，汽车向西北方向的荷兰阿姆斯特丹驶去。美丽、浩瀚的莱茵河的形象在我的脑际久久不能散去。莱茵河是德国人民的母亲河，她造就了美丽富饶的一方沃土，培育了灿烂繁荣的欧洲文化，养育了德国人民和他们的杰出儿子歌德、贝多芬、席勒、马克思……"人杰地灵"的古语再一次浮现在我的脑海。

从阿姆斯特丹到布鲁塞尔

离开科隆城，汽车向西北方向驶去，穿越德荷边界，3小时后便抵达荷兰首都阿姆斯特丹。这里原来是一个小渔村，17世纪以来，航海事业的发达，国际贸易的发展使阿姆斯特丹迅速发展成为荷兰最大的深水港口和商贸中心。

荷兰是发展较快的资本主义国家之一，17世纪时阿姆斯特丹已经是世界商人巨子争相往来的商贸圣地。为适应这一形势，当地市政规划别具匠心，在市内修建了数十条运河，有的环绕市区，有的向市中心辐射，并在运河上修建起数百座造型各异的桥梁，桥下大小游船畅通无阻，于是阿姆斯特丹便成了一座美丽绝伦的水上城市。她和意大利的威尼斯南北呼应，欧洲人叫它"北方威尼斯"。

我们到达的当天，便兴致勃勃地乘船游览了市容。游船造型新颖，上有玻璃钢罩盖，游人可从各个角度观察市容。运河两岸是宽阔的街道，街道两岸独具特色的建筑物，形成了与威尼斯不同的阿姆斯特丹风格。它的建筑受英国、法国和西班牙建筑的影响，但又大胆创新，形体简而不陋，色彩明快无瑕。这种建筑在20世纪初曾风靡一时，当时建筑界曾视阿姆斯特丹为"现代建筑的麦加城"。

市内运河给城市带来了美丽独特的水上风光，然而也存在着严重的隐患。每当大海起潮，运河水涨为患，单是1952年一次海难，洪水就淹死了1800余人。于是，荷兰政府从1953年起动用大量人力物力，耗资数百亿美元，历时34年建成当代最大的拦海大坝。大坝长36千米。自从堤坝完工，坝内的海面变成内湖，不再受海潮的影响，阿姆斯特丹从此风平浪静，更加美丽动人。

我们怀着极大的兴趣，观看了拦海大坝。只见在阿姆斯特丹港湾之间飞起一条彩虹般的大堤，堤宽150—200米，上有高速公路通行，路旁有草坪、林带，把整个大堤点缀得花团锦簇，使之成为世界各地人民都向往的旅游景点。

阿姆斯特丹的名气还在于它是世界著名美术大师凡高和伦勃朗的成长地。伦勃朗出生在17世纪，凡高则出生在19世纪，两人的出生地虽然都不在阿姆斯特丹，但是荷兰是他们的祖国，阿姆斯特丹是他们生前成长和活动的主要城市，因此在阿姆斯特丹建有两人故居纪念馆和博物馆。由于他们在世界美术史上的卓越贡献和天才业绩，全世界美学人士和敬仰者都前来瞻仰他们的故居。我们也顺道前往观光，在他们的铜像前拍照留念。在阿姆斯特丹停留一天，次日晨我们取道海牙前往比利时首都布鲁塞尔。

一夜大风，天气变冷，小雨时断时续，往日热闹非凡的海牙海滨浴场显得格外清冷。海潮不时拍岸，几只海鸭在低空打旋。浴场不远处是著名的海牙国际法庭，我们顺道前往观光。法庭前一栋欧式五层建筑，楼前有宽大的草坪和喷泉，铁栏门前有士兵在站岗，谢绝人们进门参观。

在海牙吃过中饭，我们登车南行，越过荷比边境大约一小时路程，在比利时首都布鲁塞尔郊区，我们见到了北大西洋公约组织总部。那是一群三四层的灰色建筑物，前面插着美、英、法、德等北约组织成员国的国旗，有不同文字的各国标语牌陈列在大门两侧。曲先生讲，北约向南斯拉夫动武时期，这里戒备森严，来往车辆要进行严格检查，现在这里清静多了。

布鲁塞尔不仅是比利时的首都，由于它是欧洲经济共同体总部、欧洲煤钢业联营共同体总部、欧洲原子能共同体总部、北约总部的所在地，因而人们称它为"欧共体首都"。又由于它的建筑布局很像巴黎，又被称为"小巴黎"。

到达布鲁塞尔已是下午 3 时许，我们立即去市内参观。位于市中心的"市政大广场"虽然不算太大，但却庄严肃穆。四周的建筑虽不太高，但古朴雄伟。正面的市政厅大楼更为出色，中间的钟塔高 90 米，由好几层组成，每到正点时刻钟塔向全市奏乐报点，塔层中的小舞台上则有人物模型载歌载舞地走出。我们正好遇到报点，和广场聚集的人群一起观看了这一幕。在广场四周的建筑中有一座灰白色的四层楼，是当年马克思流亡布鲁塞尔时住过的旅馆。

离开"市政大广场"，在不远的地方有一条偏僻小巷，小巷拐角处就是著名的小于连撒尿的铜像。它的知名度极高，游人络绎不绝，说明欧洲人崇尚实际，只要是对人民作出过贡献的人和事，他们是永远不会忘记的。我们走遍西欧各大城市，不计其数的雕像中大都是诗人、画家、音乐家、文学家、科学家，很少看到某总统、市长的雕像。

在布鲁塞尔以南 30 千米处有一个小镇，是著名的滑铁卢古战场。1815 年 6

月 18 日，一代暴君拿破仑的十万人马在此全军覆灭，从而改写了法国和整个欧洲的历史。我们的时间很紧，只是在次日赶赴卢森堡的途中，在汽车中向那个平坦的原野上被秋树掩映的小镇挥手致意。

文化名城巴黎

恩格斯说："只有法国才有巴黎，在这个城市里，欧洲文明达到了登峰造极的地步。"我们有幸在巴黎停留了四天，饱览了美丽的城市风光和灿烂的文化古迹。

塞纳河从东南方向进入巴黎，在城市中心，河流分成南北两支，很快又合二为一，由西南方向出城，于是在巴黎城内留下了两个风景秀丽的小岛。经过世世代代地不断建设，巴黎人在塞纳河上建造起三十座造型各异的大桥，桥上车来车往，桥下轮艇穿梭，不但使小岛和市区连成一体，更使城市独具特色，风景如画。听说塞纳河水原来较浅，市内仅在夏秋可以通航，巴黎人在郊区下游修建了几个拦河大坝，使城市水位提高，达到了四季通航。

到巴黎的当天晚上，我们坐游艇游览了市区。游艇上装有耳机，可听到各种语言的解说。游艇在波光流彩中前进，两岸高大的建筑物上华灯齐放，埃菲尔铁塔、凯旋门、明星广场、香榭丽舍大街、协和广场、卢浮宫、巴黎圣母院等著名景点都灯火通明，倒影在塞纳河中闪现，恍若仙境。游船共穿过了二十座桥梁，行程二十余千米，历时一小时半，使人饱览了灯火辉煌、奇光异彩的巴黎夜景。

以后的几天我们走遍了巴黎全城，目睹了巴黎美丽的风光、雄伟的建筑、丰富的文化遗产，样样都使人心悦诚服。巴黎真不愧为世界文化艺术的宝库，欧洲进步文化的灯塔。

坐落在塞纳河左岸的埃菲尔铁塔是法国政府为庆祝资产阶级革命一百周年而建造的。塔高 324 米，呈下粗上细金字塔形，有一千七百一十个阶梯通向顶端，同时有四部电梯可直达塔顶。此塔是世界最高建筑物之一，外观庄严雄伟。百年来每年由世界各地前来观光者不下一百万人，有人说它是巴黎的象征和标志。

凯旋门在繁华的香榭丽舍大街的一端，造型典雅浑厚、庄严雄伟。它是为纪念恩斯特里茨战役，根据拿破仑的命令建造的，俨然是法国资产阶级革命精神的丰碑。

它位于明星广场的中心，由此向四面八方辐射出十二条宽 40 到 80 米的林荫大道，香榭丽舍大街就是其中的一条，这条街是世界闻名的商贸一条街。

我们漫步在香榭丽舍大街，看到两旁各式各样华贵高雅、别有洞天的商店、剧场、电影院、餐厅、咖啡馆、音乐厅、夜总会、外国航空公司、文化中心……有人说这条街集商业、贸易、文化、娱乐、政治、外交于一身，这是一点不假的。大街上热闹非凡，各种肤色的人群摩肩接踵，川流不息。大街的路边停满了小车，我们想找个停车位，真是难上加难。香榭丽舍大街更像一条彩带，把西面的凯旋门和东面的协和广场、卢浮宫的景致串连成一条线。在这条线上，压轴的是巴黎的掌上明珠——卢浮宫。

卢浮宫是法国历代国王的王宫，位于塞纳河右岸，始建于 1190 年。人们称它为世界最著名的博物馆，最伟大的艺术宝库。全部建筑呈 U 字形结构，占地 0.198 平方千米，柱廊壮观，塔楼华丽，雕塑精美，陈设堂皇，展现出法国文艺复兴时期的艺术特点。我们在接待大厅里拿到了中文说明书，买了门票，然后进入参观。来自世界各地的参观者排成长队，鱼贯而入，有白种人、黑种人、黄种人、红种人。宫内展厅由六大部分组成。古希腊、罗马艺术，古埃及艺术，古东方艺术，绘画部、雕塑部、装饰部。共展出艺术精品四十多万件，其中有两件艺术品原件最引人注目，即"爱神维纳斯""蒙娜丽莎"。参观者在此流连忘返。

首先在一层东大厅看见了爱神维纳斯，它是美和爱的象征，是女性美的代表。雕像高 2 米多，由一块半透明的白云石雕成，体态丰满、优美，神情庄重，造型典雅，具有极高的艺术水平。它是公元前 2 世纪古希腊雕刻家的杰作，1820 年被希腊米洛斯岛的一位农民发现，从山洞中挖出。不久法国海军军官伍蒂埃

见到了这座稀世珍宝，立即被它的美丽折服，想方
设法斥巨资买下了这件珍宝，取道土耳其运回巴黎。
当 1821 年 5 月在卢浮宫首次亮相时，就引起了空
前的轰动。当时最著名的艺术大师雨果、戈蒂叶等
都被她的美丽倾倒。戈蒂叶甚至故意放弃作为法国
公民的权利，也要去观看维纳斯的裸体。美国作家
萨克雷的小说《纽可漠一家》中描写主人公第一次
看到维纳斯雕像时，被它的美刺激得喘不过气来。
德国大诗人海涅把维纳斯称作"美的圣母玛利亚"。
1848 年，革命运动席卷巴黎，他在离开巴黎时，带
病去卢浮宫向维纳斯哭别。

2002 年 5 月，参观巴黎卢浮宫

接着在二层正厅，看到了意大利著名画家达·芬奇的杰作《蒙娜丽莎》。
画家选择了少妇微笑的瞬间，那迷人的微笑使她获得了超凡脱俗的永恒魅力，
令人百看不厌。据说达·芬奇是一位杰出的科学家，先后研究过解剖学、光谱
学、色彩学，也更是一位心理学家。他知道人面部表情的动力发起于眼角和嘴
角，更了解这时的光线和色彩应用，于是在他的笔下出现了空前绝后的客观效
应，起码目前以少妇微笑为题材的画，还没有超越《蒙娜丽莎》的。正因为如此，
她成为价值连城的稀世之宝。

卢浮宫的伟大还在于它珍藏了从中世纪的宗教画到文艺复兴时期的世界绘
画各大流派的杰作共一万五千多幅。我们看到了法国古典主义画家大卫的代表
作《贺拉斯兄弟的宣言》《马拉之死》，也看到了浪漫主义画家席里柯的《梅
杜萨之筏》，同时看到了现实主义画家库尔贝的《奥尔良的葬礼》《画室》。
上述绘画是世界美术史上灿若星辰的杰作，在世界美术发展史上有里程碑意
义。我国杰出的美术家徐悲鸿、刘海粟、常书鸿等都曾留学法国，接受过卢浮
宫绘画艺术的陶冶和洗礼。

坐落在西岱岛上的"巴黎圣母院"是法国重大历史事件的见证地。拿破仑

一世在此加冕，戴高乐、密特朗的追悼会在此举行。20 世纪以来由于世界文坛巨匠雨果的长篇杰作《巴黎圣母院》问世，使"巴黎圣母院"名声大振。我们看到的"巴黎圣母院"是一座雄伟古朴的哥特式教堂建筑，正面外形像一顶王冠，增加了庄严肃穆的气氛。两座钟楼后面有座高 90 米的尖塔，高耸入云。塔顶是一个细长的十字架，远望似接天空。据说当年耶稣受刑的十字架就封存在此塔中。全部建筑用白石砌成，占地面积 5500 平方米，居世界天主教堂之冠。因为时间关系，我们仅在四周盘旋观光，未能登上塔顶。所幸又是个礼拜天，我们进入教堂，目睹了这个世界上最大教堂的祈祷仪式。

在一个刮着轻风的早晨，我们驱车去巴黎西南 18 千米的凡尔赛宫。这是1689 年完工的法兰西王宫。国王路易十四和他的长孙路易十五在此连年扩建，使之成为集雄伟宫殿与美丽林园为一体的举世闻名的皇家园林。占地 110 万平方米，建筑物七百多座，运河长 1650 米，引来塞纳河水，形成森林、湖泊、河流、喷泉、瀑布、山岳各种生态俱全的风景名胜。我们特地参观了凡尔赛宫博物馆，馆中雕塑、绘画琳琅满目，俨然又一个卢浮宫，不过这里的作品大多反映的是历代帝王的宫廷生活。园林中的雕塑是凡尔赛宫的另一特色，在河边、湖畔、路旁……到处雕塑林立，形态各异的雕塑人像都带有传奇的故事。我站在古罗马医圣盖伦的雕像前摄影留念，作为同行，特表示我对这位先贤的崇敬。

巴黎，人类文化艺术的殿堂，欧洲文明的发祥地。光看那满城造型古朴的建筑，再看那散在建筑物楼下、窗前、门道的人物雕塑，你就能意识到这座城市的文化底蕴有多么深厚。这里是雨果、巴尔扎克的故乡，他们的光芒使城市更加引人瞩目。我读过徐迟的《巴黎散记》、曾卓的《梦巴黎》、李思孝的《美哉，花都》，发现中国当代文士们从青少年时就个个向往着巴黎。我们在此仅停留了四天，她使我这个业余的文艺爱好者也为之倾倒，要不然怎么一回到兰州，风尘未掸就伏案写下《西欧散记》。

第二十五章 | "以毒攻毒"治疗白血病

前文提及，2000 年，我研制的白血病专方"青蔻"系列在兰州大学学生刘丽刚的身上发挥出了惊人的效果。在西医手段完全无效的情况下，我用中药治疗达到了治愈，这其中"青蔻"系列功不可没。"青蔻"系列是继"兰州方"之后又一个治疗白血病的专方。在我研制的所有方剂中，"青蔻"系列研制时间跨度最长，耗费的心血最多。

研制"青蔻"系列方剂的时间要追溯到 20 世纪 70 年代初，这个方剂的故事要从给曾经的白血病病人马长生配制丸药说起。马长生的白血病治愈后，生活、工作和常人无异，不熟悉他的人根本不会把他和曾经濒临死亡的白血病病人联系在一起。从此以后他就百分之百地信任我，我走到哪里，他找到哪里。那时，我刚下放到甘泉，马长生就到甘泉找我复查。白血病的治疗是个世界难题，我对这个病人也是极为重视，将他每次的就诊情况和用药处方都记录在我的医学笔记里。有几次，我发现他的白血病有再次发作的迹象，虽然用"兰州方"扶正固本，很快就见效，但有个问题引起了我的思考，扶正祛邪是中医治疗疾病的指导原则，"兰州方"就是使用扶助正气的药物，培补正气以愈病，即所谓"正盛邪自祛"。"兰州方"在扶助正气上的表现堪称完美，但在祛邪上还留有空白……想到这里，我豁然开朗，决定下一步把研究重点放在祛邪上，即运用消除病邪以愈病的治疗原则，创制驱除邪气的药物，以达到"邪衰正自安"的效果。通过翻阅古代医书，查找现代资料，我的脑海中萌生了一个大胆的想法——以毒攻毒。

中医历来就有"以毒攻毒"之说。我国最早的医学著作《黄帝内经》就有这一疗法的论述，药物学专著《神农本草经》里详细阐释了毒药疗疾的方法。东晋医学家葛洪"以毒攻毒"治疗狂犬病，古人用种痘的方法预防天花，都是"以毒攻毒"疗法的经典案例。近代，"以毒攻毒"疗法被全球医学界共同关注，被广泛应用于一些大病、急病、危病、重病和顽固性疾病的治疗中。诺贝尔生物和医学奖首位获得者贝林就是受到中医"以毒攻毒"思想的启发，创建了免疫学血清治疗法。

我在临床上也常以"以毒攻毒"疗法治病。刚下放到甘泉时，有一次下乡到了一个比较偏僻的村庄。平时这里的村民想看病需要翻山越岭赶到甘泉卫生院，很不方便。听说有医生来到家门口，村民们扶老携幼都来了，十分热闹。正看病时，围在我身旁的乡亲都躲闪到一旁，只见一位中年农民从人群中慢慢挪步过来。他一脸愁容，面黄肌瘦，衣着比其他人宽大，双手插在腰间，头仰得老高，背努力地向后仰，走路姿势显得很古怪。走近了，我还隐约闻到一股臭味。他坐下后，我忙问他有什么不舒服，他并不做声，先把上衣褪了下来，然后转过身背对着我。只见他的背部长了一片菜花样的肿物，引得旁边的人一阵惊呼。我仔细查看，这个肿物面积已达20cm×20cm之大，向皮外凸出约3mm高，肿物上端有皱裂、鳞屑，局部尚有脓样分泌物，散发着恶臭，用手触碰后肿物有出血。查看后，患者才给我诉说病情。他是几年前背上出了个小疙瘩，开始他并没有在意，没想到越长越大，穿衣服摩擦后疼痛加重，身体也大不如以前，自己感觉一天比一天没精神，饭量减少，消瘦，已经没法干农活了。我这才明白他那样走路是怕衣服碰上肿物，所以显得怪异。观其背部肿物形态，考虑到贫血、衰竭等症状，我诊断此病为皮肤癌。因为下乡所带药物不多，我让他一周后到卫生院，到时我会给他配好药。这个病人千恩万谢，说是遇到好人了，自从得上这个病，人们都像避瘟神一样躲着他，只有我还把他当人看，他说话时竟痛哭起来。我告诉他我会好好为他治病，他才肯离开。回到甘泉卫生院，我查阅了大量的古籍和民间验方，其中用全蝎、蜈蚣、蟾蜍等毒物来治疗恶疮、瘰疬、癥瘕等顽疾的病案比比皆是。邪毒瘀结于体是肿瘤病的共同病理特征。毒邪深居，非攻不克，所以常用全蝎、蜈蚣、蟾酥等有毒之物入药，以毒攻毒，起到破瘀散结、消肿除块之效。经过对毒物的比较，我首先选择了蟾酥。蟾酥是蟾蜍也就是人们常说的癞蛤蟆的皮脂腺分泌物，有解毒、消肿、强心、止痛之功效，可治毒疮、顽癣、恶肿等疾患。另外，我还选择了辅助治疗的药物紫草。紫草有凉血活血、解毒透疹等功效，可以有效促进血液循环，使毒素较快地排出体外，并具有抗菌的作用。过了一周，患者来了，我给他配了药。我将蟾酥2g、紫草100g共研极细，分装胶囊四百个，嘱咐其日服三次，每次两粒胶囊。另以五倍子20g、紫草20g、大戟20g、血竭10g共研极细，加陈醋500mL，煎熬成黑酱色药膏，外敷，两天换药一次，换药前先以生理盐水棉球清理局部。患者治疗连续两月，局部病变逐渐萎缩，精神也逐日好转。患者大喜过望，坚持用药一年，完全治愈。

在为马长生配制祛邪药物时，这个皮肤癌病案给了我很大的启发。我首先对蟾酥寄予了特别的兴趣，遂翻阅国内外有关用蟾酥治病的研究报告，结合自己使用蟾酥的经验，我最后在白血病专方中首先选择了蟾酥。蟾酥味辛、性温、有毒，入心经，传统中医谓其具解毒消肿、通窍止痛之功。现代药理研究证实，该药具有强心、平喘、消炎、止痛、抗癌之功。治疗皮肤病的另一种药青黛也在专方的选择之列。青黛也称靛花，是一种青黑色的颜料，古代女子常用之画眉，所以"青黛"在诗文中比较多见。唐代诗人李白就曾在《对酒》诗中写道："青黛画眉红锦靴，道字不正娇唱歌。"这些诗文给青黛增添了几分浪漫色彩。青黛为爵床科植物马蓝、豆科植物木蓝、十字花科植物菘蓝、草大青或蓼科植物蓼蓝叶等茎、叶经传统工艺加工制成的粉末状物。味咸性寒，入肝经，有清热解毒、凉血化斑的功效，主治热毒发斑、吐血等症。清热解毒可视为现代医学的消炎；凉血化斑该怎么理解呢？我猜想此物有止血、改善毛细血管通透性、调节凝血机制的作用，可治疗急性白血病。

当马长生的白血病有发作迹象时，我将蟾酥和青黛按比例配成丸药，命名为青蔻1号，配合"兰州方"让其服用，果然比单纯用"兰州方"要见效快。当时马长生曾经的一些病友找我看病，我给他们治病也都以"兰州方"扶正，青蔻1号祛邪，常获大效。在治疗过程中，经过反复调整药量配比，青蔻1号日趋成熟，对病情较轻的患者几乎是立竿见影。

针对病情稍重，处于维持阶段的白血病患者，我在青蔻1号的基础上加入了雄黄。雄黄是大毒之品，是一种砷的硫化物，具有败毒抗癌、祛痰镇惊、杀虫疗疮、消炎退肿的作用。在查阅资料时，20世纪60年代初上海血液病课题组发表的多篇论文给了我很大的启发。上海铁道医学院附属医院血液病小组的颜德馨教授尝试使用雄黄来治疗白血病，临床证明雄黄治疗各型急性白血病，能降低白细胞，对红细胞和血小板无影响，可作为维持缓解期的药物。加入雄黄后，我将此方命名为青蔻2号。那时各地慕名来找我诊治的白血病病人都很信任我，开的中药都能坚持服用。这对我总结青蔻1号、青蔻2号的临床效果有很大的帮助。

在用了蟾酥和雄黄后，我在临床上对以毒攻毒疗法有了更深的体会，开始在古籍和验方中寻找其他毒物，最后把研究重点放在了砒霜上。砒霜即三氧化二砷，俗名又叫鹤顶红或信石。砒霜分红、白两种，故有白信、红信之分。砒霜是人们熟知的烈性毒药，在小说和影视剧中，砒霜是赐死、谋杀、投毒等故事情节中最常出现的杀人工具。在《水浒传》中，潘金莲谋害武大郎，用的就是砒霜。砒霜虽然毒性大，但运用得当，常常会显示出神奇的疗效。古人多用砒霜以毒攻毒，治疗恶疾。唐代著名医学家孙思邈的《千金要方》，北宋官修方书《太平圣惠方》，明朝李时珍的《本草纲目》等书都有相关记载。民间还流传着清代名医叶天士，近代名医施今墨、张骧云等用砒霜治病的传奇故事。砒霜属于中药中的剧毒品，为临床管制用药，需要公安局特批后才能在药材公司购买。我为了买到砒霜还专门找到了当时的天水县公安局局长董永和。董永和与我是数十年的老朋友，待人热情厚道，但凡我有困难他都会赶来帮忙。我下放农村搬家时，他非要把四百多斤重的书箱从家里扛到汽车上，扛了一百米，累得当场吐了口血。就是这样一个古道热肠的人，这次却死活不肯帮忙，把头摇得像拨浪鼓似的，坚决不同意。当时是20世纪70年代初，我正被下放农村。我知道他是怕我用砒霜治病再生祸端，于是软磨硬泡，一再向他保证我只用小剂量，没有任何危险，他才同意，并一再提醒我千万要小心用药，人命关天，别惹出官司来。拿到砒霜后，我开始在青蔻 2 号的基础上加入砒霜，命名为青蔻 3 号，开始只在丸药中放入 0.6 毫克，并不敢多加剂量。我将青蔻 2 号、青蔻 3 号分别用在化疗后得到部分缓解的病人身上，青蔻 3 号的疗效明显优于青蔻 2 号。

到了 1979 年，这时我已在甘肃省新医药学研究所留任。一天，兰州铁路医院副主任医师李守信在与我闲聊时，主动给我说了一个治疗再生障碍性贫血的秘方。秘方的主要成分是皂矾和红信石，他告诉我这是他的老师传下来的方子，绝对有效。我平时有收集民间验方的习惯，赶紧将此秘方记下。这个方子里的红信石就是红砒霜。由于我那些年一直都在研究砒霜治疗白血病，并且有一定成效，李守信提供的秘方引起了我的特别关注，经过临床检验，果然有效。再生障碍性贫血和白血病都属于血液病的范畴，但二者的病因完全不同，治疗方法也是大相径庭。再障是多种原因造成的骨髓不造血，主要表现为白细胞、红细胞、血红蛋白、血小板等指标明显低下。白血病则是由于骨髓异常造血，主要表现为白细胞大量的增高。既然砒霜对再生障碍性贫血和白血病都有效，那么就说明砒霜的作用靶点在多能干细胞，既能促进红细胞在体内生成，又能抑制白细胞的繁殖再生，使不正常的白细胞凋亡，就像是一方统帅占据了制高点，这个新发现让我非常兴奋。

1982 年，甘肃省中西医结合学会成立。我在学会任常务副会长兼秘书长，主持学会的工作，经常会代表学会到各地参加学术会议。一次在北京参会时，结识了黑龙江省中西医结合医药学会理事长张亭栋。张亭栋于 1950 年毕业于哈尔滨医科大学，也参加过西学中班。我了解到他也在从事三氧化二砷（砒霜）治疗白血病的研究。会上张亭栋介绍了他主持的"癌灵 1 号"治疗急性粒细胞白血病临床实验研究。"癌灵 1 号"针剂的主要成分就是三氧化二砷（砒霜）这一种单味药。张亭栋用针剂，而我用口服丸药。他用一味药，而我用了几种有毒中药配伍。虽然用药理念差别较大，但因我们有相似的学习经历，又都在研究砒霜治疗白血病，见面比较投缘，后来就成了好朋友，经常会有白血病治疗方面的交流。

20世纪80年代初期，我研究青蔻系列已经有十几年时间了，这时青蔻1号、2号、3号已做成胶囊，成为医院的处方药。我根据自己的临床经验，再结合李守信提供的秘方和张亭栋的研究，经过对这些信息的综合分析，认定砒霜在血液病治疗上大有可为，从此更加沉迷在青蔻系列的实验研究中，一发不可收拾。砒霜的毒性大，用量控制在什么程度，既能发挥最佳疗效，又能保证安全？带着这个疑问，在查阅了前人运用大剂量砒霜治恶疾的病案后，我在青蔻3号的基础上逐渐增加了砒霜的剂量。经过反复试验，最后每粒胶囊中加到了30毫克。在增大剂量时，针对部分患者出现恶心呕吐的不良反应，我在方中加入具有和胃功效的肉蔻，解决了患者的不适症状；这样就形成了青蔻4号的完整配方。我将青蔻4号用在没经过化疗，完全没有缓解的白血病患者身上，经过临床观察，功效优于西医的化疗，而且副作用不大，临床不易复发。

研制出青蔻系列后，我在治疗白血病时，常用"兰州方"扶正，补其不足，用"青蔻"祛邪，损其有余。几十年来治疗了几百名白血病患者，临床上都能达到提高生存质量、延长生存时间的效果。还有几例和刘丽刚病情相当的病人，治愈后都在社会上引起了很大反响，有几位病人还把求医的经过写成文章发布在网络上。我将"兰州方"和"青蔻"应用于血液病的各种类型，包括慢性粒细胞性白血病、慢性淋巴细胞白血病、多发性骨髓瘤、骨髓增生异常综合症、真性红细胞增多症、特发性血小板增多症等疾病。通过辨证论治，切中病因，在主方的基础上加减进退，治疗范围几乎涵盖了所有的血液病，临床效果让人振奋。这些病案在我出版的《裴正学临床医学经验集》中都做了详细的记录。

现代医学往往用一种单一成分的药治一种病，西药都是一种成分，而中医把不同的药物配伍在一起形成复方药，治疗复杂疾病，已经有二千多年历史了。"青蔻"系列所用药物乃大毒之品，然而经过君臣佐使的原则组方，以毒攻毒，安全有效。徐灵胎曾说："药有个性之专长，方有合群之妙用。"运用整体观、辨证观去调和阴阳，扶正祛邪，这正是中医的伟大之处。现在有些研究中医方剂的人，费了很大力气琢磨中药方剂中每味药的化学成分和药理作用，完全用西医的思维研究中医，我看这是一个误区。丢开整体观，从方法上就错了。

第二十六章 | 当个好导师

2001年，甘肃中医学院院长刘延桢邀请我担任甘肃中医学院（现为"甘肃中医药大学"）中西医结合专业的硕士生导师，我因诊务、著述繁忙婉拒了他的好意。没过多久，刘延桢院长专门组织了一个特邀欢迎会。他将我接到学校，副院长李金田、李应东及学校领导班子成员都已等候多时，会场还进行了专门布置。刘延桢院长在欢迎辞中说："我们邀请裴老做研究生导师，不是他的光荣，而是我们中医学院的光荣……"接着其他人的发言也是言辞恳切，发自内心的尊敬和信任溢于言表，着实让我感动，于是我接受了邀请。我从那时起开始带硕士研究生，直到现在。

从白丽君那届开始，每年我都会从报考学生中招收二至三名品学兼优的学生。2002年至2010年，那时是导师负责制，学生们都安排在医院宿舍住。从早到晚，我上门诊、查房都带着他们。遇到外出讲学、作报告等活动，我会安排他们与我同去。2010年以后，甘肃中医药大学开始实行研究生规培制度，学生们除了跟导师，还要去医院转科，和我在一起的时间比以前有所减少，但师生基本上还是天天见面。我将学术思想和经验完完全全传授给他们，希望将来他们为中西医结合事业做出贡献。我的儿女都在外地工作，没有人学医，我把学生当作自己的孩子一样对待，生活上给予关爱，学业上严格要求。他们的论文，我逐字逐句地反复修改，对于学生们的问题，有问必答。经年累月，我与学生们建立了深厚的感情。

我的一切教学活动都以"西医诊断，中医辨证，中药为主，西药为辅"的十六字方针贯穿始终。对每种疾病的诊断要点和用药体会，我都会对学生传授，用简单的例子阐明复杂的道理，用通俗易懂的语言说明深奥的医学理论。学生们听后常对我说，"老师把问题讲透了""自己顿悟了"。每当听到这些反馈，我感觉自己的心血没有白费。目前西医医院把科室分得很细，外科、内科、内分泌科、血液科……各打各的锣，各敲各的鼓。这对于精准治疗有一定的好处，但是只强调局部观点势必会忽略整体，因此导致了一些病人被误诊。门诊上被我推翻的外院诊断病例很多。我告诉学生，看病首先要有科学的诊断思维和方法，不迷信权威，不要被病人拿来的诊断报告牵着鼻子走。要透过现象看本质，不放过任何蛛丝马迹。曾有一位患者自诉左足疼痛不能着地，我发现患者左足踝部有个大头针大的结痂，判断他患骨髓炎。病人后来做了检查，证明我的判断是正确的。还有一位患者被几个大医院诊断为胰腺癌，被告知只有三个月的存活期，在绝望之时找到我。我仔细看了片子，判断这不是癌，而是胰腺假粘液性囊肿，经过服药，症状明显减轻，一天比一天好，打破了只有三个月存活时间的魔咒。正确的方法和思路是治病的前提，过硬的临床知识技能就是治病的保证。门诊和住院部经常会有疑难杂症，急危重症，学生们在这里基本上什么疾病都见识过了。一些西医认为非常棘手的病，像肾炎、肝病、血液病、自身

开展教学活动

149

免疫性疾病……我以"十六字诀"为指导，主要用中医方药，绝大部分病人都能好转，甚至痊愈，这也增强了学生们学习的兴趣，增强了他们当个好大夫的自信心。我给学生们说："不要死背方子，要活学活用。"我对每种疾病都有基本方，并编了口诀，方便学生们记忆。添一症则添一药，易一症则易一药，这样学生们学习的效果非常明显。

我的学生王宁是个非常优秀的孩子，她能很快将我讲的知识运用在临床，而且是得心应手。王宁毕业后分配在山东聊城医院，她一参加工作就在单位崭露头角，让同事们刮目相看。王宁经常写信向我汇报她的工作情况。当我收到她的信，知晓了她的进步，自己也感受到了她的快乐。一次，他们科里遇到了一位年近六旬的患者，肺癌并多发骨转移，经西医治疗后，其他症状有所改善，而血小板一路下滑，天天一针巨和粒，没有好转反而下降。一共打了二十六针，从 $69×10^9$／L，降到了 $27×10^9$／L，请血液科会诊也没起到作用。王宁提出中医治疗，科里的大夫都不相信中医的疗效。王宁从我治疗白血病讲起，再障、MDS……听得众人目瞪口呆，还以为她在吹牛。最后患者的主治大夫授权王宁开副中药，想看看疗效到底怎样。为了保险起见，王宁打来电话请我指导。我了解到病人的具体情况后，指导她拟方：兰州方的核心＋参芪三黄汤＋五虎丹丹草，另外还加了 10 克的鹿茸，共开了五副中药。十天后，病人复查时血小板上升至 $29×10^9$／L，这让王宁科室和病人信心大增。又开了四副，病人复查时血小板上升至 $39×10^9$／L。王宁用中药达到了血小板回升的效果，成了科里的爆炸性新闻。这下科里的大夫谁也不敢说中药没用了，以后科里来了疑难病，王宁往往都能露一手。

还有一位病人被山东省影像研究所诊断为"左肺中心性肺癌"，病理待取。王宁的主任、副主任看过片子都说应该是肺癌，同意省里的意见。王宁看过片子后说："不像肺癌，像是炎性假瘤，90% 不是癌。"一个刚参加工作的年轻大夫敢质疑权威机构的报告，这让科室主任、副主任很是吃惊，周围的同事哄堂大笑，认为这个年轻人太不知天高地厚。王宁自信地说："我不是胡蒙的，也不

裴正学向学生传授医学经验

是信口开河,我是凭经验,我的导师讲过炎性假瘤,而且导师也亲自'翻案'过被判肺癌死刑的炎性假瘤。"她又向两位主任分析自己对此例影像CT的认识,两主任也感觉她说得有道理。最后经过他们医院和山东省肿瘤医院两次CT引导穿刺病理和一次气管镜细胞灌洗病理,均证实王宁说得没错,的确不是癌。病人高兴坏了,说:"大家都说是癌,就王大夫说不是癌,最后果真不是癌,托王大夫吉言,要好好宴请一下。"那些天,科主任和副主任把王宁佩服得不行,天天喊她"王主任",都不喊小王了。后来王宁与丈夫移民加拿大,在国外发展得很不错。

黄邦荣是来自民勤的农家弟子。民勤风沙大,自然条件恶劣,艰苦的生活条件让他养成了踏实肯干、吃苦耐劳的品格。他学习刻苦勤奋,加上天资聪慧,一直是品学兼优的好学生。黄邦荣毕业后分配在甘肃省中医院肿瘤科,很快成为科室的骨干。在工作的过程中,他对我关于肿瘤的学术思想和医学经验有了深刻理解,结合自己的临床实践,他有了以"十六字方针"为指导思想,编写一部肿瘤学专著的想法。在我的鼓励下，他利用业余时间开始写书。他的师弟师妹单金姝、陈光艳、王鑫、赵孝鹏也给他提供了热情的帮助。黄邦荣写好一部分，就拿来请我审阅，就这样，写了三年，出版了一共五十余万字的专著。纵观全书，这部《裴氏实用肿瘤学》处处体现着"西医诊断，中医辨证，中药为主，西药为辅"十六字方针的指导思想。书里阐明了裴氏中西医结合理论、思维方法和临床方药，尤其在运用扶正固本的方法治疗恶性肿瘤、改善患者生存质量和延长生存期、消除和减弱放化疗的毒副作用、弥补现代医学治疗肿瘤的不足等方面做了详尽的介绍。黄邦荣在临床实践中运用"十六字方针"，又将这一思想汇总于恶性肿瘤的专著中，这的确是一个创举。

与黄邦荣同级的张桂琼毕业于湖北民族大学，苗族，她也出生于农民家庭。张桂琼准备考研时在网上看到了我的文章和医案，对"西医诊断，中医辨证，中药为主，西药为辅"的十六字方针情有独钟，于是到处打听我的消息，最终考上了我的研究生。张桂琼为人朴实，勤奋踏实，做事有始有终，悟性很高。什么事情交给她，我就不用再多操心，她肯定会办得十分妥贴。在学生中她的打字速度是最快的，我作报告、讲学，她在一旁打字，等我讲完，她的电子版讲稿也就出来了，可以说是高质量高效率完成。毕业后，张桂琼分配在甘肃省肿瘤医院中西医结合科。由于在我的身边工作，我对她期望很高，要求也很严。张桂琼虽说是个女孩子，但很争气，她完全运用"西医诊断，中医辨证，中药为主，西药为辅"的十六字方针指导临床，很快就打开了局面。每逢科室去下乡，她总能在当地群众中留下好的印象，中西医结合科经常会来些慕名找她看病的老乡。遇到疑难病号，她会请教我，我们师徒一起联手治病，常获大效。我每天有写医学笔记的习惯，一年里就会积累几大本。张桂琼和科里的同志利用业余时间整理，使我的《医学笔记》能够及时出版，整理者中她的贡献最大。2010年，《中西医结合实用内科学》第二版的修订工作开始，桂琼任编委会秘书，也起到了重要的作用。由于业务能力突出，2015年，甘肃省中西医结合学会改选时，她被选为副秘书长。她与黄邦荣是同级的研究生，后来又同时成了我的博士生。

丁洁霞是个聪明秀气的南方女孩子，宁波大学医学系毕业，为了考我的研究生，千里迢迢从宁波来到兰州。一天，我和老伴老赵在家，听到有人敲门，打开门，丁洁霞提着礼物进来了。她落落大方地做了自我介绍，向我表达了想让我当导师的愿望。那时我已经招收了彭艳艳和张丑丑，我表示很遗憾，不能收她，更不能收她的礼物，请她回去。丁洁霞一听，眼泪开始在眼眶中打转，一脸失望，转头就走。过了几分钟，老伴出门办事，发现礼物仍搁在门口，人却没了影踪。这孩子拜师的决心这么大，我还真有些感动。老伴担心她一个女孩子在兰州人生地不熟，怕出什么意外，在一旁催促我再向学校申请一个名额。我破天荒头一次向学校研究生处打了电话，最后申请得到批准。我马上给丁洁霞打电话通知这个好消息，接通电话，我听到电话那头伤心的回话，我将录取的消息告诉她后，她高兴极了。丁洁霞在大学虽然学的是西医，但对中医的悟性很好，我讲的知识她记得很快，没过多久就跟上了大家的节奏。后来学生们亲切地叫她丁丁。一天，门诊看完了最后一个病人，所有人都起身准备离开，只有丁丁坐在凳子上一动不动。她说自己是周期性麻痹，这病犯了，腿就不听使唤，我赶忙让学生把她背上我的专车，送回学校。后来，听学生们说，丁丁的病连续犯了好几次，给她的学习生活造成了许多不便。她看到天气不好就不敢出门，不敢参加同学聚会，一个人在宿舍，门都不敢关，怕病犯了无人施救。当我了解到丁丁的生活和学习深受疾病困扰，决心给她彻底治好。我给她开了中药，并嘱咐她坚持服药。丁丁服用了一百多副药，病就彻底治好了。研究生毕业那年，丁丁以优异的成绩考上了浙江大学的博士生，学成后留在浙江大学附属医院工作。丁丁的爱人是读研时认识的同学边鹏飞，在她患病不能动时，都是边鹏飞背她上楼下楼，无微不至地照顾她，两人也算是患难见真情。丁丁学业有成，家庭美满，我由衷地为她高兴。

2020 年的一天，甘肃省人民医院特聘专家李永寿给我打来电话，他说："老师啊，我年纪大了，跟您学习都是四十多年前的事了，您现在带的研究生刚毕业怎么那么出色呢？您的研究生祁莉刚分配到甘肃省人民医院中医科，门诊量已经达到三十多号病人，比一些老大夫的病人还多！"李永寿是我20世纪70年代西中班的学生，比我小六岁。他是省级名老中医，在业内有着很好的口碑。他所说的祁莉是我的研究生中出类拔萃的好学生，刚毕业不久，我就听到不少同行对她大加赞赏。祁莉上大学时就是品学兼优、名列前茅的优等生，学习成绩经常排第一，说她是学霸一点都不为过。祁莉毕业时学校决定让她免试保送读研，在别的学生还未进行研究生考试时她找到我家，当时我看这个孩子形象气质都不错，谈吐也得体，心里还是比较满意，可这时别的学生还没考试，也不好做决定，就对她说等成绩下来我会择优选择。祁莉拜师心切，她软磨硬泡，缠着让我当场就答应收她，还说如果我不答应，她就不读研而去工作。她就是认定我当她导师，才考虑读研的。祁莉8点进门，一直到9点多都不肯走，那架式是只要我不答应，她就不会离开。我好说歹说她都不听，我的几个孩子从小到大都很乖，在我面前谁也不敢这么放肆，她的执拗使我一下子火冒三丈，厉声道："出去！"便把她推出了门外。我坐在沙发上火气还没消，老伴走了过来，她说她从窗户向下望，刚才那孩子抹着眼泪哭着走了，还埋怨我不该发火，她不像是任性不懂事的娃娃，只是心太急了。我开始想她这是对导师的仰慕和尊敬，后悔冲她发脾气，于是我照着她留在桌上的电话号码给她立即打了电话，同意了她的请求。祁莉在读研时，表现得非常出色，这种出色不只是高智商，还有高情商。她在学习医学知识的同时，对我的接诊方式、与患者的交谈、处理病人反馈意见这些细小方面都用心观察。祁莉是个喜爱钻研的孩子，学习有一股子韧劲，总是抓住一切时机向我提问，经常是打破砂锅问到底。我也乐于回答，直到她满意。祁莉较别的研究生早跟师半年，为日后工作打下了过硬的临床功底。分配到甘肃省人民医院后，更是勤奋有加，仅一年时间，就在病人中形成了好影响。一些病人治好后，又带来了自己的亲戚和朋友。毕业没多久，她的门诊病人从几个上升到十几个，又到了三十多个。这个现象在刚毕业的学生中还是比较少见。

我带出的硕士、博士研究生到现在有五十多个，毕业后都在省内外各大医院工作，基本上都是单位的骨干，像张丑丑、彭艳艳、陈光艳、冯永笑、王鑫、王静等。研究生们与我平时来往密切，好多学生谈对象都要让我先把把关，家中的事也喜欢和我聊一聊。年龄大一些的学生说我像父亲一样，年龄小的学生说我是一位可亲可敬的爷爷，我很珍惜我们师徒之间的真挚感情。他们在网上发布了大量的学习心得，跟师感言。一天，我打开电脑读后感触很深，写诗抒发了当时的真实感受："网上文章似锦雕，读来老境泛思潮；师徒果有真情在，桃李如云人未老。"

第二十七章 | 裴氏方剂的微观实验研究

中医学术自先秦奠基，经历了张仲景的实践升华，金元诸家的争鸣强化，温病学派的大胆创新，成为中华民族赖以繁衍生息、强身固邦之无价瑰宝。在21世纪的今天，仍然屹立于世界医学之林，引人瞩目。然而近百年来，现代科学技术正以惊人的速度向前发展，人类对疾病的认识由宏观转向微观，由大体伸入细微。中医学具有自然科学的属性，理应成为现代科学网络系统中的一环，并与现代科学技术同步前进，但是由于历史条件的限制，前人在这方面还没有、也不可能迈出更大的步伐。

从2003年开始，我的硕士研究生都有做课题研究的需要。我大力支持他们进行微观实验研究。我这时已经创制了十多种中成药，这些药是我四十余年临床心血的结晶，由于疗效突出，在国内外广大患者中享有盛誉。我的学生白丽君、王晓丽、张桂琼、黄邦荣、王宁、张丑丑、丁洁霞等与我商量课题内容时，我建议他们做基础实验，希望通过他们的研究课题，将这些药品的治病机理和微观改变进行系统的总结。中医是以农业和手工业为社会基础的，历代中医学家们从来没有机会采用大工业所赋予的精密工具来研究祖国医学，于是中医学领域内的传统成果只能是出自宏观地对疾病的外象进行观察和判断，舌色、脉象、患者的自觉症状和外在的部分体征成为诊断疾病的主要依据。"辨证论治"是中医学术体系的特色，也是整个中华医学的精华所在。"辨证论治"的基础是望、闻、问、切；"辨证论治"的方法是逻辑推理。西方医学以大工业为社会基础，微观认识补充了中世纪的宏观推理，形成了以器官、组织、细胞、体液、神经的生理、病理改变为基础的微观体系。该体系的每一环节，以及在临床上相应出现的治疗措施和药物，都和现代自然科学的进展息息相关。宏观辨证是认识疾病的重要方面，微观辨证则是认识疾病的另一个重要方面。欲使辨证全面而又精确，必须二者兼而有之。基础实验有助于把传统中医药的研究从宏观推向微观，使其登上现代科学技术的快车。我全力支持学生们做课题。

裴氏升血颗粒是我自行研制的具有抗肿瘤、提升机体免疫力的验方制剂，它的前身是"兰州方"，此方也就是 20 世纪 70 年代初因治愈白血病患者马长生而被全国血液病会议命名的"兰州方"。1997 年，甘肃省医学科学研究院将"兰州方"做成院内制剂，这一制剂被正式命名为"裴氏升血颗粒"。2002 年，"兰州方"作为甘肃省医科院临床科研课题通过科技成果鉴定，并于 2003 年被评为甘肃省中医药皇甫谧科技成果一等奖。临床使用四十多年，裴氏升血颗粒在加减治疗各种血液病及各种肿瘤的过程中取得过显著疗效，在省内外享有很高的知名度。学生们对研究裴氏升血颗粒的兴趣很大。我为他们拟好课题的题目和框架，协调好甘肃省医学科学研究院实验室，学生们就开始了基础实验研究。

利用动物疾病模型来研究人类疾病，可以克服平时一些不便于在病人身上进行实验的缺陷，也可以克服人类疾病发生发展缓慢，潜伏期长，发病原因多样等因素的干扰。在短时间内复制出典型的动物疾病模型，是研究人类各种疾病发生、发展规律的重要手段。学生们的基础实验均以小鼠为研究对象，首先要过的一关就是抓小鼠训练，几个胆小的女孩子，见到小鼠就往后躲，但是她们很快就克服了心理障碍，而且最后都能准确地抓到小鼠，熟练地给小鼠喂水、喂药。为了保证数据的准确性，实验室对试管、标本、实验时间、操作流程都有严格的要求，实验老师郭红云等也对学生们进行了严格培训。

我的第一届研究生白丽君、王晓丽的课题分别是《裴氏升血颗粒对再障小鼠血液系统影响的研究》《裴氏升血颗粒对再障小鼠免疫系统影响的研究》。将九十只小鼠随机分为六组，每组十五只，分别为裴氏升血颗粒（甘肃省医学科学研究院提供）大中小剂量组，贞芪扶正颗粒（佛慈制药有限公司提供）对照组、模型组和正常对照组。除了正常对照组外，其余七十五只小鼠均按实验时间用 3.0GY 直线加速器 γ 射线全身照射。造模成功后，各组均以普通饲料喂养。药剂组根据人和小鼠等剂量换算法，连续给小鼠灌胃；模型组给予等量蒸馏水灌胃。实验二十天、四十天分别给小鼠采血。在灌胃四十天后，脱颈处死

157

小鼠，无菌条件下取出骨髓细胞、脾脏，制成标本进行分析。在灌胃的过程中，模型组小鼠出现皮毛散乱、脱落、毛色不光泽、精神较差、反应迟钝的特征，而药剂组小鼠毛色、精神状况明显好于模型组。学生们很快就做出了血象、骨髓细胞的数据统计表。这些数据表明，裴氏升血颗粒可改善骨髓微环境、促进骨髓造血细胞的增殖分化、提高干细胞数量、促进骨髓造血功能恢复。脾脏组织切片表明，裴氏升血颗粒在减轻再障模型组小鼠脾脏病理学改变、降低淋巴细胞的凋亡率等方面有显著的作用。

经过四十多年的临床实践证明，裴氏升血颗粒不仅对白血病有很好的疗效，对恶性肿瘤和放、化疗引起的免疫功能低下状态有很好的改善作用。裴氏升血颗粒以扶正固本为根本大法，注重对机体的整体调节，增强机体的免疫功能。我的学生张桂琼、黄邦荣、王宁、王卓、张丑丑、丁洁霞、彭艳艳、梁曦、王芳的课题都是通过基础实验建立 H_{22}（肝癌）小鼠模型，从微观来考察裴氏升血颗粒抗肿瘤的作用。实验小鼠样本有六七十只，雌雄各半，由甘肃中医学院实验动物中心提供，H_{22}（肝癌）瘤株由甘肃省医学科学院提供。这种造模的方法是将肿瘤细胞移植于小鼠体内，使其不断繁殖增长。瘤株接种二十四小时后，将小鼠分为裴氏升血颗粒大剂量组、中剂量组、小剂量组、贞芪扶正对照组、模型对照组。实验组给予灌胃，模型组给予等量蒸馏水。第五天起，模型组小鼠出现皮毛散乱、皮下隐约可见瘤体、精神差、活动迟缓等现象。实验后期，瘤体生长迅速，表面凹凸不平，边界不清，部分小鼠还出现了腹水。而裴氏升血颗粒各剂量组毛色较光亮，精神饮食较好，瘤体生长较模型组慢。灌胃十五天，处死小鼠，观察胸腺、脾脏，结果显示：荷瘤模型组小鼠体积缩小、重量减轻，个别胸腺分叶不清，呈灰白色，脾脏变淡红色。裴氏升血颗粒大、中、小剂量组的胸腺、脾脏外观与正常组无明显差异。通过对脾淋巴细胞、腹腔巨噬细胞、肿瘤组织、骨髓DNA含量等微观数据的统计分析，进而得出结论：裴氏升血颗粒能够明显抑制小鼠肿瘤的生长，减缓肿瘤的生长速度，具有显著的抗肿瘤药理效应。这个结论与多年来裴氏升血颗粒在临床应用中所取得的疗效显示出高度的一致性。张桂琼的论文《裴氏升血颗粒对荷 H_{22} 瘤小鼠脾淋巴细胞增殖活性及细胞因子的影响》，黄邦荣的论文《裴氏升血颗粒对荷 H_{22} 瘤小鼠免疫系统影响的实验研究》，王宁的论文《裴氏升血颗粒对 H_{22} 肿瘤细胞凋亡及 p53、Caspase-3 蛋白表达的影响》，王卓的论文《裴氏升血颗粒对 H_{22} 瘤细胞凋亡及 NF-kB 表达的影响》，张丑丑的论文《裴氏升血颗粒联合 5-Fu 对荷瘤小鼠骨髓 DNA 及血清 TNF-α、IFN-γ 的影响》，丁洁霞的论文《裴氏升血颗粒合用 5-Fu 对小鼠移植性肿瘤 H_{22} 细胞凋亡及 P27 蛋白表达的影响》，彭艳艳的论文《裴氏升血颗粒联合 5-Fu 对荷 H_{22} 瘤小鼠 T 细胞亚群及 IL-2 的影响》，梁曦的论文《裴氏升血颗粒对小鼠 H_{22} 瘤组织 VEGF 表达及血清 IL-12 含量的影响》，王芳的论文《裴氏升血颗粒对荷 H_{22} 瘤小鼠血清 EGF 和 IL-1 的影响》，均深入到了分子、基因水平，找到了中药治疗恶性肿瘤、调节免疫功能的客观依据。

　　祖国医学认为，人类发病学方面，以"正气内虚"为致病之本。认为只有正气不足的情况下，邪气才能侵犯人体，致气血阴阳失调，形成癥瘕、积聚、瘿瘤等，现在称之为肿瘤。我结合多年的临床经验认为，"正虚"是恶性肿瘤发生、发展的根本原因；扶正固本是治疗恶性肿瘤的基本法则。由此拟定了"兰州方"，经四十余年的不断实践、充实、重组，最后制成"裴氏升血颗粒"，集温肾、健脾、益气、养血于一炉。其组成主要有：六味地黄汤、生脉散、北沙参、党参、太子参、桂枝、大枣、五味子、炙甘草、白芍等。"四参"集健脾益气之大成，为补益后天之本之劲旅。合生脉散益气补肺使四参健脾益气之功益彰。六味地黄汤为补益肾气之专方，重用山萸肉（30g）使补益先天之功益彰。桂枝汤：桂枝、白芍、生姜、甘草、大枣为完整之桂枝汤组成。桂枝汤"外合营卫，内安脏腑"，前人称之为群方之冠，方中之桂枝汤在大补先天与后天的同时加强了调和营卫内安脏腑之功，实则加强了植物神经系统、代谢系统、内分泌系统、免疫系统之调节作用。浮小麦、甘草、大枣为甘麦大枣汤，古人用此方治疗妇女精神抑郁症，疗效确切。方中之甘麦大枣除了具有调节植物神经系统作用外，尚有安神镇静、调节思维之作用，补充了上述主药未尽之功。裴氏升血颗粒以扶正固本之大法加强人体正气，达到了扶正祛邪的作用，具有良好抗肿瘤的临床疗效，能够增强机体的免疫功能，使机体之免疫低下状态得到不同程度改善，从而达到临床疗效。通过学生们的基础实验，从微观角度说明了"扶正固本"之法与现代医学之免疫学、分子生物学、基因组学等有着异曲同工之处。

做动物实验时，操作流程必须严格遵守，这也培养了学生们认真严谨的治学态度。他们平日就住在医院，由于实验时间卡得很紧，如果提取细胞的时间正好在半夜，那也必须定好时间半夜去完成。实验过程非常枯燥，像实验用的试管需用清水浸泡二十四小时，然后用浓硫酸浸泡二十四小时，最后又用纯净水冲二十遍，所有人都严格按要求做到，不会有丝毫差错。学生们对微观实验表现出了浓厚的兴趣，实验小鼠身上发生任何变化，他们都会很兴奋地向我第一时间汇报。一旦取样失败，他们就会显得垂头丧气。实验室的老师对我说，有什么样的老师就有什么样的学生，他们做实验完全是一种全身心的投入，连做事风格和节奏都和我很像。张桂琼、黄邦荣几个外地学生，把周末、节假日的时间都排得满满当当，活动范围就是门诊和实验室，这种两点一线的学习状态一直保持到他们毕业。虽然在兰州上学，却没有出去逛过几次兰州，临毕业了对这个学习和生活过的城市依然很陌生。

裴氏软肝消痞丸是我在治疗肝癌专方——肝癌方的基础上，经不断实践充实、重组而研制的制剂。主要由柴胡、生鳖甲、穿山甲、皂角刺、枳实、白花蛇舌草、半枝莲、三棱、莪术、白芍、海藻、昆布、丹参、黄芪等组成。其中白芍，敛阴柔肝养血；丹参、黄芪、鳖甲、龟板共凑益气养血滋阴之功。正如《医宗必读》云："积之成也，正气不足，而后邪气踞之。"《外科正宗》云："积之成者，正气之虚也，正气虚而后积成。"故扶正以消积，消积而固本。柴胡疏肝解郁，生发阳气，透邪外出；枳实理气解郁，泄热破结；三棱、莪术均具有行气消积、破血祛瘀、止痛之功，共达行气活血逐瘀之功。鳖甲、穿山甲、皂角刺、海藻、昆布均具有软坚祛瘀散结的作用。白花蛇舌草、半枝莲均为清热解毒之品，现代药理研究表明白花蛇舌草的有效成分熊果酸有抗突变、抗癌、抗氧化、抗血管生成和诱导癌细胞分化等抗肿瘤活性。纵观全方，共凑扶正固本、活血逐瘀、软肝散结、清热解毒之功。四十多年的反复临床实践证明，裴氏软肝消痞丸（即肝癌方）不仅对原发性肝癌有确切的疗效，而且对食道癌、胃癌等癌病均有显著疗效。据不完全统计，软肝消痞丸治愈原发性肝癌十三例，胃癌五例、小肝癌十五例。裴氏软肝消痞丸以"扶正固本"为大法，注重对机体的整体调节，使机体免疫低下状态得到不同程度的改善，从而达到临床疗效。我的学生们通过基础实验建立 H_{22}（肝癌）小鼠模型，从微观来考察裴氏软肝消痞丸抗肿瘤作用。单金姝的课题是《裴氏软肝消痞丸对荷 H_{22} 瘤小鼠血清 IFN-α、IFN-γ 的影响》，张红梅的课题是《裴氏软肝消痞丸对小鼠移植性肝癌 H_{22} 瘤组织中 VEGF 和 p53 表达的影响》，刘媛的课题是《裴氏软肝消痞丸对小鼠移植性肝癌 H_{22} 瘤组织中 p27 及 Bc1-2 蛋白表达的影响》，齐雪婷的课题是《裴氏软肝消痞丸对肿瘤小鼠 H_{22} 瘤组织中 Ang-2 蛋白表达及血清 IL-12 含量的影响》。动物的造模方法是将肿瘤 H_{22} 细胞移植于小鼠体内，实验小鼠七十二只，雌雄各半，由甘肃中医学院实验动物中心提供，H_{22}（肝癌）瘤株由甘肃省医学科学院提供。用随机法分出十二只作为空白组，其余六十只瘤株接种二十四小时后，将小鼠分为裴氏软肝消痞丸大剂量组、中剂量组、小剂量组，复方斑蝥胶囊组、模型对照组。实验结束后，通过检测小鼠的瘤重、胸腺、脾脏等宏观指标，及观察血清、细胞因子、肿瘤组织白蛋白等微观指标，大量的数据显示，裴氏软肝消痞丸对荷瘤小鼠免疫器官胸腺、脾脏有明显的改善作用，对促进肿瘤细胞凋亡、抑制肿瘤生长、提高小鼠的生存质量有显著的作用。这些课题的立题研究，由临床经验的可行性来指导实验研究，通过现代化的科学技术，从细胞及分子水平，深入研究了裴氏软肝消痞丸的抗肿瘤机制，为裴氏软肝消痞丸的临床应用提供了充实、科学的理论基础。

我认为痹证的本质以正气不足为本，以"风、寒、湿三气相合"为标。结合长期临床实践，博采众方，以温阳除湿、活血化瘀、通脉止痛立法，以桂枝、白芍、知母、川草乌、马钱子、雷公藤、水蛭等为主要成分制成消风II号胶囊，

161

应用临床多年，治愈了无数例病人。其中，一代产品消风除湿胶囊曾作为甘肃省医学科学研究院自选课题对各种自身免疫疾病进行临床研究，总有效率为81%。改进后的消风Ⅱ号胶囊，具有迅速改善关节肿疼、延缓关节变形时间、副作用小、便于长期服用的特点。为了探究裴氏消风Ⅱ号抗炎镇痛的作用机制，我的学生万强做了《裴氏消风Ⅱ号治疗类风湿关节炎的实验研究》。取 AA 大鼠四十只随机分成五组，即模型对照组、消风Ⅱ号胶囊低剂量组（188mg/kg）、高剂量组（375mg/kg）、西药阳性地塞米松组（0.5mg/kg）、中成药阳性雷公藤多甙片组（7.5mg/kg），另设正常对照组，每组八只。致炎七天后每日灌胃给药一次，连续灌胃给药七天，灌胃容积为 1.0ml/100g 体重，模型对照组给予等容积的蒸馏水。地塞米松组腹腔注射 0.5ml/100g 体重。每三天测量一次大鼠的左、右后肢踝关节周长，计算踝关节肿胀度及肿胀抑制率。同时观察体重变化、前肢、耳和尾部病变发生率和严重度，并按五级评分法评分，计算病变发生抑制率。经过分析大量的实验数据，可以得出结论：消风Ⅱ号胶囊对佐剂注射侧肿胀度有较强的抑制，同时减轻大鼠的耳部红斑、前肢和尾部病变的损害，损害病变发生抑制率为 64.8%。对 AA 大鼠体重及脏器指数有所改善；病理组织学显示佐剂注射侧膝关节周围软组织水肿减轻，淋巴细胞浸润明显减少，滑膜增生受抑制。以上表明其具有较好的治疗类风湿性关节炎的作用。同时也表明其治疗作用与雷公藤多甙片相近，但毒副作用与地塞米松及雷公藤多甙片比较，降低较为明显，值得进一步推广应用。

进行动物实验的目的不是为了研究实验动物本身，而是为了解决人类的生理和病理的问题。动物实验的结果最终必须经过临床观察的检验。我的学生李敏、薛文翰、李薇、张惠芳等都做过相关的临床研究，并撰写了多篇论文。我的硕士研究生冯永笑做了《裴氏升血颗粒治疗慢性粒细胞白血病的临床观察及疗效分析》的课题研究。研究观察了 2010 年 12 月至 2012 年 3 月我的门诊病人（甘肃省肿瘤医院、甘肃省中医院、荟萃堂）和兰大一院血液科门诊病人三十例确诊慢性粒细胞白血病患者。单纯西药治疗十五例为对照组，裴氏升血颗粒加西药的十五例为治疗组。观察时间均为三个月。通过治疗组和对照组患者治疗前后症状体征、血象、骨髓象的数据变化分析，治疗组在短时期内改善患者的感染、贫血、出血等临床症状，提高了患者生活质量。治疗组的疗效明显优于单纯西医治疗。我的研究生董琴琴做了《裴氏软肝消痞丸配合西医治疗原发性肝癌的临床研究》的课题。她以2011年12月至2012年12月甘肃省肿瘤医院中西医结合科符合纳入标准的原发性肝癌住院病例七十例为研究对象，根据患者入院顺序按照随机数字法分为治疗组和对照组。每组三十五例，两组病人均给予基础治疗，即西医常规治疗。治疗组在给予西医常规治疗的基础上加裴氏软肝消痞丸，餐后口服，一次一包，一日两次，一个月为一个疗程。通过观察用药前后病人的肿瘤指标AFP、肝功能、卡氏评分来评价裴氏软肝消痞丸对原发性肝癌的临床疗效，并检测治疗前后血常规、肾功能等来评价药物的安全性。临床研究结果表明，裴氏软肝消痞丸配合西医治疗原发性肝癌可抑制肿瘤生长，修复肝细胞，明显改善患者生存质量，能起到减毒增效作用，安全性好。

　　我在长期临床实践中发现了一些宏观辨证与微观辨证的规律。现代科学技术成果在中西两种医学之间搭建了桥梁，传统中医可以从中吸取养分为自己所用，辨病的过程显得非常有意思。比如慢性肾炎的宏观辨证多体现阳虚水泛、脾胃气虚、肺失肃降、肝胆实火、膀胱湿热等，而微观辨证则应注意尿常规中的管型、红球、白球、蛋白及非蛋白氮、二氧化碳结合力等。当宏观辨证与微观辨证相结合，必能加强认识，提高疗效。学生们的实验研究对临床方药进行了微观阐释，为临床广泛应用提供了科学的依据，我认为非常有意义，这都是裴氏药物的宝贵资料。在给学生们修改论文时，我一字一句地反复斟酌，力求论文的科学性和准确性。中医并非越古越好，只有大胆地把中医学术伸展到微观，中医才能既保住自己的特色，又能加入到现代科学技术相互交错、相互渗透的网络系统中去。只有这样，中医才能乘上现代化的快车，与科学技术同步前进。

第二十八章 | 拟定防治甲流的中药方剂

2009 年三四月份，甲型 H1N1 流感开始在墨西哥、美国等多国暴发，并很快向世界各国蔓延。确诊患者、重病患者和死亡病例每天都在递增。到了 6 月份，由于感染人数太多，世界卫生组织将甲型 H1N1 流感警戒级别从五级提高到最高级六级。这是世界卫生组织时隔四十年再一次把传染病警戒级别升至最高级别。2009 年 5 月 10 日，我国第一例甲流病例在四川被确诊，之后各地陆续有确诊病人出现，防疫形势非常严峻。现在人们已经把甲流看成是一种普通流感，然而在当时，甲流给全世界造成了极大的恐慌，西方媒体冠之以"杀手""致命怪病"等名号。

甘肃省自 8 月 16 日在兰州市发现首例确诊病例以后，兰州、白银、金昌、嘉峪关、酒泉等地先后出现疫情，并有集中暴发态势。8 月下旬，甘肃省卫生厅厅长刘维忠给我打来电话，告诉我甘肃省甲流的确诊病例呈上升趋势，各级医疗单位抗疫压力较大，请我为抗击甲流制定中药方剂。我接到刘维忠厅长的电话，心情难免有些激动。刘厅长是 2008 年刚上任的新一任厅长，他刚上任就提出甘肃要走突出中医特色的医改之路，为推动甘肃的中医事业发展做了许多实事。在甲流暴发的危急时刻，刘厅长第一个想到我，那是对我绝对的信任。既然请我制定中药方剂，也意味着这次抗疫中医治疗将占重要地位。

虽说甲型 H1N1 是个新型病毒，中医医典中并没有这个病名，我们的祖先从来都不知道病毒是什么样子，但是回望中医学的发展史，中医与疫病的抗争从来没有停止过。自西汉以来的两千多年里，中国先后发生过三百多次疫病流行，在与疫病的斗争中，先贤们积累了丰富的经验。中医的辨证论治、整体观念，不仅治标也治本，特别是在改善流感样症状上有独到的经验。西医学的流感与中医学的"时行瘟疫"都属于热病的范畴，我通过查阅甲流的相关资料，仔细分析了甲流患者的典型症状之后，拟出了抗甲流的方剂——复方麻黄桂枝合剂。

方剂由麻黄、桂枝、杏仁、生石膏、川芎、白芷、细辛、羌活、独活、防风、甘草、苍耳子、二花、连翘、公英、败酱、白花蛇舌草、半枝莲等药物组成。

这个方子主要组成部分出自张仲景的麻黄汤和桂枝汤。张仲景生活的东汉末年，战争不断，瘟疫流行。他在传世巨著《伤寒杂病论》的序言中写道："余宗族素多，向余二百。建安纪年以来，犹未十稔，其死亡者，三分有二，伤寒十居其七。感往昔之沦丧，伤横夭之莫救，乃勤求古训，博采众方……"从序言中我们就可以了解到当时瘟疫肆虐的惨状，所以有人说《伤寒杂病论》是专门治疫的医书。这部专著综合论述了传染病、流行病的理论与治疗规律，备受历代医家推崇。后人在编校的过程中，根据内容侧重不同，又将其一分为二，即《伤寒论》和《金匮要略》。我自20世纪70年代就精心研读《伤寒杂病论》，整本书差不多都能咏背，在实践中应用效如桴鼓，临床中我的很多方子都来源于这部医书。《伤寒论》主要论述了外感病的诊疗方法。中医所说的伤寒实际上是一切外感病的总称，包括瘟疫这种传染病。日本人大塚敬节更是一针见血地指出，一部《伤寒论》就是治疗病毒性感染及其后遗症的专书。根据几十年的临床经验，我认为大塚敬节的观点非常正确。张仲景所说的"寒"，实际上就是病毒，包括流感病毒、腺病毒、冠状病毒等等。麻黄汤与桂枝汤是《伤寒论》中治疗表实和表虚的两个常用的经典方。我在拟方时将麻黄汤与桂枝汤进行了合方，以期达到既治表实又治表虚的效果。

复方麻黄桂枝合剂另一部分则出自温病学派创制的"桑菊饮""银翘散""荆防败毒散"等著名方剂。我在麻黄汤与桂枝汤合方中又加入了桑叶、菊花、二花、连翘、公英、败酱等清热解毒之药。明末，我国瘟疫流行，极为猖獗，近代医家陈邦贤在《国医学史》中描述了当时治疫的情景：明末瘟疫大流行，医者以伤寒法治无效，吴又可用温病法治辄效。由于温病法治疫效果显著，温病学派应运而生，代表医家有吴又可、叶天士、吴鞠通、戴天章等人。根据我几十年的临床经验，深知桑菊饮、银翘散之最有效适应证是现代医学之咽喉炎、扁桃腺炎以及由此继发之细菌感染性支气管炎及肺炎；麻黄汤、桂枝汤之最有效适应证则是普通上感、流感及由此继发之病毒性支气管及肺部感染。以方测证，温病之病应以细菌性疾病为主，伤寒之病应以病毒性疾病为主。现代实验研究也证明，麻黄汤、桂枝汤可高度抑制病毒之生长；桑菊饮、银翘散则对各种致病菌有效，尤其对各种化脓球菌具有明显抑制作用。那么为什么明末的瘟疫伤寒法治无效，温病法辄效？我再次深入研读了伤寒派和温病学派医家的代表著作，进而推断明末的瘟疫应是细菌引起的，而张仲景时代的瘟疫主要是病毒引起的，病因不一样，所以用老法子治肯定行不通。在临床上又多见伤寒与温病二者交叉，界线不甚分明的情况，用我们天水的土话说，就是"狼扒开个豁豁，狗就进来了"。当病毒与细菌二者合并感染时，绝对不能单纯用伤寒的辛温解表法，还要用温病的辛凉解表法。

从古到今，流感病毒不停地改头换面。既然甲流也是病毒，只不过是人类还未认识的新型病毒，我拟出复方麻黄桂枝合剂以期达到既治表实又治表虚，既抑制病毒又抑制细菌的效果。拟出的方剂从理论上完全立得住，只待临床验证效果。方剂拟出后没几日，效果立显。

8月31日，兰州市一私立学校发生甲型H1N1流感局部暴发疫情，甘肃省卫生厅邀请我去学校现场为患病学生诊病。我带着我的硕士研究生张桂琼、黄邦荣、彭艳艳、张丑丑等坐上防疫专车直奔学校。快到学校时，远远看到学校大门口已拉上了隔离警戒线。有卫生、公安的工作人员在门口值班。许多学生家长一直在学校大门外徘徊，向里面东张西望。走进学校，看到许多穿校服的学生戴着口罩在操场上自由活动。省、市、县疾控部门的人员穿着白色防护隔离服，已经在学校的教室和宿舍进行消毒。据甘肃省卫生厅工作人员介绍，该学校8月28日确诊了首例病例，截至30日15时，已确诊二十六例。此次疫情的首个确诊病例是这所学校的一名学生。他在暑假期间外出旅游感染甲流病毒，继而引起其他学生感染。经过省市专业机构检测，二十六名患者标本均呈甲型H1N1流感病毒核酸阳性，并伴有发热、咳嗽、咽痛等流感样症状。疾控中心已经将这二十六个学生集中在学校的几间房间进行隔离。

我与研究生们做好防护，为二十六个学生一一把脉，看舌象。这些患者病情较轻，无重症病例，大部分都有病毒与细菌二者合并感染的症状。由于每个人病情发展程度还是有差别，我将复方麻黄桂枝合剂进行了加减，给每个学生对症下药，并嘱咐学生按时服药。当时校方担心全校师生的健康，强烈要求为全校师生开出预防方剂，我为师生们开了以"扶正"和"祛邪"为主的预防中药。之后，又向卫生厅建议将这些学生送往定点医院进行隔离。患病的二十六名学生随即被集中转送到兰大二院。第二天我去查房，患者的症状已有减轻，第三天查房时，患者大部分都已退烧，其他症状均有所好转。这二十六位学生在一周之内全部治愈出院。

9月29日，兰州市某中学学生赵某到我门诊就诊。他的症状是发热，头痛，面红目赤，咽痛，咳嗽有痰，痰粘微黄，舌质红，苔薄微黄，脉浮数。查体：咽部红肿，体温39.8℃，两肺呼吸音粗糙，未闻及干湿性罗音。据患者讲，他于2009年9月28日出现咽痛，咳嗽，继而高烧，体温39.5℃，去兰大一院就诊，查了血象：白细胞$8.4×10^9$/L，中性粒细胞82.1%，淋巴细胞11.8%。大夫开了清热解痛剂、头孢哌酮钠静滴，症状无缓解，体温持续上升。根据这些临床表现，我初步诊断此患者为甲型H1N1流感疑似病例。他是在甲型流感病毒感染之初即合并了上呼吸道细菌的感染。患者白细胞升高、中性粒细胞占优势就说明已经合并了细菌感染，这个患者最适合用复方麻黄桂枝合剂。开完药方后，我要求病人到疾控部门急查H1N1流感核酸。患者服药两剂，体温即恢复正常，10月3日他被确诊为甲流病例。病人继续服用中药五剂，10月6日复查时，甲型H1N1核酸已呈阴性，一般状况良好，体温36.6℃，血象恢复正常。这个患者较那所私立学校的二十六名学生病情较重，使用复方麻黄桂枝合剂后，在一周内痊愈。这一典型病例再次说明中药治甲流安全、有效，起效快，预后好。

复方麻黄桂枝合剂是伤寒法与温病法的组合方。我的一个学生一直认为伤寒派与温病派水火不容，互相对立。拟方后，他心存疑惑，有一天专门向我请教拟方的问题。我对他讲了我的观点，温病学派兴起后，当时徐大春、陈修园等经方派大家对温病学说横加指责，形成了伤寒与温病之争。这两派争了二三百年，没有争出任何结果。我们学经典，要从中取其精华，为我所用，对中医药要全面继承，更要有所创新，把中医的传统理论与现代化技术结合起来，用发展的眼光看问题，千万不能人云亦云，墨守成规，形成思维定式。根据我的临床经验，急性扁桃腺炎及其以此为起点之支气管和肺部感染，血象中白细胞总数上升，嗜中性粒细胞占优势；上感、流感及其以此为起点之支气管炎和肺部感染，最初之血象以白细胞总数下降、淋巴细胞占优势为主，后期合并细菌感染则白细胞总数上升，嗜中性亦可上升。从患者的化验数据中我们也能观察出病毒与细菌在体内的感染程度，现代医学研究为伤寒与温病共存的观点提供了佐证。我认为温病学补充了伤寒学的不足，使伤寒学更完善，所以将伤寒方与温病方合用。这位学生听后满意而回。

甲流的传染性极强，从 8 月 16 日至 9 月 28 日，在甘肃省各地已累计发病三百二十四例，出现了重症患者。刘维忠厅长与我多次通话，他以卫生厅的名义请我带领团队对这三百二十四例患者进行流行病学分析，以便对以后抗疫工作提供参考，并表示要向各级医疗单位下发通知，确保患者喝上我开的中药方剂——复方麻黄桂枝合剂。通话后我立即组织学生们着手搜集三百二十四例甲流患者的治疗信息，进行追踪分析。

11 月 1 日，全国甲流确诊病例已达四万七千多例，疫情已进入流行高发期和持续快速上升期。截至 11 月 5 日 22 时，甘肃省累计报告甲型 HINI 流感病例一千八百八十八例。11 月 5 日还出现了一例死亡病例。为防止甲流大流行，11 月 6 日，甘肃省卫生厅召开甲型 H1N1 流感中医药防治培训视频会，向十四市州卫生局长、中医院院长进行防治甲流知识培训。培训会上我提出了"西医诊断，中医辨证，中药为主，西药为辅"的防疫指导思想，并结合前期三百二十四例甲流确诊病例的回顾性调查作了专题报告。报告中我结合三百二十四例甲流患者的概况、临床分析、典型病例，最后给出了防治大流行的建议：甲型 H1N1 流感，虽然传染性极强，但病程短暂，预后良好，采用复方麻黄桂枝合剂加减治疗，即可治愈，无需动用大量人力、物力进行转运、隔离。对已发病例就地治疗，对易感人群施以扶正固本的方法或提早祛邪的方法均可治"疫"于体外。会上，甘肃省卫生厅副厅长李存文要求各地认真领会我提出的治疗方案，结合实际加以应用。

甲流疫情暴发后，全国各省市对中医药的重视程度不一。甘肃省卫生厅大胆地坚持了中医药介入预防与治疗的方针，并采取了许多切实有效的措施来保证中医药防治甲流的方案落到实处，中医药防治甲流成为一大特色。针对学校易暴发聚集性疫情的问题，甘肃省卫生厅联合甘肃省教育厅专门发了通知，所有学校只要有甲流发烧的，全部喝中药。临夏州中医院一家就卖出了六万副中药。酒泉有一位甲流病人死亡后，酒泉市下了个不成文的规定：所有的甲流病人都要喝中药预防和治疗。用中药的大夫，如果患者死亡，不给处分；没用中药的大夫，如果患者死了，要给处分，也要给院长处分。甘南藏族自治州是甘肃省条件较差的一个地区。甲型流感流行的时候，甘南州医院两个甲流病人昏迷，气管都切开了。院长给刘维忠厅长打电话说，病人活不成了。刘厅长让把中药给患者灌上。那个院长说西药都没有办法，还灌中药？刘厅长说，用上中药，人死了我不找你麻烦，不用中药，人死了我要找你麻烦。他们就通过胃管把中药灌上，两个人全救活了。刘维忠厅长身体力行，顶着阻力推行中医药防疫，强制保证患者必须喝上中药，这也显示了决策层对中药治疫的决心和信心。到了12月下旬，全省各地服用中药人数已超过一百万人，取得了明显的治疗效果。甘肃省甲流诊断和报告的新增病例数在经过前一阶段快速攀升后，流感暴发疫情显著减弱，流行强度有下降趋势。在别的省份确诊病例持续走高时，甘肃的确诊病例不升反降，说明中医药在甘肃省甲流防控和救治中发挥了重要作用。防控甲流甘肃省走到了全国前列。这一次的甲流持续了一年时间，直到2010年4月10日才基本结束。

这些年，甲流已经淡出了人们的视线。我和我的学生们在临床上运用麻黄桂枝合剂治疗上呼吸道感染、神经性头痛、急慢性鼻炎、鼻窦炎、唇炎、口腔炎、急慢性肾炎等疾病,都取得了显著疗效。麻黄桂枝合剂并不是什么新的发明创造,它是我从经方和时方里导源出来的方子,应该说是传统方剂的创新应用。中医药文化博大精深,只要我们勤于思考,善于实践,一定还会摸索出更多的新用法。

第二十九章 | 从老友牟本理逝世说起

2010 年，外地工作的学生来信询问如何快速准确地开出一个好药方，这也是许多学生经常提出的问题。中医治病如上战场，我从战略战术的角度给予他们全面解答。古语说："治病如打仗，用药如用兵。"治疗方案的确立就像是战争中制定的宏观战略。要把握正确的治疗方向，对疾病有一个正确判断，再制定相应的战术，即"扶正固本""活血化瘀""以毒攻毒"等等，才能克敌制胜。

中医体现着我们中国人的哲学思想和文化内涵，学习中医就要了解"天人合一""阴阳五行"等思想文化。从某种意义上讲，一个人的哲学思维和文化修养会直接影响他医术的高低。针对学生们普遍反映对抽象的理论不好理解的问题，我在临床上常用形象的比喻说明一个道理，譬如，给病人开方前，我让学生们把自己想像成一位根雕家，当看到一个树根，不能刻意地想把它雕刻成某样东西，而要根据树根的走向和长势将其塑造成一件作品。这样讲，学生们一听就明白了。

那段时间，我有意培养学生中医的思维，受到了他们的欢迎。

2010 年 11 月 24 日下午，我接到北京打来的电话，来电显示是挚友牟本理的儿子。他刚叫

裴正学（左）与挚友牟本理合影

了声"裴伯伯"就已泣不成声。孩子告诉我，他父亲已于下午 2 时在北京 301 医院病逝。

牟本理与我是三十多年的挚友，我们因看病而相识，因敬重对方的才学和人品成为莫逆之交。他先后担任过天水市委书记，甘肃省委常委、统战部长、秘书长，后调入国家民委任党组副书记、副主任。他在繁忙的党政工作之余，曾出版诗集《盛世欢歌》，主编《明珠颂》《民族学与西北民族社会》《民族问题研究文集》等书籍，在政界和学术届都享有很高的声誉。不管官做得有多大，他一直保持着朴实无华的本色，几十年来与我情同手足。那一天，我沉浸在无尽的悲痛中，脑海中浮现的全是他的身影，寝食难安。到了后半夜，我为老友撰文一篇，以寄托我对他的思念之情。

挽挚友牟本理：

呜呼，本理！与世长辞，国家立损干才，陇原顿失骄子，黄河为之波哀，北塔为之风泣。含泪凭栏望京址，断云几片君魂寄？遥忆天水主政时，为民筹办千宗事，口碑如歌，人气传诗，路人口中好书记。荣调省垣主统战，宽厚从容纳百川，党内党外树知己，学界医界好人缘。我乃一介寒儒，相逢蒙爱不弃，卅年如日，形同莫逆。拙我六十生日，屈降寒门贺志，并亲撰长文发表，嗟我洒泪读《凝聚》①。此生遇知己，拼将残生报国，死生弗惧！呜呼，我友！呜呼，本理！人生自古谁无死，唯君光彩照寰宇！

老友裴正学顿首泣挽

2010 年 11 月 24 日凌晨 3 时

牟本理患的病是早期肺腺癌，刚检查出来时，什么症状都没有。他第一时间打电话告诉了我，我告诉他不必紧张，可回兰州由我来调治。早期肺腺癌，又没有远端器官转移，采用中医扶正固本配合放化疗，患者存活率很高。过了些日子，我收到了他的来信，从信中得知他已住进了北京 301 医院。因为他是正部级干部，医院为他成立了治疗小组。他想服用我的中药配合放化疗，但医

---

① 牟本理撰长文《裴正学先生印象》发表于 1999 年 2 月《凝聚》杂志。

院没有采纳这个建议，治疗小组为他制定最先进的放化疗方案。收到信后，再也没有音讯，没想到六个月后，人就去世了。

牟本理的去世，我更加意识到西医治癌的缺陷，只注重杀癌而忽视了扶正。先进的放化疗杀灭了癌细胞，杀死癌细胞的同时也杀死了正常细胞，最终使人、癌同归于尽。一个农民因为没有条件进行先进的放化疗，就没有那么严重的正气破坏，因而成活三年以上的肺癌患者很多。在我的门诊上，癌症患者生存期最长的大部分是农民，因为经济条件所限，什么放疗化疗都不做，就吃中药，存活时间都比较长，有些还能达到治愈。城里人比农村人生存期要短，因为他们进行了放化疗后，才来我门诊开中药。生存期最短的就是完全依赖放化疗的人，我的挚友牟本理就是一个例子。一旦得病，过度进行放化疗，无一例外地很快就死了。我们省上原来的组织部长流萤，他在胃癌切除以后，肝脏上长了个8cm×11cm大小的转移癌，邀请我去会诊，另外还邀请了北京的介入专家和兰大医院肿瘤科的主任。这次会诊很特殊，是流萤亲自主持的，三个人中两个是西医，结果他们两个人都认为必须介入，只有我反对。我对流萤说："介入过的病人，过几天就又长几个，你都七十多岁了，这么大年纪我看就算了，采用中西医结合治疗效果最理想！"那两个西医专家坚决要介入，只有我不同意，流萤最后还是听了他们的意见。病人当时行走自如，气色很不错，会诊后还亲自下楼送我们，对介入抱了很大的期望。结果介入手术的第九天，传来了噩耗。他去世前拍了一个片子，满肝全是转移灶。流萤的儿子因此对我特别佩服，他父亲去世后专门和家人来看望我，一见我的面就哭，后悔当初没有听我的话。还有一位省上领导的父亲，让我治疗时能吃能睡，精神尚好，肿瘤标志物已经逐渐在下降。一次，另一位领导探望老人，说让请北京、上海的专家来会诊，接受最先进的放化疗手段，结果经过大剂量的放化疗后也很快就去世了。后来，我在给学生讲课时，经常讲这三个例子。西医没有扶正固本这个概念，西医对于癌症病人就是放化疗，简单地对肿瘤打打杀杀，在杀灭癌细胞的同时，把正常的生理细胞也杀灭了，这就相当于打老鼠的时候把坛坛罐罐都打破了。癌症病人经历放化疗是比较痛苦的事,许多人被折磨得痛不欲生。每杀死一些癌细胞,也就杀死了一些正常细胞。最糟糕的情况是瘤被杀灭了,人的免疫力消耗殆尽,濒临死亡。当前一些西学中人员经常把重点放在一方一药上,杀敌破阵仍是他们的主攻方向,扶助正气则被视为可有可无。这就丢掉了中医的传统,临床疗效大大减色。

那一年,由甘肃省医学科学研究院、甘肃省肿瘤医院举办的"裴正学教授治疗疑难杂病经验学习班"在兰开班。甘肃省卫生厅党组副书记、副厅长李存文,甘肃省中医管理局局长甘培尚以及来自省内中医及中西医结合界知名专家及学员共二百余人参加了开班仪式。培训的几天时间里,为了培养学生的全局观念和战略思维,每次讲课,我都把裴氏学术思想放在了非常重要的位置,收到了良好的效果。

裴氏学术思想最核心的内容就是"中西互补"原则。西医是现代大工业的产物,中医是农业和手工业的产物。西医凭借现代大工业为其提供的先进工具,对疾病的局部、微观、病原的致病性研究得一清二楚。但是,它在一定程度上却忽视了整体、宏观对局部和微观的制约和促进,同样也忽视了机体的反应性

借助现代医学检查手段,提高"中医辨证"的准确性

对病原的致病性的制约和促进。中医始终没有得到过大工业的裨益，它只在"三个指头和一个枕头"的老路上徘徊，因而没有条件对疾病的微观、局部以及病原的致病性进行深入地了解。但是，凭借我们祖先的聪明才智，在漫长的临床实践中，却探索、整理了一套完整对调节宏观、整体以及机体反应性行之有效的临床辨证理论方法。中医的扶正固本、疏肝解郁、活血化瘀、清热泻火等诸多的理法，大体上都是着眼于从宏观、整体、机体的反应性方面进行调节。汗牛充栋的历代古籍在这方面蕴藏了取之不竭的理论和实践经验。现代医学精确地掌握了疾病的局部变化，它却忽视了整体对局部的巨大作用，这是现代医学的致命伤，这一致命伤就需要我们中医来挽救。曾宪九原是北京协和医学院、北京协和医院的一号专家，也是全国最有名的外科专家，他做了一辈子的普外，做了一辈子的手术，临去世的时候给他的大弟子陈德昌说："我干了一辈子的外科，为什么我们手术做得相当成功，过了几个月，病人死掉了。病人为什么会死亡？"陈德昌后来是中国病理生理学会危重病医学专业委员会主任委员。多年来，恩师曾宪九的提问"病人为什么会死亡"一直是激励他从事医学研究的动力。我认为这个问题用中西医结合的观点解释更为科学。每一个外科手术，都能损害人体的免疫系统、代谢系统、植物神经系统。西医光重视了局部祛除病灶，忽视了手术引起的一系列反应，损伤了人体的正气，因而产生了"多米诺骨牌"效应。内分泌系统、免疫系统遭到破坏，代谢系统紊乱，从而产生了感染，高烧不退又引起了多脏器的功能损害，最后导致了病人的死亡。近年来，西方世界掀起了中医热，这说明西方人已经意识到了西医疗法的不足之处，他们也有了从局部回到全身，从微观回到宏观的意识。临床需要是一个原因，更深层次的原因则是西医已经开始了针对自身缺陷的纠偏，欲取中医之精华以用之。

我于20世纪80年代提出的中西医结合的十六字方针"西医诊断，中医辨证，中药为主，西药为辅"是"中西互补"原则的概括。"十六字方针"看起来只有简单的十六个字，但是，意义十分重大。它既可以具体地指导中医临床实践活动，又能对整个中医现代化掌握正确的方向，其结果必然是"洋为中用"，发展中医，保住中医的特色。在对待一个来诊的患者时，首先是"西医诊断"，借助西医对该病的认识，应用一切现代医学检查手段，明确疾病诊断、发病部位、病程进展等。之后便是"中医辨证"，这样的中医辨证是在确定病位和病变的情况下采用的，这是在渔网中捕鱼，准确性大。如果没有西医诊断就去进行中医辨证，那等于在大海里捞鱼，准确性小得多。通过中医辨证把中医传统的认识全部用来建立该病的理法，为第三步"中药为主"奠定了基础。"十六字方针"好就好在这个"中药为主"上，久而久之，我们发展了中医中药，对西医只是取其精华为我所用而已。第四步"西药为辅"，是针对一些过于疑难而用某种西药又有特效的疾病，这就补充了中医药之不足，从而提高了疗效，同时又体现了中西医结合取长补短的含义。

1984年，"十六字方针"首先在甘肃省新医药学研究所中西医结合科开始应用。长久以来，它成为指导该科住院、门诊诊疗工作的既定方针。通过多年的临床实践证明，此方针能够统一全科中医、中西医结合医护人员的思想，并

甘肃省卫生厅及医科院赠献裴正学"陇上名医"匾牌

能在宏观与微观相结合、整体观与局部观相结合、机体的反应观与病原的致病观相结合等三方面充分发挥作用。1987 年起，我先后在北京、昆明、贵阳、大连等地全国性学术会议上应邀作了"十六字方针"的学术报告，得到了与会同道的认可，已为全国中西医学术界所关注，裴派成为全国中西医结合领域重要的学派。1990 年开始，甘肃省中西医结合学会受甘肃省卫生厅委托，每年举办一期全省中医院主治医师提高班，专门讲述"十六字方针"的临床应用。提高班以贯彻"十六字方针"为主要内容，通过对常见病、多发病的讲授，使全省各地七十三所中医院的诊疗工作在"十六字方针"的统一下，较之前有了明显的起色。大家一致认为本"方针"对中医院医疗临床实践具有普遍的指导意义。

2004 年，为了表彰在继承、弘扬中医药学术和中医医疗方面作出突出贡献的中医药专家，甘肃省政府启动了首届名老中医评选工作。第一届评选实行打分制，经过门诊量、著作、科研成果等几方面分数统计，每一项我都遥遥领先。我认为这些成绩是中西医结合"十六字方针"指导实践结出的果实。

2008 年 2 月 23 日，甘肃省医学科学研究院、甘肃省肿瘤医院在兰州饭店隆重举办了裴正学从事医教研五十周年学术思想研讨会。由于省委、省政府对这次会议十分重视，因此，这次研讨会规格很高。甘肃省副省长咸辉、省政协副主席侯生华、省委副秘书长兼办公厅主任陈田贵、省委宣传部常务副部长吉西平、省委组织部副部长杨志宏、省卫生厅副厅长李存文、王晓明、常继乐等出席了座谈会，参会的嘉宾基本上都是甘肃省各大医院的院长、医学领域的领军人才。省中医学院副院长李金田、李应东，省人民医院院长郭天康、省中医院院长李盛华与离退休老干部杜颖、周宜兴、薛映承、李生林、彭效忠、贾宝忠、马培芳等，省内著名专家赵健雄、张士卿、李徐生、邓津菊、李强、仇杰、董信春、刘国安、张有成、张俭、戴恩来、李研怡、李群星等，甘肃省医疗系统的领导和专家以及我的朋友及学生共一百五十余人参加了研讨。发来贺信的有武警部队政委喻林祥、国家交通部纪检委书记杨利民、甘肃省副省长石军、国家民委副主任牟本理等十多位。

2008年2月，甘肃省医学科学研究院、甘肃省肿瘤医院举办裴正学医教研五十周年（华诞七十周年）座谈会

专家们对裴氏学术思想，尤其对"西医诊断，中医辨证，中药为主，西药为辅"十六字方针做了一次全面地总结和研讨，会场气氛轻松而热烈。我的学生，甘肃省名老中医李永寿、甘肃省肿瘤医院中西医结合科主任薛文翰等从理论高度对我的学术思想进行了诠释。甘肃省副省长咸辉、甘肃省卫生厅副厅长李存文、甘肃省医学科学院院长陈学忠等领导和学者纷纷对裴氏学术思想给予很高的评价。

甘肃省副省长咸辉发表了热情洋溢的讲话，她说："甘肃省医学科学研究院、省肿瘤医院共同举办的裴正学先生从事中西医结合医教研五十周年座谈会很有意义，这是对裴正学先生七十年来实现人生价值的总结和肯定。通过类似的座谈会或纪念会、庆祝会等形式来广泛宣传这些像裴正学一样辛勤耕耘在各条战线上，并取得显著成绩的典型人物和典型事迹，对团结和凝聚各方面意志和力量，树立社会主义道德风尚，加快甘肃省现代化建设步伐，具有重要意义。"

嘉宾们的发言让我深受鼓舞，我借用发表在《诤友》杂志的一首诗《老奋》表达了我的心声：

行医陇上纾民悬，三指创新难上难。

埋头自知夕阳短，且借白头当少年。

一直以来，我最放心不下的、最牵心的事莫过于裴氏学术思想的传承工作，当看到大家对裴氏学术思想报有如此大的热情，我感到我心中的一团火愈烧愈旺。当时就暗下决心，今后只要身体健康，仍要以更大的激情投身自己热爱的事业，为开创祖国医学的新局面奉献力量。

以正虚发病学说指导临床，是裴氏学术思想的一大特色。《内经》云："正气存内，邪不可干。"这是辨别一切内伤、外感病的总纲，所有内科病患的治疗，都应以此观念为准绳，治疗时以扶正固本为大法。活血化瘀、清热解毒、凉血止血等均为治标之法，不可与扶正固本同日而语。一个真正的中医应该准确恰当把握这一规律。当前的一些西学中人员常常忽视了这一理念，把攻伐当做他们考虑的主要手段，扶正固本则视为可有可无之物，这就丢掉了传统中医的优势。这一理念尤其在肿瘤和血液病方面显得尤为突出。古人云："积之成者正气之虚也，正气虚而后积成。"基于这一观点，20世纪70年代我拟定了治疗白血病和肿瘤的专方"兰州方"，该方一派扶正固本，无一味杀伐之剂，但却能使血液病、肿瘤患者出现明显疗效。M5（单核细胞性白血病）患者马长生，L2（急淋白血病）患者刘丽刚就是以此方为主方而治愈的。

重视脏腑、气血之间的相互关系是裴氏学术思想的另一大特色。中医由《内经》开始就建立了整体观点，通过阴阳学说、五行相克观点突出人体的统一性、相关性，认为人体的各个组织、器官之间，在功能上相互协调，在病理上相互影响。在治疗疾病时将人体看做是一个有机整体，这是中医的独特之处，是中医对世界医学的突出贡献。疏肝就能和胃，培土即可生金，攻下能泻肺气，补气才可生血。在治胃药中加数味疏肝之品，常使疗效倍增；在治肺药中加健脾益气药四君、六君，则疗效更加显著。治疗肺癌大咯血，常以凉膈散涤荡大肠，西药久治不止的咯血往往奇迹般消失。在治疗胆汁反流性胃炎时，恒用柴胡疏肝散加味，通常手到病除。所谓"见肝之病，知肝传脾"，胆汁反流性胃炎其本在肝，其标在胃，疏肝则治其本，本治则标自安矣。对血液病的治疗，要重视补气。李时珍有"有形之血难以骤升，无形之气须当急补"的论述。治疗白血病的主方"兰州方"就是一派的补气药。

"辨证施治的结果就是治本"是临床快速辨证的关键。这里的"本"是指表现最厉害的病症。我常说:"疾病的任何一个症状的减轻,对彻底根治这种疾病都是有力措施。"譬如肺炎,止嗽散的止嗽,二陈汤的祛痰,枳壳、桔梗的宽胸理气……对肺炎的治愈都起着很重要的作用。如再障,无论是升白还是升板,或者是升红,都能使骨髓的造血功能得到改善。《黄帝内经》云:"有诸形于内,必形于外。"证候的改善就能使疾病产生本质的改变。我在临床一线埋头六十余年,对肿瘤的治疗非常注意临床证候的辨证施治。每每应用扶正固本、清热解毒等法,未用活血化瘀、软坚散结之剂,却经常使肿瘤指标下降、瘤块缩小。鉴于此,我常对学生宣讲中医学理论之博大精深:"积之成者正气之虚也,正气虚而后积成。"正因为对肿瘤患者重视各种细微的临床表现,因此,不仅明显地改善了肿瘤患者的生活质量,而且也延长了肿瘤患者的生存时间。许多胃癌、肺癌、肝癌患者不用手术,也不做放化疗,单独服用我的中药方治疗,生存期在三至四年以上者比比皆是。

裴氏学术思想重视活血化瘀,认为活血化瘀是治疗妇科病的根本大法。无论经、带、胎、产,凡属病理范围(保胎例外),无一不以活血化瘀为主法。在此基础上,可清热解毒、泻火养阴、疏肝解郁、健脾益气、固涩止带……根据临床差异加减进退,往往可收到桴鼓之效。治疗月经不调,可用桃红四物、桂枝茯苓丸,月经提前加丹栀逍遥散、月经错后加大温经汤,绝大多数患者均能应手取效。妇科病多半合并西医所说的盆腔淤血综合征,中医的活血化瘀法对此有绝对疗效。而现代医学到现在为止,没有活血化瘀的理念,也没有针对活血化瘀的药物。阿司匹林、华法林、氯吡格雷、达比加群、阿替沙班、利伐沙班等抗凝消栓药,虽与活血化瘀作用相近,但都没有中医活血化瘀的等同作用。因此西医在治疗除手术妇科疾病外的其余妇科杂病,远远赶不上中医疗效。雌激素、孕激素的妇科临床应用,只能是一种替代疗法或治标之法,不能与中医的活血化瘀相提并论。

在对中医传统方剂的使用上形成了裴氏方剂的组方原则,这是裴氏学术思想的独特之处。中医传统方药，包括经方三百余首（原《伤寒杂病论》方）及历代名家方药，是中医学术体系的核心，也是中医历经千秋磨难而不败的根本原因。每个传统方剂的组成，都是名家一生心血的结晶，包含着名家宝贵的临床智慧和经验。一方一药的传世，都非偶然，其剂量的大小，引药的配选，煎煮的方式等更是临床经验的巧思和结晶，更不容后学者轻易变动。古方可以根据实际病情发挥进退，但不可任意大幅度横加筛改，使其面目全非。我记忆的古方数量在数千上万，并编了上千条口诀方便学生记忆，临床随意调遣，疗效卓著。自创了一些疗效卓著的自拟方，如兰州方、胆胰合症方、裴氏五味消毒饮等。

在"疑难杂病经验学习班"上，经常有学生问，临床中遇到的复杂病症比较多，像虚实兼有、寒热错杂、表里同病等，是先扶正还是先祛邪，先补气还是先补血？学生们反映，学习"十六字方针"，最难的部分就在于"中医辨证"，临床上许多复杂症候让学生们感到无从下手。作为老师我要求学生们把复杂的问题简单化，八纲辨证是中医辨证的基础，而阴阳是八纲辨证的总纲，辨阴阳就是辨证的关键。《素问·阴阳应象大论》说："阴阳者，天地之道也，万物之纲纪，变化之父母，生杀之本始，神明之府也，治病必求于本。"这里的"本"就指的是调理阴阳。《黄帝内经》中讲，阴阳失衡即为病，所谓"失衡杂病丛生，平衡百病自愈"。治疗上的总原则是"调整阴阳，以平为期"。

中医和西医分别来源于不同的文化体系,它们分别表征着各自的文化背景。西方文化讲斗争，对于自然与他人的态度是"征服"，所以西医体系具有攻击性，在治病过程中以杀灭为主要方式，杀菌、杀死癌细胞……好的坏的一杀了之，最后，我们发现，病人往往越治越虚弱。而我们中华文化讲中和，中医治病是从全局战略出发，从宏观着眼，扶助正气，调和人体阴阳，从而治愈疾病。基于中医整体观念与辨证论治的特点，在战略战术上中医显然比西医高明，不会出现头痛医头、脚痛医脚的情况，这是我们祖先大智慧的体现。我提出中西医结合"十六字方针"的主要目的是发展中医，而非发展西医，明白了中西医结合的真正意义，就能开出好药方，当个好大夫。

第三十章 | 救治著名小麦育种专家

2010 年 6 月的一天，我接到甘肃省肿瘤医院院长陈学忠的电话。电话中他告诉我全国著名的农业专家周祥椿患上了胰腺癌，省上领导都很关心周老的病。目前，周老的家人已经在中西医结合科办理住院手续，请我带领中西医结合科尽全力救治。我曾在报纸上看到过有关周老的报道，对这位功勋卓著的专家印象深刻。周老是我国小麦育种专家，由他培育出的小麦优良品种在全国推广种植，为国家和人民做出了巨大贡献。甘肃省人民政府在 2000 年授予他"科技功臣"荣誉，并重奖六十万元。

周老所患的胰腺癌有个令人惊恐的称号——癌症之王，恶性程度极高，是预后最差的恶性肿瘤之一。目前，胰腺癌患者五年生存率不足 5%，60% 的患者发现时已经转移，手术、放、化疗效果均不甚理想。由于此病属消化道恶性肿瘤，常伴有腹痛、腹泻、呕吐、恶心等症状，让患者苦不堪言，痛不欲生。周老年事已高，此病又凶险异常，他一定受了不少罪，必须快速、准确地为他制定治疗方案，一刻都不能耽误。我三步并作两步，急忙赶到中西医结合科，科里当班的医生护士忙将我迎到周老病房。此时，周老躺在病床上，面色萎黄，无精打采，一副痛苦衰弱的样子，和报纸上意气奋发的模样判若两人。我详细翻阅了周老的病历资料，在进行了望、闻、问、切后，制定了治疗方案。以疏肝利胆、清热泻火、活血化瘀、清胃降逆为法，组成胆胰合方。让周老按时服用中药，及时提供 CT、B 超、肿瘤标志物及相关检查。同时应用白蛋白、胸腺肽、脂肪乳、复方氨基酸等西药支持治疗，并让我的弟子张惠芳和硕士研究生张桂琼主治医师共同管理，并嘱咐科主任薛文翰、护理部主任邱玉梅派护士特别护理。甘肃省肿瘤医院中西医结合科于 1985 年由我亲手创建，科里的大夫都是我的弟子，薛文翰、张太峰、张惠芳、鲁维德、张桂琼、张丑丑、冯永笑等人都是我带出的博士、硕士，他们都能熟练运用我的学术思想和医学经验治病。这些年来，我们师徒组成了一支临床技术团队，配合得十分默契。

服用中药一周后，周老的大便次数由每日二十次左右减为六七次，上腹部疼痛也有所减轻。张惠芳、张桂琼医师认真负责，细致观察，及时向我汇报病情。科里为周老拟定了合理的饮食搭配，周老的病情一天天好转。周老和家人见到我和科里人就一个劲道谢："真没想到中医的疗效这么神奇！""早点找裴大夫就好了，白白受了那么多罪，也耽误了时间！"周老一家人为治病的确费了些波折，所以才会有这样的感慨。

4个月前，周老感觉到自己疲乏无力，食欲不振，随即上腹部出现间歇性疼痛，接着大便次数增多，每日三至四次，后来逐渐增加至十次以上。起初周老在家人的陪伴下去了几家小医院，服了一些常用的胃肠药，病情非但没有缓解，反而愈来愈重，腹泻次数竟增加至每日二十次左右。周老的病引起了甘肃省委副书记、省长刘伟平的关注，派人联系兰大一院，给周老做了全面的检查。

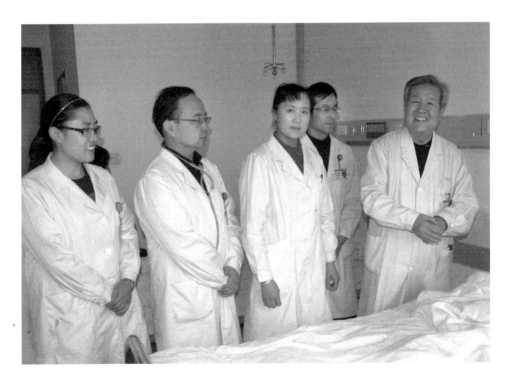

裴正学（右一）和他的中西医结合医疗团队

经 CT、MRI、肿瘤标志物等多项检查，确诊为胰腺癌。医院特地交待周老一家，此病非常难治，存活率极低。为救治这位成就突出的科技功臣，甘肃省委、省政府专门作出了批示，相关单位安排省保健局保健医师温博伟和周老的儿子周刚飞赴上海联系最好的医院。在省农科院领导和家人的陪护下，周老住进了上海交大医学院附属瑞金医院肝胆胰外科。医院对周老进行了全院会诊，除肝胆胰外科的大夫外，还有肿瘤科、放疗科、化疗科的专家教授，大家一致认为周老的病可确诊胰腺体尾部癌。鉴于周老年事已高，身体极度衰弱，瘤体与腹主动脉相连，不易剥离，会诊认为，不宜手术，建议采取内科保守治疗及中医调理，并估计周老的生存时间大体只有三至六月。周老在该院住了九天，便匆匆返回兰州。回兰后，周老的病情越来越重，腹泻增至每日二十余次，疼痛也明显加重。就在这时，有人介绍说裴大夫擅长治疗此病。

经过五个月的调治，周老的腹痛消失，腹泻停止，人也变得越来越精神。经 CT、B 超检查，胰头肿块由 4.4cm×4.8cm 缩小至 1.8cm×2.3cm，胰腺形态接近正常，肿瘤标志物 CA19-9 恢复正常。省长刘伟平、省政府秘书长李沛文、省委组织部副部长蔡保成、省卫生厅厅长刘维忠，多次来医院看望周老。每次来，周老对我们的治疗都是滔滔不绝地表扬和赞美。一次探视后，医院专门组织了一个小型座谈会，会上刘省长问我："这么难治的病，你用什么方法取得了如此好的效果？"我说："只要提到肿瘤，大多数人的第一反应就是手术、放疗、化疗。西医治疗肿瘤的着眼点放在杀灭癌细胞，现代科学又发达，手术把可见的肿瘤都能切掉，残留的癌细胞用放疗和化疗把它进行清除。这从理论上来讲非常完善。然而，一百多年来，一直用这个方法，到现在为止，非但没有控制住肿瘤的发展，肿瘤病却年年在增加，肿瘤的死亡率也在上升。我在甘肃省肿瘤医院工作了四十多年，我的病人中肿瘤患者占最大比例，这个现象值得医疗界思考。据我粗略统计，肿瘤患者中乡下人比城市人活得时间长，城市人比干部活得时间长，小干部活得时间比大干部长，活得时间较短的就是高干，死得比乡下人快。为什么？因为经济条件好，手术、放疗、化疗多多益善，把机体免疫力给破坏了。

而乡下人没有经济实力，多半以喝中药为主，反而能活较长时间。我曾会诊了多位患上肿瘤的高级领导及亲属，病人吃中药治疗的时候，还能散步，从北京、上海请来大专家做了会诊，用了最先进的化疗方法、最先进的三维适形调强放疗，结果病人很快就死了。一心想把肿瘤给完全消掉，却在一定程度上杀伤了机体的免疫细胞，破坏了患者的免疫力。我不反对手术、放疗、化疗，但治疗一定要根据病人的具体情况。我的经验是：早期肿瘤，手术、化疗杀敌两千，自损八百；中期杀敌八百，自损八百；晚期杀敌八百，自损两千。周老的病情严重，身体极度衰弱，既不适合手术，又不适合放、化疗，这个时期中医治疗是最好的选择。"

"那么中医治疗肿瘤用的方法是什么？西医用手术割，用化疗消。中医运用整体观，采用扶正固本的原则，把身体的抵抗力集中起来，调动起来，从而抑制肿瘤生长！我认为恶性肿瘤发生的根本原因是正虚，扶正固本是治疗肿瘤的基本法则。《素问》指出'正气内存，邪不可干''邪之所凑，其气必虚'，明确认识到'正气'是决定疾病发病的关键。明代著名医家陈实功在《外科正宗》中提出了'积之成者，正气虚也，正气虚而后积成'的论点，直接地把《素问》'正虚发病'观点应用于肿瘤之发病，认为只有在正气不足的情况下，邪气才能侵犯人体，从而导致脏腑功能紊乱、气血阴阳失调而形成肿瘤。古人的这些观点与西医现代免疫学说不谋而合，也为现代肿瘤学的研究指明了方向。我们的祖先在没有条件进行局部、微观研究的时候，一直运用整体观治病，现在看来很有前瞻性，非常了不起。中医能治肿瘤，不但理论上能治，临床实践中也能取得满意的疗效。这些年有很多有关中医治疗肿瘤的案例和报道。我在20世纪70年代，用纯粹的扶正固本法完全治愈了一例单核细胞性白血病，也治愈过肝癌、治愈过胃癌、治愈过恶性淋巴瘤……这说明中医的扶正固本法能够改善机体的免疫功能，动员机体的防卫力量，激活人体的抗病因子。采用中西医结合治疗，充分发挥中西医各自的优势，调整机体内环境平衡，调动和激发机体潜能，就能达到最佳疗效。多数病人可以带瘤生存，与癌细胞和平共处，不仅延长了生命，也提高了生存质量。在我的门诊上有很多病人都是在西医医院手术、化疗、放疗之后，身体越来越糟糕，有复发或转移时，才想到用中医的办法试一试。一般到这时候，有的病人已经花费了大量金钱，有的甚至达到了几十万。经过我的中西医结合治疗，很多肿瘤患者肿瘤标志物恢复正常，身体的各项机能提高，生活和正常人无异，有的病人痊愈，有的病人带瘤生存到七八十岁，这说明中医治疗肿瘤大有可为！现代西医用手术、放疗、化疗来治疗肿瘤，他们只注意到了肿瘤的局部，忽视了整体对局部的调节作用。我们则运用整体观，采用了扶正固本的方药。"

刘省长对这一论述表示非常赞赏。

2011年春节，甘肃省委书记陆浩、省长刘伟平为在兰两院院士、科技功臣举行春节团拜会。这时周老已经出院，身体状况良好，他穿好西装，打上领带，兴高采烈地去参加团拜会。陆书记和刘省长都知道周老病得很重，看到周老精神矍铄、容光焕发，恢复得如此之好，亲切地握着他的手向他问好！陆书记对在场的省卫生厅厅长刘维忠说："周老恢复得这样好，我们大家都很高兴，这说明我们甘肃省有全国最好的专家团队，要对周老继续给予关怀，让他在中西医结合科继续治疗，直至痊愈。"周老参加完团拜会的第二天，特地来到医院，对参与救治的中西医结合科全体大夫一一表示感谢，并对省肿瘤医院院长陈学忠教授说："我住在肿瘤医院，就像住在家里，裴教授和他率领的中西医结合科不光医术高明，治疗过程还充满人文关怀，让我倍感温暖，也增强了与疾病斗争的信心。"

周老的病出现了奇迹般的转变，这让卫生厅厅长刘维忠尤其感到高兴。刘厅长任职以来，一直不遗余力地为推动中医发展而努力。他曾多次在卫生系统大会上，对中医治疗肿瘤这一成功案例大加肯定和赞赏，并有意向全国宣传推广。在战胜癌症一年半后，周老在家休养期间意外跌伤后高烧不退，不久出现霉菌感染引发肾功能衰竭，于2011年8月20日不幸辞世。得知这一噩耗，我和中西医结合科的同事们深感悲痛和惋惜。在救治的几个月中，我们团队和周老已经建立了深厚的感情。那些天，大家的情绪都很低落，值得每个人欣慰的是，通过我们的努力，为周老延续了一年半的生命，使这位科技功臣在出院后能够继续主持科研项目，为小麦育种做出了最后的贡献。

这个案例影响比较大，好几家省内外媒体都来采访，《中国中医药报》也专版刊发了报道《裴正学和一例胰腺癌患者的故事》。

第三十一章 | 微博问答

说起开微博的事，还是要提到当时的甘肃省卫生厅厅长刘维忠。刘厅长在1978年到1982年间，就读于兰州医学院医疗系，期间曾学习过中医，此后一直对中医情有独钟。2011年5月底，刘厅长开通微博推广中医，以甘肃省卫生厅厅长的身份实名认证，并倡导卫生系统的管理人员和中西医医务人员都开微博。甘肃省卫生厅上会研究后，专门发了通知，鼓励医生和卫生系统管理人员、卫生系统行政单位和医疗机构在新浪、腾讯开微博。厅里专门成立了微博服务站，制定了微博管理和评选办法。

卫生厅号召医生参与微博交流的这件事，我个人认为是一件绝好的事情，我对刘厅长的这一举措打心眼里赞赏。微博是信息化时代的产物，是知识经济的产物，我们每一个人、每一个学科、每一个行业，要顺应时代潮流，必须融入网络，学会运用信息化工具，让微博为我所用，中医学这门古老的学科也不例外。从2011年8月开始，我响应刘厅长的号召，带着我的学生鲁维德、齐雪婷、董琴琴、冯永笑、单金姝、刘媛等开始了微博问答。每天早晨8点至8点30分，是我和学生们与网友交流的时间。我在一旁讲，学生们在电脑前打字，从不间断。刚开始我们与各地的网友还没有建立起联系，我就主动讲有关中医、西医、中西医结合等方面的见解，目的是抛砖引玉。不到两个月，各地网友的问题纷至沓来，他们从各个角度提出问题让我解答，包括医学理论方面的问题，内容涉及内科、外科、儿科、妇科等各专业知识。我总是一丝不苟，认真回复。中西医结合专业的临床医生，实际上都是全科医生。我凭借自己长期的实践经验，对网友的提问都能给出让他们满意的回复。有些网友提出，是不是把某种病的治疗方法说具体一点，好让他们就去试着应用。这种愿望是好的，是可以理解的，但是中医治病必须望闻问切，辨证施治，不管一方还是一药，没有辨证基础就用于病人，往往容易出错。我开展微博的目的就是给业内同行提供思路，促进学习和钻研，以图将中医事业搞得红红火火，从而造就出一批人才，并非在网上治病。如果在网上治病，缺乏辨证基础就容易出现问题，对发展中医不但起不到好的效果，反而会形成很多不必要的事故。当前各大医院分科很细，而中老年人往往是一身多病，这样的患者在医院各科之间转来转去，事实是哪一科也解决不了他的全部问题，有时甚至耽误病情，给病人造成了很大损失。对于这样的网友提问，我常会给出一个治疗的思路，让他们在治病时少走些弯路。发条微博就能得到相对专业的诊疗方案，比起一大早排长队挂号，然后一一转科显然更为方便，受到网友和年轻人的欢迎。微博上一部分人是患者或家属求医问药，还有一些是各地的大夫，他们会询问一些书本上查不到的问题，以及在医学理论、临床上面临的具体问题。网上的问题五花八门，涉及面很广，我都是有问必答，即问即答，从来都不用查资料，一般都是用西医的观点说一遍，再用中医的观点论述。对于网友的提问，我的学生们也有学习的需要，我在网上的回答比较浅显易懂，回答完网友的问题，我会给研究生们把更深入的问题再讲一遍，很受学生的欢迎，都说老师是名副其实的"活字典"。尤其是我的博士生鲁维德，他向别人说起我的微博问答，很是自豪："只有我的导师裴老看到问题就能讲，简单的能成文，复杂的能成讲稿！"很快，微博粉丝数量激增，开通后不久，粉丝就上升到了几万人。

2011年的一天，我的办公室来了一位陌生的客人。来人自称是《瞭望东方周刊》的记者，想向我求证有关刘维忠厅长的事情，我欣然接受了采访。在2011年，微博还算个新生事物，刘维忠厅长作为政府官员，他的一言一行备受关注，有叫好声，也有叫骂声。开始时，卫生厅号召省内医生开微博的做法被网友们称为"隔空诊脉"。后来，刘厅长因为在微博中多次提及猪蹄汤有益于疾病的调养而被网友戏称为"猪蹄厅长"。当时，网上关于刘厅长的负面消息较多，一时间闹得沸沸扬扬，自然引起了众多媒体的关注。果然，这位记者抛出的第一个问题就很尖锐，他问道："作为甘肃省医疗行业的老专家，您认为刘厅长是不是个好官？"我不假思索地回答他："当然是个好官！政府官员总给人以神秘的印象，敢在网上实名认证的人凤毛麟角，说明他是想干事的好官。正是有了'微博厅长'的大力推动，提起中医，人们就会想起甘肃，甘肃中医的关注度明显比以前高很多。"记者又问："您认为刘厅长提及的猪蹄汤可治病有科学依据吗？"我回答道："当然有科学依据。《本草纲目》等书中都有猪蹄补益精血、强健腰腿的记载。猪蹄与中药材搭配，可以治疗多种疾病，对于消化功能好的病人，猪蹄汤的确能起到一定的作用。"这位记者采访我后，又有记者来求证中医治肿瘤的问题。原来，刘厅长在微博上以我治愈胰腺癌、胃癌、肝癌等患者为例，佐证中医在攻克疑难杂症上的独到作用。我告诉记者，我确实通过中医方法治愈过一些癌症患者，但这些案例的成功不一定都能复制。在一个人身上成功的药方，在另一个人身上就未必也能成功。中医需辨证施治，不能用一个方子治疗所有的病人。后来，《瞭望东方周刊》《中国青年报》《新京报》等媒体发布了我的采访内容，网络上反响很大，客观上这是对刘厅长的一次有力声援。

2013年7月22日7时45分，甘肃省岷县、漳县交界发生了6.6级地震，兰州、西安均有明显震感。此次地震，造成了较大的人员伤亡和经济损失。我也从电视上时刻关注着救灾的进展。那天晚上，我已睡下，被一阵电话铃声吵醒，拿起电话一看，是刘维忠厅长的号码。刘厅长的电话好几次都是我睡下后打来，这已经不是一次两次了，每次都是有关治病的急事。我接通后忙问又有什么紧急情况。刘厅长告诉我，灾区伤员已经转院至兰大二院，他希望我能参加救治工作，去兰大二院为伤员会诊。他还建议具体救治工作要中西医并重，做到能用中医，就不用西医；能吃中药，就不吃西药；能保守治疗，就不做手术。人命关天，我欣然接受了厅长交给的任务。7月25日早晨，兰大二院打来邀请会诊的电话，我带着学生赵孝鹏、陈光艳、王鑫等人赶赴兰大二院。那天我在兰大二院会诊了十八例地震灾区患者，其中危重者八例。这些病人外伤、内伤兼有，颅脑损伤、骨折、胸腔积液、全身疼痛等问题比较严重。由于惊吓过度，几个病人还出现轻度昏迷、躁动不安、语言障碍等症状。有两例患者因手术原因暂未服用中药，其余的我都本着"西医诊断，中医辨证，中药为主，西药为辅"十六字方针开出了药方，学生们还把病例报告发到了微博上。7 月 26 日，我去兰大二院会诊，碰巧遇上了刘厅长带领抗震救灾医疗救治组、宣传组和省卫生厅卫生监督所负责人督导检查地震灾区转诊伤员医疗救治工作，并慰问医务工作者。当看到伤员们的病症已有缓解，刘厅长非常满意。"微博厅长"早已习惯网上办公，当天晚上就发了微博："下午看了兰大二院伤员，除西医措施外，裴正学先生给每个伤员开了中药，兰大二院也给每个伤员

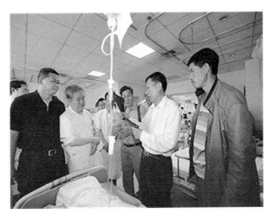

裴正学（左二）在兰大二院救治岷县、漳县地震伤员，右二为刘维忠厅长

用了黄芪猪蹄汤，针灸，使用了省中医院、中附院送的外用中药。神经外科主任很重视，早一天就用了裴先生的中药。今天三个较重的患者的烦躁、大便不通问题解决了。"

从 7 月 25 日至 8 月 7 日，我的学生将每天的会诊病例都在微博上发布，网友们可以实时看到每天药方如何调整变化，以及病人病情的好转情况。记得有一位叫曾兰芳的病人，因为受伤严重，尤其受网友关注。这是个 30 岁左右的女病人，2013 年 7 月 25 日初诊时，深度昏迷，呼之不应，牙关紧闭，四肢强直，大便三日未通，脉弦数。西医诊断为重型颅脑损伤，弥漫性轴索损伤，侧脑室出血、蛛网膜下腔出血，多发性肋骨骨折，右侧锁骨骨折，双侧胸腔积液。经过辨证，中医证型为血瘀三焦、实火内蕴、热伤神明，因而采用了活血化瘀、通腑泻热、安神定志的治法，为她开出了桃核承气汤 + 血府逐瘀汤 + 大黄牡丹皮汤合方。患者服药两剂后大便即通，三剂后睁眼自如，昏迷较前变浅，7 月 31 日服完五剂后四肢强直减轻。我又调整了处方，予桃核承气汤合赵心波治脑外伤方加减。患者服此方四剂后四肢强直消失，牙关紧闭较前好转。8 月 4 日、5 日，患者夜

间发热，体温分别为 37.7℃、37.9℃，予以物理降温后体温恢复正常，大便通畅，呼叫有反应，并调整了处方。8 月 6 日查房，患者病情稳定，体温恢复正常，继服前方。像这样的病人是地震伤员中比较典型的一例。从总体来看，中西医结合治疗在减轻患者痛苦、改善患者症状、帮助康复、缩短病程、节省费用诸方面均显示了显著的优势。对于进 ICU 的重症病人，我拟出了 ICU 病房急救常用方，呼吸衰竭方、循环衰竭方、肾功能衰竭方、弥漫性血管内凝血（DIC）急救方、心梗急救方、高烧不退方。在西医常规治疗的基础上，应用中药汤剂都取得了良好的效果。我们师徒在参与救治岷漳地震伤员的过程中，通过微博与网友互动，让人们了解到中医药在急危重症面前能够担当大任，中医不是慢郎中。

由于我在微博上比较活跃，粉丝量涨得很快，在网上也产生了比较大的影响，这在全省卫生系统中比较少见。周围有些朋友、同事劝我少发点微博，能达到卫生厅的要求就行了，以免惹上麻烦事。有一天，我正和学生们与网友交流，一位老朋友发了一条留言：正学老弟，我看你还是低调些吧！我对关心我的人表示感谢，但是微博照发不误。定西市委研究室主任张全有是我的忘年交，他还特意和我讨论关于微博的一些问题。我向他表明了我对微博这一新生事物的看法。我认为利用微博交流至少有三点好处：第一，有利于中医学医技的传帮带。过去的年月，中医学主要通过著书、带徒等方式传帮带。现在应该与时俱进地创新传帮带的方式，丰富传帮带的载体。微博就是一个新方式，就是一个新载体。借用微博这一信息通道，资深中医专家、教授可以随时、便捷、快速地向年轻医师授业，使年轻医师得到指导。第二，有利于中医学的交流发展。中医学是中国传统文化的重要组成部分，不可否认，中医学或多或少具有中国传统个体农业、小手工业文化的烙印。大部分医家都是按照传承下来的经验和自己的理解，用"三个指头和一个脉枕"，去望、闻、问、切，很少与别人交流。所以有人说，中医学家的门户观念很浓，闭门造车的习气很浓。而今，时代变了，条件变了，我们要弘扬中国这一传统文化，就必须动员各个医家走出门户之见的壁垒。利用网络通道交流，既传承中医学，又弘扬中医学，更在交流中提升、发展中医学。

第三，有利于中医学的普及推广和走向大众化。受中国传统文化特点和客观条件的限制，中医学一直掌握在极少数人手里，不被最需要中医学文化的芸芸众生所掌握。在知识大爆炸的当今时代，在大众渴望掌握保健知识、医学常识的时代，微博是一个让中医学走向大众的新途径，是医家为大众答疑解惑的快车道。当然，利用微博交流也有它的局限性，不能切脉，不能看病人的气色，但我们不能因噎废食！

2011 年至 2019 年，我回答了上万条提问，我的微博粉丝也达到了 20 多万。在我的学生邱玉梅、冯永笑、陈光艳、赵孝鹏等人的建议下，我们每年把微博问答整理成册，八年时间共出版了五辑《中国著名中西医结合专家裴正学健康微博》，每辑都有三十余万字。刘维忠厅长在序言中写道："裴正学老先生用言简意赅、通俗易懂的谈话方式为广大网友逐一讲解人们在医学理论上的困惑和他在疾病防治方面的见解。同一种病用西医的观点说罢，再用中医的观点论述，让读者能从不同角度了解该病，实际上就形同一个中西汇通的通俗小词典。"

第三十二章｜幸福生活中的小遗憾

　　2011年10月，老伴赵桂莲七十大寿，儿子新梧，女儿新凤、新华带着家人回兰祝寿。一家人好久没见面了，有着说不完的话，老伴拉着几个孙子，左看又看，怎么也看不够。其乐融融的团聚场面引起了我的诗兴——《祝老妻桂莲七十寿》："历尽劫波五十秋，凝眸相看两白头。含辛茹苦怜君瘦，相濡以沫释我愁。一日三餐凭卿手，长年累月操家酬。老来方见天伦乐，花好月圆才是福。"

　　儿女们相继成家立业，我和老伴的退休生活还算惬意。儿子新梧在北京任中国农科院遗传基因所研究员，博士生导师，兼任中国植物保护学会生物安全专业委员会副主任委员。大女儿新凤，在西北工业大学任副教授。小女儿新华，

本世纪初，裴正学全家合影

担任中央电视台气象预报主播。虽说孩子们通过勤奋努力都已成为行业精英，我应该非常满足了，但我心中还是有个小小的遗憾，那就是裴家是中医世家，我的儿孙没有一个人学医。

儿子新梧、新凤出生于 20 世纪 60 年代，小女儿新华出生于 20 世纪 70 年代初。那时家里条件很差，物质匮乏，日子过得比较清苦，但孩子们从来没有缺少父母的关心和爱护，这是我们能给予他们的最大财富。记得新凤 4 岁时，寄养在农村外婆家，一天，不小心从牛背上摔了下来，把胳膊给摔骨折了。那天早上下着大雨，有人跑来报信。我和妻子冒雨狂奔到二十华里外的外婆家，跑进院子就听到孩子在大声哭叫。我们心急如焚，担心万一错过救治时间落下残疾，进屋后一刻没停地抱起孩子就又冲进了雨中。在泥泞的山路上奔跑了三个小时，才跑到公路上，妻子疯了一样在公路上拦车，终于拦住了一辆拉柴火的车。妻子抱着女儿，我在一旁护着她们，爬上很高的柴堆，勉强坐下。山路崎岖，货车颠簸，我一手紧抓柴堆，一手护着她们母女。晚上 8 点，终于赶到了天水北道医院，给孩子打上了石膏，我和妻子才松了口气。这时，我才感到脚下钻心的疼，低头一看，皮鞋上沾满了血渍。我忍痛脱下皮鞋才发现脚已经被磨得血肉模糊，连骨头都磨出来了。新凤后来多次说起此事，多亏了爸爸妈妈的果断处理，她才没有落下残疾。我过八十大寿时，新凤写了一篇文章《我的父亲裴正学》，文章里专门回忆了这件事。

我常对子女们说："要多读书，读书才能明理，明理才能做人，做人才能做好事。"并且以身作则，每天自己天不亮就读书，晚上回家读书学习到深夜。身教胜于言教，孩子们也对读书产生了浓厚的兴趣。刚到兰州时，住的房子只有十平米，只能放一张书桌，大部分时间我用。每当我伏案读书时，三个孩子就搬三个小板凳爬在床沿上读书学习。

爱孩子，但我从不娇惯孩子，我对他们要求很严。年轻时我的脾气有些急躁，有时候也会动手打孩子，他们三个都挨过我的揍。新华 9 岁时，一次学习明显退步了，拿着成绩单让我签字，我看到成绩，一下子火冒三丈，拿起鸡毛掸子就打。新华吓坏了，哭着躲我，最后没处躲了，急得往衣柜背后钻，一下子把胳膊磕了个大口子，当时血就冒出来了。我因急着要去武都讲学，没有管她，也没给她包扎，临走还教训了她几句。几天后，我在武都收到了新华的信，信里写道："妈妈给我的胳膊涂了药水，一会儿就不流血了。您好好讲学，我会好好学习，当个好学生……"看着信，我的心里很不是滋味，开始检讨自己教育孩子太过粗暴。同房间一起讲学的许自诚听了这件事，连声批评我下手太狠，从那时起，我教育孩子时尽量控制自己的坏脾气。

总的来说，我们是比较传统的人家，对孩子的教育也基本上偏于传统，真诚、踏实、上进、务实、孝顺等品质早早就在这三个孩子身上有所显现。1973 年，我父亲调来兰州工作后，住在大沙坪，我每周都带着妻儿去看望父母。当时吃水要到离家一千米的公用水房挑水，我去了就把水缸挑满，煤气罐操心着灌满。妻子则把老人的衣物浆洗干净，把屋子收拾整齐，厨房的事也要做得差不多，方便老人下周的生活。新梧 8 岁时，我就让他陪爷爷奶奶一起住，一直到上大学。新凤小小年纪就跟着母亲为爷爷奶奶做家务，妻子常说女儿是她的好帮手。新梧、新凤、新华是在传统家庭里长大的，他们一直按照父辈推崇的道德规范做人做事，孝顺长辈，本分做人，淡泊名利，勤俭节约……不管是上学还是工作，我听到人们对他们的评价，心里是很高兴的。用我父亲的话说："这几个孩子都很乖，是听话懂事的好孩子。"

新梧、新凤、新华从小非常懂事，这让我和妻子感到欣慰。他们看到父母非常节俭，也都早早养成了勤俭的好习惯。一家人下放甘泉时，新梧才 6 岁，就带着妹妹新凤去兰化疗养院捡废煤渣。刚搬到兰州时，6 岁的新华又到工地上拾烂柴火，回来还问妈妈："这么好的柴火，如果在甘泉早都被人抢光了，兰州人怎么都不捡啊？"

2015 年，儿子新梧，女儿新凤、新华三人相约全家去西双版纳游玩。他们平时都忙于自己的事业，很难凑在一起和父母团聚，这次酝酿了很久终于把休假安排在了同一时间。我平时的坐诊时间安排得比较满，为了不扫家人的兴，也破天荒准备休诊几天。在西双版纳汇合后，全家都很兴奋，我们去当地一家很有特色的酒店用餐。新梧一高兴，点了很多菜。我平时对子女要求很严，浪费粮食是绝对不允许的，眼看菜剩下了很多，当时脸色就不好了。新梧发现情况不妙，一个劲地劝大家多吃点。新凤、新华当然很卖力，老伴也很帮忙，最后所有人肚子撑得都很痛苦，后面几天再没有发生这样的事。这恐怕是他们从小到大唯——次铺张浪费，得到的教训就是肚子难受了一晚上。

勤俭持家的传统到了孙子辈身上，还进行过家庭大讨论。新梧的儿子真真，2017年从美国留学回到北京，在商汤集团工作。他放着家里的房子不住，用一半的工资租住了一个高档小区。新梧认为太大手大脚，几番劝说回家住，都没有成功，就把劝说的希望寄托在我和老伴身上。这孩子是我和老伴看着长大的，与我们的感情比较深。我听后有些生气，家里还没出过这么大手大脚的人。老伴听后直摇头，家里有住处，还要每月花费近万元的房租，省下这些钱干什么不好，太不可思议了。打通了孙子的电话，我和老伴轮番数落，晓之以理，动之以情，孙子却不为所动。他说我们是老脑筋，应该改变思路想问题了。他问我们："家里的房子是普通小区，有游泳馆、健身房吗？我现在租住的小区基本上都是北京各行业的年轻精英，我在这里认识了好多朋友，我们互相交流能拓宽眼界和人脉，说不定将来会合作项目。我们一起喝着咖啡就能了解世界最前沿的科技信息，普通小区能有这样的体验吗？住多少年碰到的还不就是那几张老面孔……"孙子的话也有他的道理，他喜欢独立自由，不愿意与父母同住。他想做自己喜欢做的事情，对事物有自己的见解。我思来想去，要理解他，这是三代人生活观念的差别，不能随便给孙子贴个"大手大脚"的标签。我给家里人说："真真租房这件事，我们要理解他，千万不要再去声讨，只要消费合理，就不能说他是胡浪费钱。"事后我们通过观察，孩子在其他方面倒也节俭，说明还是懂事的。

父亲和我都热爱中医事业，当然也希望孩子们将来能够学医，然而他们最终都与医学失之交臂，让我遗憾了很长时间。新梧受到他爷爷和我的影响，对医学兴趣比较大，考大学时一心想考医学专业，我为此高兴了很长时间，一想到将来子承父业，心劲十足。然而高考出了意外，他学医的理想也随之破灭。

1978年，高考恢复的第二年，新梧和我哥哥的女儿新燕同在一个考场考试，进考场时，新燕发现她的准考证忘带了，被挡在考场外，顿时急得哭了起来。新梧本来已经进了考场，见此情景，又出来安慰姐姐，给监考老师说好话，想让人家网开一面放新燕进去。最后看没希望，他想出了一个办法，让新燕先进去考试，他去给姐姐取准考证。监考老师被他为别人解难的勇气感动了，答应了他的请求。他们的考场在五泉山的十八中，公交车好久才来一辆，新梧好不容易等上车回到大沙坪，取上新燕的准考证，等进考场时考试时间已经过了一半。那天考的是语文，他的作文没来得及写一个字，肯定是零分，这让新梧很受影响。发榜后，新梧刚上本科线，比新燕少了23分，为了求稳，报志愿时报了录取分较低的甘肃农业大学。后来，新梧被甘肃农业大学录取，新燕被西安医科大学录取。新梧为新燕取准考证影响了自己的成绩，在人生最关键的转折点上吃了大亏。我的母亲认为是新燕惹的祸，半年时间不给新燕好脸，父亲对新梧的表现大加赞扬，认为遇到这样的事，裴家子孙都应该这样做。好在新梧一直勤奋努力，本科毕业后考上了兰州大学的研究生、博士，以后的发展都比较顺利，但学医终究成了曾经的一个梦。

大女儿新凤聪明，好学。作为医生的女儿，她很早就体会到了当医生的艰辛与不易。我的休息时间也基本在看病，陪伴家人休闲游玩基本上是不可能的事，这让她十分困惑。我经常忙于看病，不管过年过节，无论什么时间，只要科里打电话，我就放下一切直奔病房，全家过节基本都过不好。老家的亲戚朋友来看病，条件不好的我还要贴补钱，一般还会让妻子准备茶饭。有一次，我小时候的好友来兰州看病，他非常贫困，是村里的五保户，我见到老朋友很高兴，见他穿着破衣烂衫，知道他生活窘迫，就没让他挂号。看完病，自己出钱给他取了药，又让妻子在家里做了丰盛的饭菜招待他。吃饭时，我兴高采烈地和他谈了很多童年的往事。三个孩子见又来了个陌生人，还很邋遢，找借口不愿意上饭桌。老朋友走后，我狠狠地批评了他们。有时候我的病人太多，等看完回家时，常常到楼下就没力气上楼了，需要扶着楼梯休息一会儿。新凤见到了太多这样的事，她希望将来的事业与生活互不干扰，最后，选择了数学专业。

新华从小就是个听话、懂事、善良的孩子，而且富有同情心。小学五年级时，在七里河邮电局门口捡到了十块钱，她想丢钱的人一定很着急，就站在原地一直等，从早上 7 点多等到 9 点多，实在等不见人就把钱交给邮电局职工，自己才匆匆去学校。因为迟到，受到了老师的严厉批评。新华讲出缘由后，老师专门到邮电局

小女儿裴新华成长为中央电视台气象主播

核实，学校因为这件事专门表扬了她。善良、富有同情心是一个医者必要的品质，我想新华如果当医生，绝对是个好医生，可这个孩子看到打针吃药就害怕。一次看电视，看到病人痛苦的样子，她捂着眼睛不敢看，一会儿还留下了眼泪。我看到这场景就知道她也不能学医，医生就是和病魔斗争的战士，心理承受能力要强大才能胜任。后来，新华在兰州一中上初中时，联合国教科文组织来兰州考察，新华被学校选中参加交流活动，英语说得比较流利，得到了考察团的赞扬，这件事对她是个很大的鼓舞。后来，学校还推荐她到兰州电视台录制了几次节目，她喜欢上了播音主持专业。我尊重她的爱好，再没有提说让她学医的事。1990 年，新华如愿以偿地考上了北京广播学院。1994 年的一天，我坐完诊回家，平常老伴赵桂莲都会迎上来问问坐诊的情况，这次却没有搭理我，坐在沙发上眼睛直勾勾地盯着电视，笑得嘴都合不拢。我问她看什么，她才发现我回家了，连忙把我拉到电视机旁。我定睛一看，原来是新华在主持中央电视

台的《天气预报》节目。她毕业后分配在中央电视台，这天应该是她第一次出镜，提前几天就给家里通知了时间，我坐诊一忙居然给忘了。我和老伴目不转睛地看着女儿播报，生怕漏掉一句话。从那天起，《天气预报》成了全家的必看内容。

三个孩子都没有学医，我又把希望寄托在孙辈身上。新梧的孩子真真从小在我身边长大，聪明活泼，表现得像个小大人一样，做事说话很有主见。我和妻子非常疼爱这个小孙子。真真小的时候，常和院子里的孩子们玩耍。一次，他带着小伙伴们把垃圾箱里的破纸箱翻了出来，捆到一起卖废品，一共卖了两块四角，他拿去小卖部把两块换成一角的票子，给大家发钱。因为不会算数，一人一角挨个发，发完为止。发完钱，他把小手一拍说："没了，我就不要了！"然后一蹦一跳地跑回家。回家后，兴奋地给大人讲卖纸箱的事。4 岁的娃娃能有这样的组织能力，让我感到他长大后一定会有大出息。2010 年，真真已经长成 18 岁的小伙子，我和新梧极力说服真真报考北京中医药大学。他也一度把这所学校定为考学的第一目标。高考后，我为了增强他学中医的决心，让新梧陪真真参观一次北京中医药大学。谁知道这次游转起了反作用，真真改变了主意，最后上了北京理工大学。毕业后赴美留学深造，学的是自动化专业，这件事让我懊恼了一阵子，其他孙子只能顺其自然了。

2018 年，新凤的孩子映映在澳大利亚留学期间，胆囊结石发病，疼痛剧烈，孩子想趁放假回国时做手术治疗。我让孩子回到兰州，用中药给他治疗。我给他开了十几副中药，喝完后，映映后背疼痛、恶心等症状都有所减轻，彩超显示结石已经变小。孙子没想到有这么明显的效果，信心大增，坚持服用中药，结石完全消失。拿着检查单，孙子高兴地对我说："爷爷，中药也太神奇了！不开刀，不住院，石头就没了！我要是把您配的药带到国外去，好多同学就不用开刀了！"我说："只有医生经过严格辨证才能开药方，药可不敢随便给人服用，你们都没有学医，没有专业知识，这个忙可帮不得……"我又一次遗憾地说起了学医的事。

这些年来，我对后辈没有人学医这件事逐渐想开了，心里已经没有半点遗憾。说到底，"父子相授"是比较古老的师承制度，现在有些老中医还是把经验和技术只传给自己的后人，现实中有很多例子让我们看到这个习惯的弊端。由于教和学被限定于门户之内很小的范围，宝贵的医学经验无法全面发扬。有的虽然历经几代，最终因各种原因"后继无人"，失传是必然的结果。我不会将我的经验烂在肚子里，凡是想跟我学习的人，不管是我的学生，还是慕名来拜师的人，我都会毫无保留地传授。如今我的学生已有千余人，真正打破了"门户私授"的壁垒，使我的医学思想和学术经验能够广泛传播。

第三十三章 | 桃李不言，下自成蹊

自从刘维忠主政甘肃省卫生厅后，他时刻不忘发展中医，对省上名老中医的关心可以说是无微不至。为了传承名老中医的学术思想和医学经验，刘维忠全力推进全国名老中医传承工作室和甘肃省名中医工作站的建设工作，我在甘肃省肿瘤医院的名医工作室就是那时甘肃省卫生厅拨款五十万元建成的。

2012 年 5 月 15 日，全国名老中医传承工作室、甘肃省名中医工作站在甘肃中医药大学附属医院正式挂牌。这意味着名老中医的思想和经验有了交流、研究、传播的平台，也意味着建成的 21 个名中医工作室，从挂牌之日就开始发挥作用。我和张世卿、王自立、刘国安等名老中医受邀参加了挂牌仪式。卫生部副部长兼国家中医药管理局局长王国强、甘肃省副省长郝远出席揭牌仪式并揭牌。全国名老中医传承工作室和甘肃省名中医工作站的建设对于研究和继承名老中医优秀思想和丰富经验意义重大，为了积极整理、研究和继承名老中医

2012 年，裴正学（前排右五）参加全国名老中医传承工作室揭牌仪式合影

的思想和经验，发挥好中医特色优势，服务好广大群众的中医药诊疗需求，卫生厅号召全省名老中医集中在甘肃省中医院和甘肃中医药大学附属医院的名医工作室带教、坐诊。在甘肃省中医院院长李盛华、甘肃省中医院脑病科主任李妍怡的盛情邀请下，2011 年至 2018 年，除了担任甘肃省肿瘤医院首席专家，我还担任甘肃省中医院首席专家长达八年时间。

李妍怡原是我的好朋友夏永潮的得意门生。夏永潮是甘肃省名中医，曾任甘肃省中医院心脑科主任、甘肃省中西医结合学会副会长等职。他在德、医、教、研各方面对学生要求很严，培养了一批优秀的中青年中医，李妍怡就是其中的佼佼者。2002 年，夏永潮退休离兰前我去探望，他将李妍怡托付于我。他对李妍怡说："我走后，裴老就是你的老师。"从那年开始，李妍怡就开始跟我接近。跟我学习后，李妍怡不止一次向我提起正式拜师的事，她非常羡慕那些正式拜入师门的裴氏弟子，尤其是已经正式拜师的甘肃省肿瘤医院院长夏小军。

夏小军毕业于甘肃中医学院，他和我的弟子薛文翰是同班同学，在看到薛文翰拜我为师后，他也有拜师的想法。有一年，卫生部组织了全国优秀中医接班人的选拔考试，夏小军顺利通过。甘肃省卫

弟子夏小军（右）代表甘肃省肿瘤医院向裴正学赠献"医学楷模"匾牌

生厅指定我和张士卿担任他的指导老师，还举行了一个由卫生厅长和名老中医亲自参加的小型拜师仪式。夏小军那时在庆阳中医院工作，拜师后，他定期来兰学习，我的学术活动基本都参加，他的事业也进入快速上升期，成长为甘肃省名中医，主任医师，硕士研究生导师，全国临床重点专科学术技术带头人，

甘肃省医疗卫生中青年学术技术带头人。

我担任甘肃省中医院的首席专家之后，身为甘肃省中医院脑病科主任的李妍怡跟师就更方便了。在我坐诊时，她经常来跟我学习。那时的李妍怡已是甘肃省名中医，她的跟师起了带动作用，有一批在甘肃医学界已有一定声望的领军人才都想来拜师。李应东、蒲朝晖、杨碎胜都是省上的名医，早先有人就已经跟我学习，但没有举行正式的拜师仪式，他们三个与李妍怡经过多次商议，决定在我75岁生日之际一起正式拜师，这样他们就有了裴氏学术思想和医学经验传承人的名分。

2013年2月22日，是我75岁生日。弟子们为我在兰州饭店举办了《裴正学医学经验集》《裴正学医案医话集》首发式和拜师仪式。甘肃省卫生厅厅长刘维忠和甘肃省卫生厅副厅长李存文应邀参加。每年我的生日，弟子们都要汇聚在一起为我祝寿，桃李满园，高朋满座，大家欢聚一堂，畅所欲言，场面温馨而喜庆，就像过节一样。弟子们都把这一天称做"裴正学的节日"。这一年的生日会格外隆重，四位名医的拜师仪式把这次盛会的气氛推向了高潮。

李应东，甘肃省名中医，主任医师，博、硕士研究生导师、国家中医药领军人才，岐黄学者，甘肃中医药大学党委书记。20世纪80年代，我担任甘肃省中西医结合学会副会长兼秘书长，他担任常务理事。由于平时经常和我讨论工作，时间长了，就萌生了跟我学习的念头，从此不间断地来我的门诊侍诊学习。

李妍怡，甘肃省名中医，主任医师，博、硕士研究生导师，国家级脑病重点专科带头人，甘肃省中医院脑病科（神经内科）主任，兼任甘肃省中西医结合学会常务理事、副秘书长。前期跟师夏永潮，后期跟我学习。

蒲朝晖，甘肃省名中医，主任医师，硕士研究生导师，甘肃省医疗卫生中青年学术技术带头人，甘肃省"555"创新人才，天水市"222"创新人才工程市级学术技术带头人，时任天水市卫生局局长。蒲朝晖跟师时间最早，他在20世纪70年代还是甘肃省中医学校的学生时就开始拜我为师。

杨碎胜，主任医师，硕士生导师，甘肃省肿瘤医院乳腺科主任，甘肃省卫

四位名医拜师仪式，从左至右：杨碎胜、蒲朝晖、裴正学、李应东、李妍怡

生厅医疗卫生中青年学术技术带头人，甘肃省领军人才。这几个人中只有杨碎胜是西医，他是乳腺手术方面的权威。当他了解了我的中西医治疗乳腺癌的理念后，也萌生了学习中医的念头。

当李应东、李妍怡、蒲朝晖、杨碎胜向我鞠躬行拜师礼时，会议厅响起了雷鸣般的掌声。拜师仪式后，他们都发表了拜师感言。由于他们与我在长期的带教过程中建立了深厚的师生情谊，拜师感言发自肺腑，情深意重，让在场嘉宾和一百多弟子深受感动。他们几个都是有影响的学科带头人，跟师时已经在发扬裴氏学术思想上做了很多努力。他们每个人都具有扛起传承裴氏学术大旗的能力，这样强大的弟子阵容让我颇感欣慰。四位名医一起拜入裴门，在甘肃的医学界引起了轰动，一时间被传为美谈。

2014 年，我被评为"甘肃十大陇人骄子"。颁奖盛典上，评委会给予了我很高的评价。我还记得当时的颁奖词："五十年行医路，他用尽心血，使一路同行的患者心中充满希望；一辈子仁心桥，他孜孜不倦，让无数向往健康的人

裴正学（中）荣获"感动甘肃·2014 十大陇人骄子"称号

通向了幸福的彼岸。老骥伏枥，他不知疲倦，弘扬中医的精髓；志在千里，他身先士卒，不负生命的嘱托！"同年，我又获得"第四届甘肃省道德模范敬业奉献模范"和"中国好人"称号。这些荣誉，对我来说是一种莫大的激励和鞭策。从此，把家人和朋友劝说休息的话抛在脑后，工作起来更加努力。

一个周二的早晨，弟子薛文翰来到我的办公室，薛文翰谦虚好学，身上总会带个小本子，临床遇到疑问都会做记录，每周二，他一般都会来向我请教。我喜欢好学之人，有问必答，师徒之间在这一天的问答已经形成了惯例。薛文翰于 1987 年从甘肃中医学院毕业，他在 1986 年就和张志明、李全等同学在中西医结合科实习过一段时间，那时我任中西医结合科的主任，他们随我上门诊，抄方子。后来，他们三人都成长为甘肃省中西医结合专家、甘肃省名中医。薛文翰毕业后被分配到甘肃省肿瘤医院中西医结合科，正式拜在我的门下，成了裴氏弟子。1997 年，薛文翰与李敏一起被卫生部认定为我的学术继承人。当时报名的人很多，竞争比较激烈，要通过层层选拔才能胜出。这以后，他的发展可以说是顺风顺水。1985 年，我任甘肃省肿瘤医院副院长之后，中西医结合科主任先后由侯瑞云、李敏担任。到了 2003 年，薛文翰接任中西医结合科主任至今。2012 年他被评为甘肃省名中医，同年，被聘为甘肃中医药大学中西医结合专业硕士生导师。这天，薛文翰向我请教了问题后，和我聊起了中医西化问题，并对这一现象表现出深深的担忧。原来，薛文翰去北京参加一个中医治疗肿瘤方面的会议，发言的专家好多全程用英语，中医的会议，讲西医的人倒占了大部分。之后，他到甘肃省中医职称资格高评会去当评委，发现有些医生的中医理论和实践经验非常薄弱，最能拿得出手的就是全英文的医学 SCI 论文。这两件事对薛文翰的触动很大，又联想到许多综合医院的中医科发展举步维艰，越办规模越小，基本上都处于被边缘化的境况，而各大中医院积极引进西医人才已经形成了一种趋势……我对他说："能够动摇中医根基的不是西医，而是中医本身。中医和西医的关系不应是对立的，而是一条战线上的战友，它们共同的敌人就是疾病。'中医西化'现象说明社会上对中医药文化缺少自信的人不在少数，一个中医大夫凭一己之力要扭转局面那是不可能的。我们能做的就是在自己的领域做到最好。俗话说：'打铁还需自身硬。' 如果中医疗效显著，在急危重症领域能发挥优势，就能纠正中医等于'慢郎中'的偏见。一个中医做到了，成千上万个中医都做到了，这样才能在全社会树立起中医药的文化自信。"薛文翰听后说："裴老，我最近听到的负面信息太多，多少会受一些打击。您这么一说，我的信心又增强了。我们中西医结合科以您提出的中西医结合'十六字方针'为指导思想开展工作，在治疗恶性肿瘤、疑难杂症等方面已经是全国屈指可数的品牌科室。我有信心带领科室传承好您的学术思想，继续保持'西医诊断，中医辨证，中药为主，西药为辅'的特色，不排斥西医，但也不会被西化，长此以往，就能培养出一批业务过硬的好中医、名中医。患者口口相传，自然会在社会上产生广泛影响。"

说到西医，我们大可不必谈虎色变。当中医与西医产生交集，完全可以碰撞出新的思想火花。有时一丁点火花就会改变一个人一生的发展轨迹，我的学生王云飞、米登海、曹靖宇就是很好的例子。

王云飞原本学的是西医，1985 年毕业于兰州医学院，毕业后分配在甘肃省人民医院。我认识他时他是甘肃省人民医院的内科主任。2002 年，我受邀到人民医院会诊，到内科查房，和内科主任王云飞有了几次交流。他对我佩服又崇拜，尤其对我的中西医结合学术思想产生了浓厚的兴趣，就提出了跟我学习的想法，唯一的担心是已经四十多岁了，怕学不好中医理论。我鼓励他说："只要有兴趣，什么时候学中医都不晚，而且你的西医功底好，学起来事半功倍！"从这一年开始，他每周都来学习，学习了两年时间，从此走上了中西医结合的道路。后来他调入甘肃省妇幼保健院担任副院长，看病完全开中药方子，由于医术精湛，疗效显著，很快就打开了局面。2004年，王云飞调入广东省中医院，任主任医师、硕士研究生导师至今。他去广东后又得到全国名老中医邓铁涛教授等多位中医名师的指导，在临床上擅长运用"西医诊断，中医辨证，中药为主，西药为辅"十六字方针诊病，已经成为广东省有影响的中西医结合专家。

自2018年起，每到周末，甘肃省肿瘤学专家、甘肃省第二人民医院院长米登海就会来到我的诊室学习。因为他是肿瘤专业，很早就对我治疗肿瘤的学术思想产生了兴趣。当时甘肃省卫生厅正好有一个由名老中医担任指导老师的"西医学习中医"项目，他知道后申请拜我为师。和王云飞一样，米登海也是西医，在甘肃医学界的名气也很大。他是肿瘤外科主任医师，医学博士，兰州大学兼职教授、博士研究生导师，甘肃省第一层次领军人才。我常说米院长是大才干，光是从他待人接物就能看出端倪。身居要职的知名专家大多是有些架子的，米院长却永远都是低调谦和、彬彬有礼的样子。他坐在我身边和抄方子的研究生们一起学习，笔记记得相当认真。米院长踏实勤奋，三年后，他从肿瘤学专家成功转型为一位中西医结合的全科专家。从此不光局限于治疗肿瘤，在心血管、肾病、血液病等方面，还有一些疑难杂症都很擅长。他常对我说："中西医结合拓宽了我的临床领域，跟随您学习，这是我这些年做出的最正确的选择！"

曹靖宇是西医临床出身，从兰州医学院毕业后在甘肃省中医学校从事西医基础课的教学工作。当时，她对中医不仅缺乏了解，还存在一些偏见。她和当年的鲁迅一样认为中医是糊弄人钱财的迂腐玄虚之学，治病救人还要靠西医。2009年，在甘肃省卫生厅大力开展的全省医疗系统"中医学经典，西医学中医活动"中，她获得了师从我学习的机会。当时她并未对学习抱太大希望，主要是为了修学分。曹靖宇学习不到半年时间，对中医的态度发生了180度的大转弯。改变她的是一桩桩的临床病案。以她的西医经验，在她的认知世界里，治愈白血病是整个医学界的理想，是世界难题，在当前是无法实现的，而白血病患者在我的手中治愈或达到缓解者比比皆是；她认为特发性血小板减少性紫癜除了用激素和免疫抑制剂，别无它法，而我用中药辨证施治，能够停用激素；她认为已被西医判了死刑的癌症晚期病人活下去的希望渺茫，可这样的患者往往被家属用轮椅推进诊室，经过我一段时间的诊治，指标趋于正常，疼痛减轻，就可以自由行走……一个个治愈的病案让曹靖宇觉得不可思议，彻底颠覆了她的认知和观念：中医不光能治病，还能治大病、危重病和疑难杂症。曹靖宇被中医的魅力完全折服，从此变得痴迷和推崇中医，她成了我最勤奋、最爱钻研的学生。她从网上、旧书市场淘来了我不同时期的著作，认真研读，抓住一切时机向我请教。初学时，由于没有接触过中医，学起来比较吃力，凭着一股不服输的劲头，她用了九年时间，从一名对中医一无所知的西医蜕变为一名合格的中西医结合大夫。近些年，为了开辟自己的临床阵地，她平日在兰州坐诊，休息时到会宁、景泰等地去坐诊。几年下来，在当地有了一定的影响。每逢周末，曹靖宇不是在坐诊，就是奔波在去坐诊的路上，风雨无阻。一个女同志这样能吃苦，像个铁人，我都不由得佩服她。

作为老师，最令我感到欣慰的事莫过于学生们有个好前程。他们跟随我学习时，我尽自己所能为他们提供帮助。他们学有所成，我比任何人都高兴。

张正海，1945年出生于甘肃天水，甘肃农业大学兽医系毕业，上学时就对中医很感兴趣。20世纪70年代在公社卫生院工作时，师从天水名老中医陈伯祥先生研习中医妇科，后拜我为师。我到兰州工作后，他经常从天水专程来兰跟我学习。我们既是师生，又是好友。后来张正海调入天水市第二人民医院中医科，他在天水病人非常多，一号难求，2008年被授予"甘肃省名中医"的称号。我们师徒两人几十年来始终往来亲密。张正海曾在国家级刊物上发表了《学贯中西，勤于实践——裴正学教授治疗疑难病经验管窥》等多篇文章，对我的学术思想进行了系统地总结。张正海临去世前，与他的女儿，也是他的学术继承人张群等人整理出了浸透他一生临床心血的著作——《杏林求索40年——张正海临床经验集》。我与甘肃中医学院原院长刘延桢为此书作序。

戴恩来，武山县滩歌镇人，1988年毕业于甘肃中医学院中医系。上学时来甘肃省肿瘤医院实习，刚来医院就找到我要跟我学习。我一看这个小老乡朴实无华，就对他给予了特别关注，除了门诊、查房带着他，还让他到办公室给他解疑答惑。戴恩来毕业时，兰州医学院刚开始招收中西医结合专业的研究生，在我的推荐下，他考上了甘肃省中西医结合专家刘宝厚的研究生。研究生毕业那年，我的学生、兰州医学院院长赵建雄正好建起了甘肃第一个中西医结合专业博士点，在我的推荐下，戴恩来又考上了赵建雄的博士。如今，戴恩来已是甘肃中医药大学教授、主任医师、博士生导师、飞天学者、甘肃省名中医、甘肃省中西医结合学会副会长兼秘书长。

王克穷，1979年考入甘肃中医学院。他勤奋好学，有钻研精神，是学校的优等生。他来甘肃省新医药学研究所实习时，我当时任副所长，那时正是我提出中西医结合"十六字方针"的时候，王克穷的学习兴趣因此也被调动了起来。我很看重王克穷，给他经常开小灶，讲解问题，实习时他与我朝夕相处，总有问不完的问题。王克穷上学时写了一本书《伤寒辨证规律的研究》。我对这部书大加赞赏，并把王克穷的书介绍给了陕西一家出版社。在他毕业时，这本书就已经顺利出版。1983年，王克穷被分配到成县铅锌矿厂医院，我鼓励他不要灰心，优秀的人才走到哪里都不会被埋没。后来他发奋图强考上南京中医药大学的硕士，再后来又考上了博士。王克穷现在是陕西中医药大学硕士研究生导师、国家自然科研基金课题评审专家、世中联肿瘤经方治疗专业委员会第一届理事会常务理事。他经常回兰州参加我的一些学术活动。2018年，他的硕士研究生杨斌锋分配到甘肃省中医院工作，自然而然地成为了裴氏弟子中的一员。杨斌锋也经常向我请教问题，由于他的导师受我的影响很大，毕竟是一脉相承，所以我讲的知识杨斌锋领悟得比较快。

人们常用"桃李不言，下自成蹊"赞美老师的高尚品格，这也是我带教以来奋斗的目标和努力的方向。从医六十余年来，我带出的学生已有一千多人，李应东、蒲朝晖、李妍怡等人的拜师仪式让我产生了许多联想，弟子们求学的场景总在我的脑际中浮现，一幕幕传道授业、答疑解惑的带教画面，常常使我感到无限宽慰。

第三十四章 | 创办裴正学中医药研究院

2016 年初秋，一天清晨，我像往常一样去黄河边晨练。由于是一个阴天，黄河两岸都是灰蒙蒙一片，突然有种压抑的感觉袭上心头。漫步河边，我吟出一首伤感的《调寄菩萨蛮》："黄河无语匆匆去，岁月如斯只是忆！雁过声声愁，水寒已近秋。白发勿笑我，青囊还未收。何殇旧花谢？只看新花稠。"

七十多岁已到古稀之年，虽然身体健康，每天还在忘我地工作，但是随着年龄的增加，我变得容易伤感。这种情绪主要源于对裴氏学术思想和医学经验传承的担忧，有"老怀绝技思传谁"的思考，也有"弟子三千少大才"的遗憾。往回走的路上，我仍然情绪低落。这时耳边传来了叫卖声："《资治通鉴》《四库全书》《史记》全装本，《红楼梦》精装本……十元一大册，便宜卖了！"我停住了脚步，只见前面有个中年人正从汽车上倒下一车书，在上面插了个小纸片，上面写着："十元一本，随便拿。"我走上前去，拿起一本《史记》翻看，看到了封面上有"宋振文藏书"字样。宋教授是我的朋友，我忙向中年人打问他的近况。他说："教授前不久去世了，我是教授儿子的朋友。他儿子委托我把宋教授的藏书设法处理掉，放在家里占地方……"看着他的藏书堆积如山，像垃圾一般被处理，联想到将来自己的藏书又会是什么样的命运？我怅然若失地回到单位，坐在桌前沉思许久……

一天，民营企业家宋建来看望我，一次再平常不过的交谈，却让裴氏学术思想和医学经验传承事业多了一个重要阵地。宋建是江苏人，20 世纪 50 年代，他的父母响应国家支援大西北的号召，从江苏来到兰州工作，从此一家人在西北扎下了根。宋建原来是兰州市政工程公司的高级工程师，20 世纪 80 年代，国家提倡开放搞活，他扔下铁饭碗下海经商，在当时是涉足市场比较早的人，可以称得上是老百姓常说的能人。我与他结识也是缘于给他的父亲看病。2016 年的一天，宋建在我的一位弟子的介绍下来到我的诊室。他的父亲有八十多岁，因行动不便坐着轮椅。在问诊的过程中，宋建推着轮椅，对父亲关心备至，体贴入微，给我留下了孝子的印象。宋建的父亲经过治疗后，多年的顽疾得到了很大的改观。还有一次，他的女儿宋雅楠下腹不适，请我调理，我根据脉象和症状，判断为多卵巢囊肿。经过 B 超检查，准确无误。宋建因此对我由衷地佩服，并经常来拜访我，一来二去，就有了比较深的交情。宋教授的藏书被他儿子廉价处理的事对我的触动很大，谈话间，我对宋建说起了此事。宋建听后若有所思，他说："裴老啊，我早有为发扬和传承您的事业做些事的想法，能否在我的办公楼上给您办个中医药研究院，您考虑考虑。"我当时并没有把宋建的话放在心上，发扬学术思想和医学经验，说起来容易，想做好难度非常大。这些年，国家层面和各级卫生部门虽然都很重视中医事业的发展，甘肃省卫生厅也曾为我拨款五十万元建立了名医工作室，组织开展了多次学术思想和医学经验的发扬、传承培训和推广活动。我的弟子们也都各显神通，在各自的领域做着不懈努力。但是每当想将这项工作推向一个更高的层次，就显得力不从心，尤其是科研成果的转化难度很大，需要资本的运作。

过了些天，宋建邀请我和我的研究生到他的公司参观。盛情难却，我爽快地答应了。宋建是两家企业的法人代表，他的公司位于九州开发区，占地四亩，建筑面积约三千平方米，两幢办公大楼除了自用，还向其他企业出租了一部分。我和学生们一边听着宋建的介绍，一边参观。公司办公区干净整齐，员工礼貌周到，给我们留下了很好的印象。最后我们到公司的生态园休息。生态园建在楼顶，巧妙地用植物、花卉、假山、鱼池等景致营造出了一个天然的休闲场所，让人感到放松和惬意。休息时，宋建又一次说起了发扬和传承裴氏学术思想的事，他说："裴老，我想同您的弟子们共同创办一所中医药研究院，办院宗旨就是要发扬和传承裴氏学术思想和医学经验。我真的想干一番事业，绝对不是随口说说，希望得到您的支持。"看到他严肃认真的样子，我感到他对这件事是经过深思熟虑的，深感欣慰。他又说："创办中医药研究院我愿意出钱、出人、出场地，场地就是这幢楼，我可以把出租出去的办公室都收回来，一门心思发展健康产业。"

这几年，我对宋建也有比较深的了解。他生于 20 世纪 50 年代末，做事踏实勤奋，为人低调谦和。他的这些优点吸引了许多合作伙伴，而且这些天南海北、各行各业的人最后毫无例外地变成了他的好朋友。宋建最大的优点还是在市场经营方面，他头脑灵活，思维超前，在市场的浪潮中总能抢先一步发现商机，这一切都说明宋建是个有实力的企业家。他有做健康产业的想法，这是再好不过的事。宋建很看好健康产业，谈起裴氏学术思想的发展前景和思路，他说："裴老，自从认识您，我一直把您当圣人看，您的学术思想和医学经验应该在全国推广，应该造福更多的人，我愿意为发展您的事业做点实事。"我看到宋态度诚恳，当下就对他说："我快八十了，你有信心做一番事业，我全力支持，需要我这个老汉做什么，尽管开口！"

事情的推进速度比我想象得要快很多。宋建很快拿出了传承裴氏学术思想的发展设想和规划。裴正学中医药研究院的核心宗旨就是传承我的学术思想和诊疗经验；充分发挥我的"西医诊断，中医辨证，中药为主，西药为辅"中西医结合十六字方针的学术价值；全力促进我的临床科研成果的转化和开发。宋建一面到民政部门申办研究院的相关手续，一面开始装修办公楼。他一个人包揽了资金、人员、场地等事，这些都没有让我操心。值得一提的是，向外出租办公室的年金不菲，宋建全部收回后，并未有一丝的后悔之意。到了 2018 年初，研究院的审批手续已办好，办公楼装修、设备安装全部完工。2018 年 2 月 26 日，裴正学中医药研究院正式成立。这是一所集医、教、研、生产为一体的中西医结合研究院。研究院下设部门有门诊部、传承培训中心、功能科（B 超、化验室、心电图等）、裴正学中医药科技有限公司等多个部门。当时，恰逢我的一部新书刚刚出版，兰州重离子医院也为我筹备好了"名医工作室"。在我 80 岁生日这一天，宋建与我的弟子们在兰州宁卧庄宾馆策划举办了"国家级名老中医裴正学教授新书发布会"暨"兰州重离子医院裴正学名中医工作室""裴正学中医药研究院"揭牌仪式。甘肃省人大常委会副主任、党组书记王玺玉，甘肃省

研究院揭牌仪式上，裴正学教授研究生向恩师赠献匾牌

政协副主席郭天康、甘肃省食品药品监督管理局局长李存文、甘肃中医药大学党委书记李应东、甘肃中医药大学校长李金田和甘肃省卫生厅的相关领导以及我的好友、同事，来自各地的弟子们，省城的几家媒体记者，大约三百多人见证了这个盛大的仪式。我的好友杨利民专程从北京赶来参加，他发表了热情真挚的贺词。我在讲话中用"老牛自知夕阳短，不用扬鞭自奋蹄"这句诗来勉励自己。虽然已到耄耋之年，我要把创办裴正学中医药研究院当作人生的一个新起点，继续当好医疗行业的老黄牛，继续坚守在医教研一线，生命不息，奋斗不止。揭牌仪式后，大家又来到位于九州开发区的裴正学中医药研究院参观。那天，整幢办公楼外墙都被祝贺的条幅覆盖，楼内各处点缀着鲜花和绿植，一派喜气洋洋的景象。走进宽敞舒适的候诊厅、诊室、办公室、药房，传统与现代相融合的风格让人眼前一亮，浓厚的中医文化氛围给人以专业、严谨的感觉。在醒目的区域均设计了裴氏学术思想和病案的宣传专栏，图文并茂，内容详实。嘉宾们每走到一处，无不交口称赞。之后，大家来到研究院的生态园落座，弟

子们纷纷为我贺寿，我的弟子李永寿、李应东、蒲朝晖等都发表了感言和贺词。每个人都饱含深情，让我备受感动。揭牌仪式办得非常圆满，在社会上产生了较大影响。

我在研究院每周上两次门诊，这样一来，每周在甘肃省肿瘤医院、荟萃堂、研究院各两次门诊，我只有周天休息，工作强度相当大。以前我的号很紧张，许多病人挂不上号，只能住在医院附近的宾馆、旅馆等号。我在研究院坐诊后，缓解了患者的就医压力，刚开诊来研究院就诊的患者每次都有七八十号人以上。累是累，但想到传承裴氏学术思想和医学经验有了一个重要的阵地，心里还是高兴的。

经过几个月的试运行，研究院各项工作运转正常。宋建与我多次沟通后，决定将今后工作的重点放在我的科研成果的转化上。将自己的经典方、经验方转化成能够全国流通的药品，造福更多的患者是每位名老中医的梦想，也是我一辈子的执念。审批国药准字是一条异常艰辛的道路。由于新药注册要求越来越严格，药品研发风险高、投入大、周期长，而且需要经过医理、病理、药理研究和药物生化试验、临床试验等一系列程序，所要花费的代价通常远不是一位名医、一家医院、一家医疗单位所能承担起的。放眼全国，每年中医药领域转化国药准字的成功案例并不多。我身边的许多朋友都是名气很大的名老中医，大部分人对国药准字都是望洋兴叹。我与宋建经过反复沟通、商议，决定先将我自拟的二十六种中成药报批成院内制剂，同时为打造国药准字号做准备和积累。

每家中医院基本都有自己的院内制剂。这些制剂大多来源于名老中医的经验方和医院的科研成果，具有数十年甚至更长时间的临床应用历史，一般不是药厂大批量生产，具有制备数量少而周期短、品种多、配方独特、方便患者等优点。院内制剂也被认为是孵化新药的重要来源，一些符合申报新药条件的院内制剂，如果有社会资本参与，就有走向市场、实现药品生产产业化的可能。复方丹参滴丸是我们大家常见的一种药，它的前身就是院内制剂。这类制剂的生产和使用同样需要经过有关部门严格审批，但比起审批国药准字就容易很多。

自拟的这二十六种中成药，都是我一辈子医学经验的结晶，通过几十年的临床使用，反复摸索，最后总结归纳形成，都是裴氏医学经验和知识的具体运用，体现了中医治疗疾病的整体观、系统论和辨证施治的原则。这些中成药目标人群明确，涵盖了肾病、肝病、心血管病、血液病、结缔组织病等大部分疾病门类。像硬皮病、白癜风、红斑狼疮这些现代医学无解决办法的疑难杂症，像白血病、肿瘤这些大众公认的不治之症，也都有裴氏升血颗粒、青蔻胶囊、圣愈丹、裴氏五味消毒饮、梅鱼合剂等特效的成药与之对应。由于疗效确切，安全有效，并且药品市场上找不到与之功效相似的产品，这些中成药被患者称为我的"独门秘方"。我的许多外地患者药用完了，有的托人帮忙买药，大部分则乘火车、坐飞机又赶赴兰州开药。我看到他们为了开药的事车马劳顿，也很无奈。但是处方药必须符合药品监管部门的规定，药品流通的问题不解决，只能是这个状况。

宋建的人脉很广，他在北京、上海、云南、山西等地的企业家朋友得知他进军健康产业后，都对此事报有很大的兴趣。自从研究院成立，每周都有来自各地的企业家来兰作客。他们或为自己看病，或为家人朋友问病，同时也进行一番考察，看看有没有机会合作。宋建的一位朋友，是四川的一位企业家，事业有成，被严重的食管狭窄困扰多年，吞咽困难，吃不下饭，精神萎靡，遍访全国名医无效果。来兰州看病时，身体干瘦，脸色呈暗青色。经过我的治疗，病症变轻，每次来兰脸色都有明显的变化，暗青色减淡，向正常肤色转变。这位企业家的亲戚朋友们都觉得很神奇。后来，他再来看病时还带来了四川一家医院的负责人，来协商合作事宜。单是宋建各地的朋友，对我的经验方和中成药需求就很大，这给了宋建一个启发：建立中医药联盟，以裴正学中医药研究院为龙头，联合各地医疗机构建立裴正学学术思想传承基地，通过"师带徒"、裴氏弟子组团巡诊等方式，实现资源共享，药品互通。

2019年，二十六种中成药已经有十三种顺利通过院内制剂的审批。报批工作历经一年多时间，我的弟子们和研究院的全体员工大部分都参与其中。在我的指导下，裴正学中医药研究院院长宋建精心组织，内外衔接，我的学生祁莉、陈浩方负责上报材料的整理和撰写工作。整个研究院全体总动员，对我几十年来的病案和药方进行了搜集和整理。一些比较典型的重病患者得知消息后，纷纷把自己多年珍藏的药方都贡献了出来，让我非常感动。院内制剂的审批成功，为建立中医药联盟创造了有利条件，增强了弟子们将裴氏学术思想和医学经验推广到全国的信心。

如何用好院内制剂，人才培养是关键。从医六十余年来，我已经培养了千余名学生，他们大多都成长为医疗领域的业务骨干，其中不乏知名学者、专家、学科带头人。由学生们组团到各地开展诊疗服务是一种方式，最重要的还是要为合作单位培养一支擅长运用裴氏学术思想和医学经验治病的医疗团队。他们日常就可为当地的老百姓开方治病，切切实实为患者的健康保驾护航。宋建积极与有合作意向的医疗单位联络沟通，很快与甘肃、云南、山东、四川、新疆等地一些医院达成了初步的战略合作协议。这些医院分批派出了医疗骨干来兰跟师学习。针对这些学员，我在教学中采用中西融合的带教方式，平时坐诊都带着他们，理论与实践密切结合。学习几个月后，学员再回到原单位，门诊量都有很大的提高。这些外地的学员反馈说："裴老的医学思想和临床经验具有很强的实用性和实践性，为我们开辟了一条走向临床的捷径。"为了让传承工作更上规模、更有效率，我与弟子们加快了《裴正学中西医结合临床经验集》的编写工作。这套丛书共十册，涵盖了心血管病、血液病、高血压病、呼吸系统疾病、白血病等各科门类，集我六十余年临症经验之所成，真实记录了我从医以来的实践体会、理论探索和典型医案。对于最能体现裴氏学术思想特色的裴氏方剂，进行了全面细致地梳理和介绍，如疗效显著的"兰州方""胆胰合症方""肝肾方"等方剂的组方原则、方药配伍特点。这套丛书一共编写了两年，于 2021 年末写成。主审由我担任，主编由黄邦荣担任，副主编由彭艳艳、陈光艳、王鑫、祁莉担任，编委由薛文翰、张丑丑、曹靖宇、魏爱青、万强、张桂琼、彭艳艳、陈光艳、冯永笑、王静、杨斌锋担任。我希望这套丛书不仅是研究院培养传承人才的教材，也能为广大医者提供指导和帮助。在新书发布会上，甘肃省中医药研究院院长米登海代表弟子们发言："运用裴老的十六字方针总能快速辨明病症，掌握治疗要领。这套丛书可以说是十六字方针实战运用的全面汇总，裴老临症经验的精华，实用性很强，十分接地气。"他的发言引起了在场嘉宾及裴氏弟子的共鸣。

众弟子行拜师礼

　　2021年10月，在裴正学中医药研究院成立四周年庆典之际，研究院举办了裴慎、裴正学父子书画展暨裴正学新书发布会以及裴氏弟子拜师仪式。甘肃省中医药研究院院长、博士研究生导师米登海，甘肃卫生职业学院副主任医师曹靖宇，甘肃省肿瘤医院中西医结合科主任医师魏爱青，甘肃省中医药辅导学院晋建良等弟子，裴正学学术思想传承班学员共七十多人正式拜我为师。现场二百多位嘉宾，报纸、电视、网络媒体及来自各地的弟子们见证了拜师仪式。看到弟子们的阵容不断壮大，个个精神抖擞，意气风发，我不由得诗兴大发，当场作诗一首："人间哪有这种情，老少同聚唱东风。八千弟子阳关路，雏凤清于老凤声！"

这次活动意味着研究院完成了蝶变升级，实现了新的飞跃。

第三十五章 | 青囊不负华原老，普济苍生正未迟

2021年12月，武山县委书记王新强和县委办的同志来兰州专程拜访，我的心里十分高兴。人这一辈子最难割舍的就是对故乡的感情，我时时牵挂着故乡的一切，我们的谈话因乡音乡情多了几分愉悦。王新强书记畅谈家乡的新发展、新变化，带给我一阵阵惊喜与感动。屈指算来，已有十年时间没有回过家乡了，多少次梦里重回故乡，那里永远让我魂牵梦萦。

前面的惊喜只是铺垫，最大的惊喜还在后面。谈话间，王书记说起了县委、县政府重视武山名人先贤的一系列举措，这里就包括重建位于洛门镇裴庄村慎公中学的慎公纪念堂，并且保证在三个月之内完工，三个月后请我回武山参加落成仪式。听完他的介绍，我不禁对这位家乡的父母官肃然起敬，这是一位年轻有为、敢想敢干的好干部。

王书记一行走后的那些天，我的脑子里想的都是如何反哺家乡、助力家乡发展的事。我安排裴正学中医药研究院院长宋建与县委、县政府加强沟通和协调，并表示我能为县里做的事一定要不遗余力地做好。宋建院长尽心尽力，往返武山数次洽谈。很快，县委、县政府与研究院在武山县中医院创建裴正学中西医结合传承基地的事情上达成一致意见。同时，为了满足武山父老对书画艺术的需求，还要举办一次裴慎、裴正学父子书画展。我的爷爷裴绍俭、父亲裴慎都是悬壶济世的名医，也都曾有造福桑梓的善举。我和他们身上流着相同的血脉，理应为家乡的事尽力。感谢县委、县政府搭建平台，让我也能和他们一样为家乡奉献自己的光和热。

慎公纪念堂的重建工作在县委、县政府的周密安排下紧张有序地进行。武山县的一些有识之士也对此项工程给予了大力支持，武山企业家谢满福捐建一百万，让我十分感动。原本计划三个月完工，没有延误，还提前了些日子。在回武山前，我委托宋建院长将我的许多医学著作、藏书、藏品无偿捐献给武

山县政府。同时，将珍藏多年的一百六十余幅字画也悉数捐献。这些画大多是慎公在去世前画成，题字大多出于我的手笔，对我有着不一般的意义。我的学生都说："裴老对家乡心最重，珍藏的宝贝全送给了武山县！"

向武山县捐赠著作及藏品

经过一番筹备，武山县委、县政府决定在2022年4月初举办"情系宁远·造福桑梓——裴慎、裴正学书画展"开幕式，"裴正学中西医结合传承馆""慎公纪念馆"揭牌仪式系列活动。临回武山前几天，我夜夜激动得睡不着觉，心情波动很大。老伴见此情景，跟着担心了好几天。总算盼到了出发的那一天，我凌晨4点起床，简单洗漱后，5点出发，迎着晨曦一路向东。这个季节田野换绿，草木发芽，一切都显得生机盎然。我的心情因此轻松舒畅。快到武山时，熟悉的景色让我想到了曾经写的一首诗《老忆》："常忆渭河绕故园，农家十里柳如烟。霜鬓难奈繁劳苦，梦里几番话少年。"这真是诗中有画，画中有诗。这里的"画"，就是故乡春日的美景。

到了武山县，我们马不停蹄直奔县文化馆参加"情系宁远·造福桑梓——裴慎、裴正学书画展"开幕式。县委书记王新强出席并讲话。县四大班子分管领导，县直相关部门和裴正学中医药研究院院长宋建一行、武山的书画爱好者，参加了仪式。热烈简短的仪式后，我同王书记一行参观了书画展。宽敞明亮的现代化展厅里，一百六十多幅字画排列组合得十分讲究。这些书画我不知道看过多少回，这次看了仍然有新鲜感。

参加"情系宁远·造福桑梓——裴慎、裴正学书画展"开幕式

1989 年，父亲去世前一段时期，他带着胆囊手术后的引流管，埋头作画，整整画了三个月，就去世了。他临终时对我说："你要把这些书画拿到武山去，挂到武山人民的家中，挂到武山人民的心中。"这是他的临终遗嘱。为了实现老父亲的遗愿，我将这次展出的书画全部捐献给武山县，实现了父亲让书画流传于世的夙愿。武山自古以来就是文风之地，是"中国书画艺术之乡"和"中国民间文化艺术之乡"，涌现出许多书画贤达。这些书画今后保存在县博物馆，代代流传，真正是"挂在了武山人民的心中"。

"裴正学中西医结合传承馆、裴正学中医药研究院传承基地"揭牌仪式在武山县中医医院举办。当我走进医院大门，全院的医务人员已早早在院内等候，

让我备感温暖。简短的仪式后，我们前往门诊楼的四楼"裴正学中西医结合传承馆"为家乡父老义诊。

刚到楼上，只见候诊区已秩序井然

裴正学（左）、武山县委书记王新强为武山裴正学中西医结合传承馆揭牌

地排满了候诊患者。医院专门设计装修了传承馆，共有二百六十平方米，其中包含名医工作室、候诊区、裴正学藏品陈列馆、中药产品展示区等区域。传统的风格中融合着现代元素，设施和功能齐备，充满浓郁的中医药文化氛围，让人感到温馨和舒适。

为了更好地让传承馆发挥作用，县里将我的学生靖芳从武山县人民医院调动到了武山县中医医院，并担任馆长之职。靖芳是南京中医药大学毕业的硕士研究生，学成后在武山县当了中医。2012年，她来兰州参加了一次我的学术思想研修班，仅仅一年时间，再回武山，门诊量就越来越多。记得她当时的院长激动地对我说："靖芳到兰州学习的时间虽短，但进步很大，同事们都说她是取上真经了。"义诊时，靖芳很快进入角色，融入了师弟师妹们的抄方团队。病人虽多，我们师徒协同作战，全程还是比较轻松。我不禁又为武山县委、县政府周到而贴心的安排暗暗点赞。

我一直对医学思想的传承有所担忧，行医六十余年，积累了满肚子经验，传给谁呢？记得一位教育家曾说，一个学问家，一辈子最遗憾、最失意的事是什么？是他教出的学生没有一个能赶上自己。我就有这样的感觉。我还有一首诗：

"老境常思张易水，人间何处有东垣？"张易水是金元时代易水学派的开山鼻祖，他的弟子李东垣发扬了老师的医学思想，自己也开创了中医的"脾胃学说"。李东垣是金元四大家之一，成就也很大。我

武山县裴正学中西医结合传承馆一角

的这首诗公布以后，在弟子中引起了很大震动。甘肃中医药大学的党委书记李应东说："裴老请放心，我们都要做东垣。"裴正学中西医结合传承馆的建立，不能简单地理解成我为故乡培养一些中西医人才的事，这是发扬和传承裴氏学术思想的重要阵地，具有非常重要的意义。当日，武山县委、县政府与裴正学中医药研究院签订战略合作协议，确定了开展中医药研究和开发、推动医学理论成果转化等方面的合作意向。这些举措标志着我的学术思想传承工作向前迈了一大步。我衷心地希望在我的事业迎来新的转折点时，弟子中能够出现李东垣那样的人才。

回武山的第二天，我们前往洛门镇慎公中学参加裴慎纪念馆落成揭牌暨裴慎铜像落成仪式。我们一行人刚踏进校门，就听到学生们异口同声地向我问候："裴爷爷好，欢迎裴爷爷回家！"这一声"回家"让我的心都融化了。看着操场上几百名统一着装的学生们朝气蓬勃，我真是百感交集。慎公中学的前身就是先父裴慎创办的"蓼川完全小学"。父亲当年在家乡兴教育，开医馆，心系百姓，刚直不阿，因此他的威望很高。乡亲们尊他为"慎公"。后来，为了纪念慎公，这所学校被命名为"慎公中学"。八十多年前，父亲创办这所学校时，蓼川一带十八个村子挑不出几个识字人。七十多年前，我也曾在这个学校上小学。

那时，学生们面黄肌瘦，衣服都是补丁摞补丁，饭都吃不饱，哪敢奢望穿校服。所以说，现在的娃娃们真是太有福气了，他们遇上了好时代！

重建的裴慎纪念馆位于校园东侧，纪念馆属仿古式建筑，长15米，宽13.6米，青砖青瓦，显得古朴典雅，庄严雄伟。揭牌仪式上，县委书记王新强出席并讲话。县四大班子分管领导、县直相关部门、裴正学中医药研究院院长宋建一行、慎公中学师生代表、裴庄村群众代表参加了仪式。

揭牌仪式上，王新强书记代表县委、县人大、县政府、县政协向裴慎先生纪念馆落成揭牌暨裴慎铜像落成表示热烈祝贺！他强调，举行裴慎先生纪念馆落成揭牌暨裴慎铜像落成仪式，是县委、县政府大力弘扬爱国主义精神的重要体现，也是积极培育和践行社会主义核心价值观，建设文化强县的具体举措。号召全县各级部门要把对裴慎先生的缅怀之情转化为干事创业和为民造福的实际行动，让慎公精神在武山大地代代相传，永葆生机。

揭牌仪式热烈而隆重，庄严又不失温情。仪式后，我们又到慎公纪念馆内

裴正学（左）、武山县委书记王新强为裴慎纪念馆揭幕

为慎公铜像揭幕。慎公铜像塑立在纪念馆中央，由裴正学中医药研究院委托上海的雕塑艺术大师铸造而成。慎公铜像神态逼真，刻画得生动细致。铜像后以慎公最为喜爱的一幅"竹韵"国画为背景，铜像与国画相映成辉，彰显出慎公爱国爱家的济世情怀和刚直不阿的文人风骨。

慎公纪念馆大厅

　　纪念馆内的空间构造和意境营造别具匠心，突出了时代气息和历史内涵。设计者将不同历史阶段的展品精心编排，就像是为参观者翻开了一部书。一件件真实的历史实物，一张张照片、资料、书信……又将人们带回到父亲生活和奋斗的时代。参观了慎公纪念馆，心里真是万分激动。我深深地体会到，党和政府重视知识，重视文化，重视人才，慎公的功绩才能有如此好的展示，他高尚的品质和无私的奉献精神才能得到更好的发扬和传承。

　　活动结束后，我专程回到裴庄村老宅探望亲人。门口的大槐树依旧树干粗壮，枝繁叶茂。这棵树已有上百年历史，成年人张开双臂也抱不拢。大槐树见证了裴庄村的变迁，在这里我总能重拾散落在岁月深处的记忆碎片。临别，我又一次在树下驻留许久……

回到兰州没几天，甘肃省武威肿瘤医院裴正学中西医结合传承基地揭牌活动又提上了议事日程，拟定 5 月份在武威举行。早在 3 月初，裴正学中医药研究院就与武威肿瘤医院已经形成了战略合作的共识，武威肿瘤医院还派出了优秀的医师团队来兰跟师学习。我对西学中的学员一向青睐有加，认真带教，严格要求。从培训效果来看，他们对我的学术思想和医学经验表现出了极大的热情，掌握得较快。揭牌仪式意味着双方的合作将进入实质性阶段，重离子精准治疗肿瘤的特色和中医整体治疗的优势将会紧密结合。双方十分看好合作的前景，力图以此次合作为契机，在建立治疗肿瘤的新模式，引领肿瘤治疗的新思维，开创肿瘤治疗的新格局上探索一条新路径。

近年来，伴随着人口老龄化、不健康生活方式及生态环境恶化、食品安全等问题，我国肿瘤发病率、死亡率多年持续上升。在人们眼中，肿瘤就等于绝症，患者及其家庭均背负着沉重的思想负担和经济负担。因此，肿瘤不仅是健康问题，而且已经成为一个社会问题。

2017 年，全国人大常委会副委员长陈竺同志在甘肃视察工作期间，指出甘肃在医药卫生领域有"顶天立地"两个优势。"顶天"就是甘肃的重离子治疗肿瘤装置，"立地"就是甘肃丰富的中医药资源，这为甘肃未来治疗肿瘤疾病指明了发展的方向。甘肃省武威医学科学院肿瘤医院是三级甲等肿瘤专科医院，装配了中国首台自主知识产权的重离子治癌装置，地处全国胃癌高发区武威市，拥有独立的重离子治疗院区，于 2020 年 3 月开始收治患者。重离子治癌，疗效显著，耐受性良好。那么裴正学中西医结合传承基地今后在武威肿瘤医院的诊疗过程中将起到什么作用呢？我依旧坚持我的治病理念："西医诊断，中医辨证，中药为主，西药为辅"十六字方针，概括地来说就是"中西互补"的原则。重离子治疗是一种新兴的放射治疗，比传统的放疗化疗精准度更高，安全性更好，而且副作用小。在病人接受重离子治疗的全过程中，中西医传承基地的专家们先是通过现代化的技术手段对肿瘤的部位、大小、病理有一个明确的认识，这个环节就是"西医诊断"，再进行"中医辨证"，这种缩小了范围的辨证准确性就很高，最后开出扶正固本的中药，提高自身免疫力，这种模式比常规的放化疗更加有利于病人的痊愈。

5月8日8时30分，武威肿瘤医院裴正学中西医结合传承基地揭牌活动在医院如期举行。参加人员有武威市卫健委主任李召等卫生系统的领导、武威肿瘤医院和裴正学中医药研究院的领导和医务工作者。仪式由甘肃省武威肿瘤医院党委书记张伟鸿主持。甘肃省武威肿瘤医院院长叶延程在欢迎辞中说："裴正学教授中西医结合临床经验传承基地的建立，可以全面发挥传承中西医结合经验，同时做大做强重离子微创副作用低的肿瘤治疗技术。"裴正学中医药研究院院长宋建在发言中表示，裴正学中医药研究院与武威肿瘤医院的合作建立在优势互补、协同发展的基础之上，裴正学中医药研究院将发挥资源优势、人才优势，在培养中西医结合人才、推广使用裴氏方剂、疑难病例会诊方面为武威传承基地提供全方位支持。

揭牌仪式后，我的弟子团队为武威的众多患者进行了义诊。不用出远门就能体验到专家们的中西医诊疗服务，慕名而来的武威患者络绎不绝。弟子团队都是我精挑细选的得力弟子，由甘肃省中医药研究院院长米登海、裴正学中医药研究院副院长曹靖宇、甘肃省中医院肿瘤科副主任医师黄邦荣、甘肃省人民医院中医科主治医师祁莉等人组成。他们都是我学术思想和医学经验的忠实践行者，在患者中有着很好的美誉度。弟子们的义诊受到了普遍欢迎，为裴氏学术思想和医学经验在武威落地生根打开了局面。

武山和武威两个传承基地的建立，在我的学术思想和医学经验的传承和发扬中有里程碑式的意义。以往带教，不管是博士还是硕士，毕业后分配到各个医院，他们工作后只能凭一己之力在临床中运用学到的知识和经验，所在医院不可能为他们提供更大的平台。我教授给他们的诊疗方法也无法在其所在医院进行大规模推广，这是单打独斗，每个人的发展都面临很大的限制。有了传承基地就不同了，平台由地方或合作医院搭建，合作双方都有通过基地建设加强学术交流，促进诊疗模式深度融合的强烈愿望。在以传承裴氏学术思想为核心

武威肿瘤医院裴正学中西医结合传承基地揭牌仪式。（自左向右）武威肿瘤医院党委书记张伟鸿、武威肿瘤医院院长叶延程、甘肃省中医药研究院院长米登海、裴正学中医药研究院院长宋建

的中西医传承基地，对人才的培养更加系统化，学习和实践目标性更强。这些举措将会有利于提升弟子们的学术素养和临床经验，较快掌握学术思想精髓，成长为高层次中西医结合人才。也只有在这个平台，弟子们才能形成合力，提高学术经验传承的效率，扩大推广范围。

近年来，国家高度重视中医药振兴发展，把中医药的复兴和传承创新提升到了国家战略层面。我虽已是耄耋老骥，仍希望能够以传承基地的建设为新起点，乘着时代的春风，翻开中西医结合的新篇章。正所谓："青囊不负华原老，普济苍生正未迟。"

附　录

裴正学主要年表

1938 年 2 月，生于甘肃武山。

1950 年，初中就读于武山县中学。

1953 年始，跟随其父陇上名医裴慎先生学习中医。同年，考入兰州一中高中部。

1956 ～ 1961 年，就读于西北医学院医疗系。

1961 ～ 1963 年，任天水县医院住院医师。

1963 ～ 1970 年，任天水地区医院内科住院医师、内科副主任。

1970 ～ 1972 年，天水县甘泉公社卫生院下乡支农，期间重温中医《伤寒论》《金匮要略》，并完成了《〈血证论〉评释》初稿。

1972 ～ 1976 年，甘肃"西学中"班学员。"西学中"班并入甘肃省新医药学研究所后，留任教师，先后担任《伤寒论》《金匮要略》《中医内科》《医学史》《方剂学》等课程主讲。由裴正学拟定的治疗白血病专方因一例单核细胞性白血病患者马长生之痊愈而引起业界重视，1973 年在全国血液病会议上定名该方为"兰州方"。

1976 ～ 1982 年，任甘肃省新医药学研究所主治医师。先后完成了《中医方剂学》《〈血证论〉评释》之定稿，并付梓出版。

1979 年，受甘肃省卫生厅之委托，与许志诚、刘宝厚三人筹建甘肃省中西医结合学会。该会于 1982 年 7 月在兰州正式成立，裴正学任第一届常务理事兼秘书长。裴正学担任学会学术期刊《中西结合研究》主编。该刊物办刊十年，共出版期刊二十八期，在国内学术界产生了广泛影响。

1982 年，任甘肃省新医药学研究所副所长并主持甘肃省重点科研攻关项目——乙型肝炎的临床研究。该课题历经四年，获得甘肃省科技进步三等奖。

1985年，兼任甘肃省肿瘤医院副院长，主建了甘肃省第一个中西医结合临床基地——甘肃省肿瘤医院中西医结合科。同年8月，日本静冈大学教授田荣一教授专程来兰州向裴正学请教《〈血证论〉评释》中的有关问题，《甘肃日报》为此作了专门报道。同年10月，甘肃省中西医结合学会第二届全体会员代表大会上裴正学当选为副理事长兼秘书长主持学会工作。同年10月，当选为中国中西医结合学会理事兼学术交流组副组长。

1987年12月，因成绩卓著被破格晋升为甘肃中西医结合主任医师（当时已出版临床专著三部，发表论文五十六篇，获省级科技进步奖一项）。

1988年3月，创办甘肃中医药辅导学院，并任院长。该学院建院共十四年，为国家培养中西医结合大专生三百余名，许多学员已成长为我省县区级医疗骨干。

1990年，甘肃省中西医结合学会第三届全体会员大会继续推举裴正学为常务副理事长兼秘书长，主持学会工作，并连任中国中西医结合学会第三届理事会理事，增补为《中国中西医结合杂志》编委。同年《乙型肝炎的临床诊断与治疗》《大黄的临床与药理研究》相继出版。

1990年9月，受卫生部陈敏章部长委托，组织西北五省二十一位著名中西医结合专家着手编写我国第一部中西医结合内科巨著——《中西医结合实用内科学》。该书于1995年正式出版发行，1996年获世界第三届传统医学大会突出贡献国际金奖。颁奖大会于1996年4月在美国拉斯维加斯举行，裴正学应邀赴美领奖并讲学。

1991年，开始享受国务院特殊津贴。

1994年9月，甘肃省中西医结合学会第四届全体会员大会召开，裴正学当选为甘肃省中西医结合学会代理会长兼秘书长，继续主持学会工作。被评为全国中西医结合先进工作者。

1995年，甘肃省新医药学研究所改名为甘肃省医学科学研究院，裴正学继续担任该院副院长兼肿瘤医院副院长。

1996 年 4 月，由他主编的《中西医结合实用内科学》在美国召开的世界第三届传统医学大会上获"突出贡献国际金奖"。裴正学教授本人荣获"世界民族医药之星"的殊荣。

1997 年，被国家中医药管理局认定为全国五百名师带徒老中医之一，先后被香港中医药大学等五所国内中医院聘请为客座教授。

1998 年，裴正学 60 华诞之际，甘肃省医学科学研究院在兰州市友谊饭店为他举办了"裴正学教授从事医教研四十周年座谈会"。省市领导及各省市医院院长、大学校长等共六十余人参加了这次座谈会。辞去医院行政领导职位，专门从事临床著述和经验总结。获得甘肃省医德医风先进个人奖。

1998 ～ 2007 年，裴正学继续耕耘在医教研第一线，先后主编了《临床常见病中西医结合诊治》丛书四种，并出版了《裴正学医学经验集》《裴正学医案医话集》《裴正学医学笔记》等十余部医学论著。研制了裴氏升血颗粒、裴氏胆胰颗粒、裴氏妇炎颗粒、乙肝系列冲剂、古圣 1 号、古圣 2 号等二十余种临床有效制剂。

1999 年，《中西医结合实用内科学》获甘肃省科技进步二等奖，"裴氏升血颗粒的研究""裴氏胆胰颗粒的研究""裴氏妇炎颗粒的研究"分别获甘肃省皇甫谧科技进步奖。与此同时，裴正学小说散文集《大风曲》、裴正学诗文集《春风曲》《裴正学书法集》相继出版。

2000 年，被授予全国中西医结合突出贡献称号。

2002 ～ 2022 年，入选国家中医药管理局第二、三、四、五、六、七批继承工作指导老师。

2004 年，入选甘肃省首批名老中医。

2006 年，获得兰州市老年健康大使光荣称号。

2007 年，获上海全国诗词笔会优秀作品奖。

2008 年，甘肃省医学科学研究院为裴正学举办从医五十周年座谈会，省、厅领导及全省著名专家一百五十余人参加了这次大会。在甘肃天水市举办了国家级医学继续教育项目——裴正学中西医结合学术思想研修班。来自全国各地的 350 余名专家教授及学员参加了这次大会。当选为兰州市改革三十年风云人物——兰州市十大创新楷模人物。

2009 年 6 月，荣获建国 60 周年"中华中医药学会成就奖"，同时被聘为"中华中医药学会"终身理事。2009 年 7 月，被聘为中国中医科学院临床医学专业（中医师承）博士学位导师。2009 年 11 月，撰写的论文《中西医结合的必要性和必然性》获第三届中国中医药发展大会优秀论文二等奖。

2014 年，荣获"中华中医药学会成就奖"。同年，当选"中国好人""兰州好人"，被评为甘肃省道德模范敬业爱岗模范及甘肃省十大陇人骄子。

2018 年，创办裴正学中医药研究院。

裴正学医学及相关著作名录

1. 《〈血证论〉评释》　　　　　　人民卫生出版社 1978 年 2 月版
2. 《新编中医方剂学》　　　　　　甘肃人民出版社 1980 年 6 月版
3. 《大黄的药理与临床》　　　　　甘肃人民出版社 1986 年 9 月版
4. 《乙型肝炎的诊断与治疗》　　　甘肃人民出版社 1991 年 4 月版
5. 《裴慎医案选》　　　　　　　　甘肃人民出版社 1981 年 10 月版
6. 《新编温病学》　　　　　　　　甘肃人民出版社 1980 年 2 月版
7. 《中西医结合实用内科学》　　　甘肃科学技术出版社 1995 年 3 月版
8. 《高血压的中西医结合治疗》　　甘肃科学技术出版社 2000 年 9 月版
9. 《糖尿病的中西医结合治疗》　　甘肃科学技术出版社 2000 年 9 月版
10. 《肝病的中西医结合治疗》　　　甘肃科学技术出版社 2000 年 9 月版
11. 《胃脘痛的中西医结合治疗》　　甘肃科学技术出版社 2000 年 9 月版
12. 《裴正学医学经验集》　　　　　甘肃科学技术出版社 2003 年 1 月版
13. 《裴正学医话医案集》　　　　　甘肃科学技术出版社 2004 年 2 版
14. 《裴正学医学笔记》　　　　　　甘肃科学技术出版社 2008 年 1 月版
15. 《中医入门行草帖》　　　　　　甘肃科学技术出版社 2009 年 2 月版
16. 《中西医结合实用内科学》（第二版）甘肃科学技术出版社 2010 年 2 月版
17. 《裴正学临床荟萃第一辑》　　　甘肃科学技术出版社 2012 年 1 月版
18. 《裴正学临床荟萃第二辑》　　　甘肃科学技术出版社 2015 年 8 月版
19. 《裴正学教授微博问答第一辑》　甘肃科学技术出版社 2012 年 1 月版
20. 《裴正学教授微博问答第二辑》　甘肃科学技术出版社 2014 年 2 月版
21. 《裴正学教授微博问答第三辑》　甘肃科学技术出版社 2016 年 1 月版
22. 《裴正学教授微博问答第四辑》　甘肃科学技术出版社 2018 年 2 月版
23. 《裴正学教授微博问答第五辑》　甘肃科学技术出版社 2019 年 5 月版

24.《裴氏中西医结合实用肿瘤学》 甘肃科学技术出版社 2013 年 8 月版

25.《裴正学中医学》 台湾合记图书出版社 2011 年 1 月版

26.《裴正学系列方药的研究》 甘肃科学技术出版社 2014 年 10 月版

27.《裴正学教授博客文集》 甘肃科学技术出版社 2015 年 12 月版

28.《国医名师——裴正学医学经验集》 中国中医药出版社 2016 年 1 月版

29.《裴正学临床经验讨论集》 中国中医药出版社 2020 年 1 月版

30.《裴正学医学讲座集》 甘肃科学技术出版社 2017 年 12 月版

31.《裴正学中西医结合临床经验集》第一册 《高血压病》
甘肃科学技术出版社 2022 年 2 月版

32.《裴正学中西医结合临床经验集》第二册 《呼吸系统》
甘肃科学技术出版社 2022 年 2 月版

33.《裴正学中西医结合临床经验集》第三册 《泌尿系统》
甘肃科学技术出版社 2022 年 2 月版

34.《裴正学中西医结合临床经验集》第四册 《内分泌系统》
甘肃科学技术出版社 2022 年 2 月版

35.《裴正学中西医结合临床经验集》第五册 《消化系统》
甘肃科学技术出版社 2022 年 2 月版

36.《裴正学中西医结合临床经验集》第六册 《心脑血管病》
甘肃科学技术出版社 2022 年 2 月版

37.《裴正学中西医结合临床经验集》第七册 《血液病》
甘肃科学技术出版社 2022 年 2 月版

38.《裴正学中西医结合临床经验集》第八册 《肿瘤》
甘肃科学技术出版社 2022 年 2 月版

39.《裴正学中西医结合临床经验集》第九册 《妇科病》
甘肃科学技术出版社 2022 年 2 月版

40.《裴正学中西医结合临床经验集》第十册 《自身免疫性疾病》
甘肃科学技术出版社 2022 年 2 月版

裴正学文学、书法作品名录

1. 《大风曲》　　　　　　甘肃人民出版社 2005 年 12 月版
2. 《春风曲》　　　　　　中国青年出版社 2007 年 9 月版
3. 《秋风曲》　　　　　　甘肃科学技术出版社 2011 年 11 月版
4. 《裴正学书法集》　　　内部发行 2007 年 1 月版
5. 《陇上名医裴正学》　　甘肃科学技术出版社 2008 年 9 月版
6. 《雪泥鸿爪》　　　　　北京宏文影印社 2013 年 11 月版
7. 《裴正学博客文集》　　中国科学技术出版社 2016 年 1 月版
8. 《裴正学诗词选》　　　作家出版社 2017 年 11 月版
9. 《裴正学小说散文选》　作家出版社 2017 年 12 月版
10. 《裴慎书画集》　　　　内部发行 2021 年 9 月版
11. 《裴正学书法集》　　　内部发行 2021 年 9 月版

裴正学主要科研成果、获奖情况

国家级优秀论著一等奖一项，省级优秀论著奖六项，均为主编。

1. 《中西医结合实用内科学》获世界传统医学突出贡献国际金奖。
2. 《乙型肝炎的临床研究》获甘肃省科技进步三等奖，课题负责人。
3. 《中西医结合实用内科学》获甘肃省科技进步二等奖，主编。
4. 《裴氏升血颗粒的临床及基础研究》获皇甫谧医学二等奖，总指导。
5. 《裴氏妇炎颗粒的临床及基础研究》获皇甫谧医学三等奖，总指导。
6. 《裴氏胆胰颗粒的临床及基础研究》获皇甫谧医学三等奖，总指导。
7. 《中西医结合的必要性和必然性》获第三届中国中医药发展大会优秀论文二等奖。

裴正学参与社会团体及组织名目

1. 现任中华中医药学会终身理事、中国中医科学院博士生导师、甘肃省肿瘤医院首席专家、甘肃省中医院首席专家、甘肃省天水市中华医学会名誉会长、甘肃省天水市中西结合医院名誉院长、甘肃省文史馆馆员（终身）。

2. 曾担任甘肃省中西医结合学会秘书长、副会长、代理会长、名誉会长。

3. 曾担任中国中西医结合学会二、三、四届理事。

4. 曾担任三、四、五、六、七届《中国中西医结合杂志》编委。

5. 曾担任甘肃省政协六、七、八届委员。

6. 曾担任两届甘肃省科学技术协会委员。

7. 曾担任兰州市人大代表。

后　记

　　我是一名媒体人，在甘肃省广播电视总台当了二十多年的编辑，从来没有想过我会出一本书，而且还是和医学大家裴正学有关的书！是什么样的机缘巧合促成了这本书的问世，这要从我看病讲起。

　　年过四十，工作和生活的压力骤增，身体的亚健康状态给我造成很大困扰。为了解决我的健康问题，经朋友引荐，我拜访了中国著名中西医结合专家裴正学教授。裴教授虽然已是耄耋之年，但精神矍铄，思维敏捷，他热情地为我诊脉、开方。虽然这个过程不长，但他博古通今、学贯中西的大家风范给我留下了深刻印象。临走时，裴教授还送给我几部他的医学专著和诗词集、书法集、小说散文、博客文集。

　　回到家中，怀着几分好奇，我急切地翻开赠书，认真拜读。一直以来，我认为中医治病慢，调理一下身体就可以了，治疗大病还得靠西医。然而，翻开裴教授的医学著作，经他治愈的疑难杂症、大病重病的医案比比皆是，难怪裴教授被患者们称为"神医""再世华佗"……打开裴教授的著作，可以看出裴教授在文学和书法方面造诣也相当高。从医六十余年，在繁忙的医学工作之余，裴教授已经出版了三十多部医学著作，还出版了多部诗词集、散文集、小说集，著书的成就在医学界也是首屈一指。阅读裴教授著作的几天里，正好是他开的中药起效果的时候，头晕、怕冷的症状逐渐好转。几年来也曾各处求医，没什么效果，裴教授只几副中药就解决了问题，崇拜、敬佩之情油然而生。

　　为了表示感谢，之后我经常去拜访裴教授，渐渐和他成了忘年之交。裴教授渊博的学识、积极进取的精神、平和的心态也让我对人生有了新的感悟。他富有传奇色彩的人生经历带给我一次次强烈的震撼。奥斯特洛夫斯基曾说："人的生命似洪水在奔流，不遇着岛屿、暗礁，难以激起美丽的浪花。"裴教授生命长河里激起的"浪花"，以及他取得的耀眼成就，大多是他在不如意、不得志时奋斗来的。

20世纪50年代末，还是在校大学生的他被卷入一场政治风波中，他没有因此而消沉，而是抓住一切机会学习理论和临床知识，为日后的医学事业打下了坚实的基础。之后，他还以大学的经历为蓝本，创作了一部小说《大风曲》。

20世纪60年代中期，因受政治牵连，他被发配到没人愿意去的结核病房。他并未感到不平，抱着医学资料一头扎进了结核病的研究中，研制出了治疗结核病的专用药——圣愈丹。

20世纪70年代初，他被下放到农村。远离运动的冲击，他把农村当做学习写书的好地方。每天早上在小树林里背《伤寒论》和《金匮要略》，到现在还能倒背如流。他的第一部医学专著《〈血证论〉评释》就是那时在昏暗的油灯下写成的。

……

裴教授一辈子经历了很多次挫折，每当身处低谷时，他没有抱怨，也从不气馁，反而将磨难当成机会，凭借不屈不挠的奋斗精神使自身得到了升华和超越。这是何等的从容，何等的洒脱，我深深地被他的人格魅力折服。

故事听得多了，我脑子里就放起了电影，再加上媒体人的职业敏感，就有了把这些传奇故事记录下来的打算。征得裴教授同意，我开始了这本书的写作。裴教授做事很严谨，效率很高，到了约好的时间，他会认认真真讲上半小时。我见一位大家如此重视这件事，每次都认真做笔记，还对谈话内容录音，方便回去整理。为了深入了解裴氏学术思想，我找到了裴教授的大部分著作、论文和讲座视频，有时间就钻研琢磨，遇到不明白的地方就向裴教授请教。只要有空，我会在裴教授坐诊时旁听。抽象的医学思想与具体病案有了联系，就比较容易理解。另外，通过采访裴教授的朋友、弟子及患者，也掌握了许多珍贵资料。

写作是个艰难的过程，整整用了三年的业余时间，修改多次，但我感到非常充实，精神状态也越来越好。我知道这是裴教授潜移默化地影响了我。裴教授是一位能够影响、感化他人的智者，强大的能量和气场吸引着我，改变着我。我也希望每一位读过这本书的人都能感受到他的温暖和力量。

田海娟

2022 年 2 月 19 日